江苏高校哲学社会科学研究重大项目(项目编号：2024SJZD146)
"中国美术考古文献中的多民族文化认同现象梳理与研究"阶段性成果。
江苏省社会科学基金一般项目(项目编号：18YSB010)
"民族融合语境中的藏传佛教'双身像'图像研究"结项成果。

明末清初安多地区文昌神、二郎神造像艺术特征的"多元化"研究

程 狄 著

东南大学出版社
SOUTHEAST UNIVERSITY PRESS
·南京·

图书在版编目(CIP)数据

明末清初安多地区文昌神、二郎神造像艺术特征的"多元化"研究 / 程狄著. -- 南京：东南大学出版社，2024.12. -- ISBN 978-7-5766-1804-4

Ⅰ.B933

中国国家版本馆CIP数据核字第20246405HV号

策划编辑：张丽萍　责任编辑：陈　佳　责任校对：张万莹　封面设计：毕　真　责任印制：周荣虎

明末清初安多地区文昌神、二郎神造像艺术特征的"多元化"研究
MINGMO QINGCHU ANDUO DIQU WENCHANGSHEN、ERLANGSHEN ZAOXIANG YISHU TEZHENG DE "DUOYUANHUA" YANJIU

著　　者	程　狄
出版发行	东南大学出版社
社　　址	南京市四牌楼2号　邮编：210096　电话：025-83793330
出 版 人	白云飞
网　　址	http://www.seupress.com
经　　销	全国各地新华书店
印　　刷	广东虎彩云印刷有限公司
开　　本	787 mm×1092 mm　1/16
印　　张	12.75
字　　数	291千
版　　次	2024年12月第1版
印　　次	2024年12月第1次印刷
书　　号	ISBN 978-7-5766-1804-4
定　　价	58.00元

本社图书若有印装质量问题，请直接与营销部调换。电话(传真)：025-83791830

前言

　　二郎神与文昌神信仰是安多地区汉传佛教、藏传佛教及道教在青海藏族地区历史传播过程中融合交流的体现。本书通过梳理安多藏族地区二郎神、文昌神信仰的变迁，探析藏传佛教与当地民间信仰之间的关系，分析道教神灵被藏传佛教吸纳的历史原因、社会原因以及对外展示的表象，总结中国不同宗教、不同民族之间文化的对话方式。一方面，以艺术图像佐证在民族融合进程中藏传佛教文化是中国传统宗教文化的重要组成部分，是中华民族共同体构建中实现构建积极、健康宗教关系的重要基石之一；另一方面，在跨学科视域中考察藏传佛教、道教神灵信仰现象所折射出的中国多民族宗教信仰演变以及相互依存的内在联系。

　　国内外对该课题的研究虽取得了不少真知灼见，但存在以下可继续深入研究的可能性。

　　(1) 现有研究多侧重在宏观理论的研究，图像本体性研究有待加强。大多数研究集中于道教对藏传佛教教义或经典的影响分析上，对道教神灵纳入藏传佛教神灵谱系中的形制与造像变化的直接研究较少。除了在教义理论关联方面给予研究之外，在考古物证对照中还缺乏足够的可信考古例证。

　　(2) 道教被纳入藏传佛教谱系中的众多神灵个案研究欠缺。中原本土宗教道教的神灵被藏传佛教纳入信仰体系(如下表所示)，这一现象意味着国内不同宗教文化之间的交流融合，也是体现民族团结的表现方式之一。现有研究多关注清代关帝在藏传佛教中的图像表征和缘由，但对同时期出现的藏传佛教的二郎神、文昌帝信仰个案研究不足，未能全面体现出明清之际，为了加强民族团结、强化不同宗教文化之间的互动所采取的特定宗教政策所带来的表征。

藏传佛教中的道教神灵名称对照表

序号	道教名称	藏传佛教名称
1	关帝	关帝、格萨尔王、大司命主
2	寿星	寿星
3	文昌帝	文昌帝
4	二郎神	格萨尔王
5	药王孙思邈	药师佛
6	斗姆元君	摩利支天
7	惧留孙	拘楼孙佛
8	酆都大帝	地藏菩萨
9	罗睺	自在天
10	燃灯道人	燃灯古佛
11	北方天王	毗沙门、财神

因此，本书试图在对安多藏区、三川土族地区藏传佛教中的道教神灵信奉现象进行梳理总结的基础上，结合流传路线以及明清之际的边疆局势，通过分析道教神灵在藏传佛教中出现后，图像衍变的特点以及所蕴含的含义，从艺术图像学的途径论证不同宗教之间的文化交流，从而反映民族团结与宗教融合两者互相增进的关系。

在研究过程中，在前人学者的研究基础上，笔者对相关文献史料进行梳理，重点是对安多藏区、三川土族地区多民族发展历史过程中的史实、宗教现象进行总结与分析，进而运用民族学、人类学的研究方法考察其信仰的活态形式，尝试以艺术学、人类学的视角对藏传佛教中的道教神灵信仰现象开展研究，运用多种方法分析和探讨安多藏区、三川土族地区的文昌神与二郎神信仰，对其在该地区的产生渊源及流变、与藏传佛教相互融合之过程以及现当代信仰模式做深入讨论，并且在对已有研究成果进行整合的过程中，运用宗教学、民族学和人类学等交叉学科的理论与观点，力图对以往研究中的观点进行补充，从而从艺术学角度证明中华民族多元一体文化格局的构建。

该研究的意义在于立足当下宗教与民族问题的新局势，探寻以宗教文化融合为杠杆协调复杂的民族问题、加强民族团结的有效策略，达到以史为鉴的目的，为建构积极健康的宗教关系、实现不同宗教之间的对话与文化交流提供可操作的研究范本。实施的路径为：围绕宗教文化互融与民族团结这一核心问题，将道教神灵纳入藏传佛教神灵信奉体系后出现的图像变化和神格变化，在"不同宗教对话的历史与经验"这一命题背景下重新整合；在主动接受与被动接受、传播路线与统治政策两个层面上绘制道教与藏传佛教文化交流的时空地图；详细探究宗教政策的变化与对民族团结的影响的心理因素、作用机制和不同时期的文化主导权；阐释道教与藏传佛教文化对话交流，汉族与藏、土族等和谐共存两者的相互作用，建立不同宗教交流对民族团结的可行性操作研究框架。

因此，研究重点有以下两点。

（1）从图像学的角度，分析道教神灵在藏传佛教神灵谱系中的造像特征。通过对明清之际宗教政策、民族矛盾问题的论述，总结当时选择宗教作为调和民族矛盾手段的原因，在此基础上，梳理归纳二郎神、文昌神在藏传佛教神灵谱系中的图像衍变特点。

（2）对道教神灵图像在清代藏传佛教中的多种衍变形制与神格变化进行分析。由于民族信仰存在差异，神灵图像的象征含义、神灵职责等必然也发生了变化。例如二郎神在藏传佛教中的神格同时出现本身像与化身像两种变化，本身像继续延续道教关帝的宗教信奉职能，而化身像则在西藏与当地神话人物格萨尔王等同或在土族的信仰中化身为土族的传说人物。此外道教的文昌神在明清之际藏传佛教中的地位、职能也发生了变化。其中的地域化缘由反映出多民族宗教文化交融过程中的民族文化对话。

在研究过程中，一方面，图像的收集存在地域性特点，分布零散，为探究明确连贯的传播路线增加难度；另一方面，藏传佛教中的道教文化传承具有不确定性，需要有可靠的文献和实物给予证明。本身像、化身像、神格三者存在内在联系，而这种联系会受到时代背景的影响，尤其受特定历史时期宗教义理、地域文化、少数民族族群文化的影响，而后者涉及对各民族宗教文化的深层次理解，尤其是藏传佛教的义理。另外，在实际研究中，藏传佛教部分神灵的图像往往同时带有"本身"和"化身"两种宗教象征性，且出现在同一地区，而对他们身份的鉴别缺乏文献记载，只有当地原住民的口头流传记载。例如在西藏寺院中会同时出现格萨尔王和二郎神造像，此时格萨尔王的神格是二郎神化身还是格萨尔王本身很难界定。

本书共四个部分，第一部分依据史料文献对藏传佛教在元代的传播路线以及安多地区地域文化特点、族群文化特点进行梳理阐述；第二部分和第三部分是二郎神、文昌神的个案研究，涉及图像的演变、多元化信仰体系等方面的研究；第四部分阐述地域信仰文化对"佛道并存"出现大的影响。

目录

第一章　安多与三川地区地域文化、族群文化的根源性因素 …………………… 001
　第一节　安多地区的地域文化特点 ……………………………………………… 001
　第二节　三川地域文化、交通对三川土族族群文化的塑造 …………………… 010
　第三节　从二郎神信仰看土族信仰的变迁 ……………………………………… 014

第二章　"一身双像"道教神灵信仰个案——二郎神 …………………………… 024
　第一节　异域神灵二郎神的中国化演变 ………………………………………… 024
　第二节　清代之前戏曲行业"二郎神"信仰现象的解读 ……………………… 031
　第三节　明代边疆地区二郎神信仰多元化与"文化化边" …………………… 036
　第四节　热贡地区二郎神图像的"多元" ……………………………………… 044
　第五节　安多藏区二郎神信仰现象的整体回顾 ………………………………… 058

第三章　"一身双像"道教神灵信仰个案——文昌神 …………………………… 072
　第一节　《文昌帝君阴骘文》与文昌神信仰 …………………………………… 072
　第二节　个案研究——贵德县文昌信仰特殊性调查 …………………………… 080
　第三节　安多藏区文昌神的三种造像图像与四种供奉体系 …………………… 084

第四章　安多藏区"佛道一体"信仰现象的诠释与延展 ………………………… 096
　第一节　对民间信仰的诠释 ……………………………………………………… 096
　第二节　三川土族族群内部的文化共生维护 …………………………………… 103

第三节　民间信仰传统在文化共生中的作用——以宋代巴蜀地区民间祠神信仰为例 …………………………………………………………… 121

　　第四节　安多藏区多民族群体对二郎神信仰的心理认同 …………… 129

　　第五节　多元信仰互动下的族群边界重构与认同 …………………… 139

　　第六节　民族融合视野中的"仪式观" ……………………………… 153

　　第七节　西藏宗教文化与汉族文化关联 ……………………………… 159

结论：信仰文化自觉→民族自信→民族团结的递进与统一 …………… 168

　　第一节　中华民族共同体的信仰文化自觉构建 ……………………… 171

　　第二节　多元信仰文化的共生互补 …………………………………… 173

　　第三节　现代社会宗教信仰文化"世俗化"的路径 ………………… 176

　　第四节　信仰对话、族际互动、民族关系的统一 …………………… 179

参考文献 ……………………………………………………………………… 182

第一章
安多与三川地区地域文化、族群文化的根源性因素

第一节
安多地区的地域文化特点

地域文化因素是促发藏传佛教对道教文化吸纳的重要原因之一，其中包含区域文化特征以及族群文化的外显表征。该章节以本书研究所涉及的代表性地域安多地区为对象，对这一区域的地域文化进行阐述。

安多地区包含中国青海省的藏族区、甘肃省西南部的藏族区、四川省西北部的藏族区。[①] 由于这里的族群以藏语的安多方言为主，因此也称安多藏区。虽然称为藏区，但细分而言，这是一个以藏民族为主体，多元的宗教信仰文化共存共生的多民族聚集地。历史上，这一区域地域文化的显著特点即为宗教与世俗相结合形成的"政教合一"政权。新中国成立以后这一制度被摧毁，但是宗教文化已经渗透到该地区的方方面面，比如转化为当地的某种风俗习惯，融入族群文化价值观念之中。因此安多文化的内涵可以说是宗教性文化为主导。历史上的安多地域是两个民族走廊，三个文化区域，藏传佛教、苯教、道教等多种宗教信仰聚集之地。不同的民族宗教在特定历史时期，通过得到执政政权的支持，对当地民众的文化归属、政权认同、社会行为起着约规作用。

安多区域现今占据主导的宗教是藏传佛教，但回顾历史，藏族原始宗教苯教，其多神教的信仰文化奠定了安多区域后期"多元并存"的宗教文化特性基调。虽然藏传佛教已经取代苯教成为藏地的主流信仰文化，但依据涂尔干的理论在科学真理的链条中，最

---

① 李安宅.李安宅藏学文论选[M].北京:中国藏学出版社,1992:263.

初的环节始终居于支配的地位①来看,藏族苯教是安多地域宗教的"最初环节"。对于原始宗教,不必借用先前宗教的任何要素便有可能对它作出解释②,而藏传佛教是吸纳了苯教部分宗教思想和宗教仪轨、神灵体系,这种"多元一体"的文化吸纳传统使得安多区域"藏文化圈"中依然出现了"多元并存"的信仰文化。

作为藏族原始宗教的苯教,自诞生初始就有着崇拜"泛神灵"的信仰传统,从自然界万物到各类鬼神等都是其信仰的对象。苯教形成于藏传佛教之前,是青藏高原原住民普遍信仰的一种宗教,后随着吐蕃势力向东扩展传入安多藏区。苯教以及"后弘期"所正式确立的藏传佛教作为不同历史时期的藏区主导信仰文化,与王权合一,奠定古代西藏政教合一形成的基础。据《新唐书·吐蕃传》等文献记载,苯教徒拥立吐蕃王朝前身的雅隆部落首领聂赤为吐蕃第一代赞普,后历代吐蕃赞普都是以苯教为尊,其间苯教徒能够作纳祥求福,祷神乞乐,增益吉祥,兴旺人财之事……作息灾送病,护国奠基,拔除一切久暂违缘之事……作指善恶路,决是非疑能得有漏神通……为生者除障,死者安葬,幼者驱鬼,上观天相,下降地魔。③ 可见苯教在当时对人们的生产、生活、人事、部落政策制定等的全面渗透与控制,不仅把握政权,还成为藏文化的中流砥柱,这也是后世藏文化展示出浓厚的宗教氛围的根本原因。虽然藏传佛教在后世逐渐占据统治地位,但在安多等地区苯教某些仪式仪轨已经转化成风俗习惯,成为藏民族的民俗形式得以保存,如阿坝藏族羌族自治州同时信仰藏传佛教和苯教的神灵,安多藏区的"六月会"等最能反映出这一文化现象。学者刘夏蓓在开展对当地藏传佛教信仰中的山神崇拜的田野调查时,被采访的老一代民众多数认为:佛祖保佑来世,今生还得靠山神。④ 可见,苯教奠定了安多地区宗教文化特质的基础。

那么,藏传佛教对安多宗教化地域文化塑造起到何种作用?自公元7世纪起,佛教密教传入青藏高原,击败了苯教、佛教禅宗后迅速传播,形成了藏传佛教,并开展了三次大规模的传播。首次传播形成了今天青海省的藏族自治州以及甘南藏族自治州等地区在内的藏文化区;第二次大规模传播是在藏传佛教各大宗派形成期,形成了青海湖以北、河西走廊以南的藏传佛教文化区;第三次传播是在藏传佛教的格鲁派兴起之后,藏传佛教对整个亚洲的传播,形成了覆盖巴基斯坦、俄罗斯、西伯利亚、不丹、锡金、尼泊尔等国家和地区的"藏传佛教文化圈"。

由于安多地区自古以来就是多种宗教的聚集之地,因此在这一地域出现道教神灵的信仰现象从侧面反映出民族文化融合、"多元一体"的趋向。

---

① 涂尔干.宗教生活的基本形式[M].渠东,汲喆,译.上海:上海人民出版社,1999:3-4.
② 涂尔干.宗教生活的基本形式[M].渠东,汲喆,译.上海:上海人民出版社,1999:3-4.
③ 索南坚赞.西藏王统记[M].王沂暖,译.北京:商务印书馆,1953:12.
④ 刘夏蓓.青海隆务河流域的"六月会"及其文化内涵[J].西北民族研究,1999(1).

第一章
安多与三川地区地域文化、族群文化的根源性因素

安多地区信仰的道教神灵为关帝、二郎神、文昌神。按照其神灵神职与形象分为三种类型：其一，由当时安多地区执政政权出于民族融合或者保境平安目的所推行的供奉崇拜对象，担任这一功能的上述三类道教神灵，是完整地继承汉族文化的神灵，与藏文化没有出现交织。其二，是官方倡导下的汉、藏文化交织中的道教神灵崇拜。这一类型需要关注的是其背后所反映出的汉文化的"藏化"现象。关帝、二郎神、文昌神的原型虽然都是汉族道教神灵，但在安多地区藏传佛教文化圈中被改造为藏族神灵，其形象和神职已经完全"藏化"，成为藏族传统神灵的"化身"，例如"关帝"与"格萨尔王"的等同。其三，是作为民间信仰中的一种现象存在。这一类信仰有三个特点，即民间性、汉文化性、藏文化性，其外显为汉藏文化融合，艺术图像的代表特征为藏化面容搭配汉族服饰，或者汉族面容搭配藏族服饰。

学术界对安多地区汉族文化研究逐渐关注，涌现众多论文，例如《安多藏区的二郎神信仰》[①]《安多热贡地区二郎神信仰的人类学研究》[②]《藏传佛教中的关公信仰》[③]《安多藏区的文昌神信仰研究》[④]《甘南州夏河县关帝庙庙会调查》[⑤]《关帝信仰与格萨尔崇拜——以拉萨帕玛日格萨尔拉康为中心的讨论》[⑥]等。这些研究的核心观点是通过个案研究说明安多地区多族群宗教文化的"多元共生"，如李臣玲、贾伟的《二郎神信仰在安多藏区传播历史的考察》一文论证了安多藏区的二郎神信仰多元文化融合的过程[⑦]；才让的《藏传佛教中的关公信仰》通过研究藏传佛教中的关帝信仰现象，说明古代中原内地的汉文化与藏文化交流现象[⑧]；加央平措的《关帝信仰与格萨尔崇拜——以拉萨帕玛日格萨尔拉康为中心的讨论》则针对以往认知中将藏区的关帝崇拜与格萨尔崇拜等同现象进行重新解读，认为这一现象并非单一的等同，而是"同化"，是汉族道教文化被藏族化的结果[⑨]；看本加的《安多地区的文昌神信仰研究》以安多地区的文昌神信仰为研究对象，论证安多地区存在佛道信仰融合、多族群多元文化共生的宗教氛围。并且，文昌神信仰与藏传佛教神灵在这一区域的藏传佛教信仰体系中有着从属的等级关系[⑩]。下面针对关帝、二郎神、文昌神在安多地区的信仰现象进行简要的概述。

---

① 贾伟,李臣玲.安多地区的二郎神信仰[J].民族研究,2005(6).
② 马清虎.安多热贡地区二郎神信仰的人类学研究[J].宗教学研究,2015(2).
③ 才让.藏传佛教中的关公信仰[J].中国藏学,1996(1).
④ 看本加.安多藏区的文昌神信仰研究[J].世界宗教研究,2011(1).
⑤ 郑恺,桑旦卓玛,达瓦,等.甘南州夏河县关帝庙庙会调查[J].西藏民族学院学报(哲学社会科学版),2013,34(6).
⑥ 加央平措.关帝信仰与格萨尔崇拜:以拉萨帕玛日格萨尔拉康为中心的讨论[J].中国社会科学,2010(2).
⑦ 李臣玲,贾伟.二郎神信仰在安多藏区传播历史的考察[J].青海民族研究,2007(3).
⑧ 才让.藏传佛教中的关公信仰[J].中国藏学,1996(1).
⑨ 加央平措.关帝信仰与格萨尔崇拜:以拉萨帕玛日格萨尔拉康为中心的讨论[J].中国社会科学,2010(2).
⑩ 看本加.安多藏区的文昌神信仰研究[J].世界宗教研究,2011(1).

一、道教关帝信仰现象

古代安多地区的关帝崇拜既有官方主导也存在民间自发,依据来源的不同分为三种类型,即官方主导的道教关帝崇拜、官方主导的藏传佛教关帝崇拜、民间汉藏融合的关帝崇拜。

(一)安多地区道教关帝崇拜现象的官方背景

出于统治需要,道教关帝崇拜在清朝备受推崇。据《西宁府新志》所述,关帝祭拜礼仪遵循先师庙体例,每年分三次,春、秋、五月十三日,"各级基层行政机构俱按照朝廷例祭拜"①。在咸丰年间,关帝神格被提升,成为"武圣",与当时清政府推崇的文圣相对。②且关帝庙数量远超文庙,清中叶,全国就有关帝庙30余万座,仅北京就有116座,而此时全国的文庙仅3000座③。光绪年间,关帝的封号已长达26字之多,其神格成为协助天帝料理天下大事,护国保民的大神。④

安多地区由于地处民族走廊,存在多族群交往情况复杂的现象,出于保境安民或者民族安抚政策的目的,在明清时期,官方需要塑造这一信仰文化,因此当地的关帝信仰也极其兴盛,建有多处关帝庙,如明代《河州志校刊》所载:"武安王庙在州西门内,有记。嘉靖癸丑,守备杨余庆建坊。"⑤(此处的"武安王"称号是宋徽宗在1123年加封于关羽的)古代岷州境内有"关王庙:一在西营城,一在东瓮城,一在酒店驿"⑥;洮州境内"关圣庙有四,同治兵燹毁。一在东瓮城,光绪元年邑人重修,一在协署右武营改建,一在厅治东北隅,光绪二十三年,同知赵谦重修,一在旧城,康熙四十三年建,乾隆五十九年补修,咸丰六年重修"⑦。循化境内有"关帝庙在东门内大街,雍正八年原任翰林院编修张缙效力建"⑧。

关羽在唐时神格仅仅是末流小神;宋时,为抵御外侵,其以"忠勇神武"逐渐得到宋政权的看重,被扶持进入道教主流神灵体系;清代则看重道教神灵体系中关羽的"忠义",谓其忠义性成,神圣之质⑨。可以看出,这一时期道教关羽进入官方祭祀主流,本质是明清政权统治者上层政治的需要,当时并无藏传佛教文化融入其中。

---

① 杨应琚.西宁府新志[M].西宁:青海人民出版社,1988:359,363-364.
② 陶希圣.武庙之政治社会演变[J].食货月刊,1972(8).
③ 赵尔巽,柯劭忞,等.清史稿[M].台北:洪氏出版社,1981:2541.
④ 熊崧策.关羽是如何被神化的?[J].文史参考,2011(7).
⑤ 吴祯.河州志校刊[M].马志勇,校.兰州:甘肃文化出版社,2004:56-56.
⑥ 岷州志编纂委员会办公室.岷州志校注[M].岷县:岷县印刷厂,1988:17,35-37.
⑦ 张彦笃.洮州厅志[M].台北:成文出版社有限公司,1970:250.
⑧ 龚景瀚.循化志[M].西宁:青海人民出版社,1981:235.
⑨ 徐道.历代神仙演义[M].周晶,等校点.沈阳:辽宁古籍出版社,1995:522.

（二）官方主导的藏传佛教关帝崇拜

清代藏传佛教中的关帝信仰与 18 世纪后半叶廓尔喀入侵西藏有直接关系。廓尔喀军队入侵西藏时，清廷由于当时驻军力量薄弱，起初，被相继占领了后藏部分地区，清乾隆皇帝随即任命福康安为大将军，率军平定后藏地区，进军至廓尔喀境内。1792 年，廓尔喀国王与清政府签订臣服协议。乾隆认为是战前祈拜关帝而取得胜利，因此 1793 年将拉萨的帕玛日山上的三怙主佛殿改建为关帝庙，专门供奉关帝。就此，关帝正式进入藏传佛教神灵信仰体系之中。这一现象实质暗示西藏当时的统治阶层和民众对清政府政治行为的"民族认同"，也昭示清政府运用"宗教文化认同"的手段对涉藏地区政权的渗透。关帝进入藏传佛教神灵体系后，其造像艺术样式和神职的发展有两个方向：一是继续保持着汉族道教的武神、战神等神职与形象，即保持道教关帝的独立身份，具有较高的神格；一是向着本土民间化的方向演进，即与格萨尔王、护法神等身份融合。

前者的代表就是帕玛日关帝庙，其建成后的供奉盛景，《拉萨历史文化》一书有记载：大将军福康安下令在庙殿内挂一幅刻有参战官兵姓名的牌匾，并立碑一座。每年夏季，当地官员都要将关帝塑像用轿子抬到殿外，文武大员骑马列队护送，士兵装扮成关帝的队伍，持枪带刀陪同关帝转八廓街，场面十分隆重。驻藏大臣、官兵等常来此抽签。①

后者为关帝藏化的主体信仰类型，反映出清朝涉藏地区民众结合自身需求和认知自发对关帝信仰的接纳，是一种非政治化行为，其身份通常为藏传佛教神灵体系中的护法神、财神等。推动关帝成为藏传佛教护法神演变进程的关键人物是土观·罗桑却季尼玛。土观·罗桑却季尼玛在其所撰写的《三界伏魔大帝关云长之历史和祈供法·激励事业雨流之雷声》祭祀文中，视关帝为藏传佛教护法神，这为关帝进入藏传佛教神灵体系提供了宗教理论支撑。②此外，涉藏地区关帝也被视为财神，和毗沙门天神职相似，安多地区藏族把关公看作四大天王中的南方天王，即藏传佛教的财神③。出现这一现象，其原因是关帝与藏地格萨尔王信仰融合有关。除了以护法神等形象出现，关帝在涉藏地区民间化最重要的标志就是"关帝格萨尔王化"。藏地关帝出现这一"化身"主要是民间的自发性认知，藏族信众认为，关帝的艺术图像造型以及眷属神灵配置与格萨尔王相同。在这种认识下，涉藏地区开始热衷修建关帝庙，如上文的帕玛日山关帝庙。在帕玛日山关帝庙中，汉族道教样式的关帝位于殿中央，一手置于膝上，一手抚须。对于藏族民众来说，关云长与格萨尔王的传说故事是否有相同之处不是他们接受关帝信仰的主要

---

① 甲日巴·洛桑朗杰.内部发行.拉萨历史文化（藏文版）[M].内部发行.拉萨：西藏新华印刷厂，2002：78.
② 才让.藏传佛教中的关公信仰[J].中国藏学，1996(1).
③ 班班多杰.和而不同：青海多民族文化和睦相处经验考察[J].中国社会科学，2007(6).

原因，也不存在藏族群众分不清二者形象，实质就是涉藏地区民众自发地将本民族的格萨尔王与关帝等同，外显为格萨尔式的关帝艺术图像。这种用藏文化比附儒家文化，让藏族群众接受关帝崇拜的方式，展现出藏族群众接受、改造外来文化的一种宽容情怀，是藏文化将异质文化本土化的一种模式。① 关帝在当地具有财神的神职，也是凭借与格萨尔王的关联，藏地的格萨尔王常常被视为财神，如《战神格萨尔瞻巴拉招财满愿祈文》，因此关帝在涉藏地区也被视为财神。

关帝与格萨尔王融合后，迅速从拉萨传播到安多等涉藏地区。在安多地区，关帝庙被称为"格萨尔拉康"，有时格萨尔王庙中格萨尔王的形象与着装也采用汉地关帝艺术图像。

以上种种说明涉藏地区本土化的关帝虽然起初具有官方引导性，但很快民间本土化，成为藏传佛教的护法神、战神、财神，这时其所展示的宗教文化已经与汉文化不同。

（三）藏传佛教文化与汉文化交融中的关帝崇拜

安多地区多为这一类型，例如甘肃夏河县道教庙宇关帝庙，大致建于民国时期，虽然修建时间较晚，但反映出这一区域多族群混居所带来的文化交融特征。关帝作为供奉的主尊，位于庙宇正中，右边配属据说为山神，左边为二郎神。虽然是汉族道教庙宇，但对藏族信众而言，却是"格萨尔王""阿尼念卿""阿尼木洪"一神两眷属的格萨尔王供奉组合。"阿尼念卿"为藏语，意为"太子山神"，是这一区域藏族供奉的大神。"阿尼木洪"意为二郎神，其中"木洪"在藏语中是战神的意思。从这一称谓可以看出藏族对关帝格萨尔王化的民族认同。此外，该庙的汉藏文化融合还表现为：关帝庙大殿中央柱子常悬挂唐卡，主尊像上挂有哈达，祭拜仪式有汉藏两种等。

二、安多地区二郎神崇拜的类型

再以该区域的"二郎神"信仰为例。与主流的关帝信仰相比，安多地区二郎神崇拜的官方意志的成分很少，主要为涉藏地区民众自发的行为，因此在安多地区，其艺术图像和神职表现为两类：其一，作为藏传佛教神灵体系中的一员存在，这是被信仰的主体；其二，少量二郎神信仰是在汉、藏文化交融中并存。

（一）占据主体地位的藏传佛教二郎神信仰

这一类型的出现，究其原因，与安多地区汉族移民的进入有关。受汉族移民的信仰影响，一方面二郎神崇拜成为当地藏传佛教神灵信仰文化的一部分，另一方面通过汉、

---

① 加央平措.关帝信仰与格萨尔崇拜：以拉萨帕玛日格萨尔拉康为中心的讨论[J].中国社会科学，2010(2).

藏两族共同的神灵信奉文化，形成汉藏文化交流融合纽带，汉族不受到敌对，由此在当地扎根。需要注意的现象是，二郎神在藏传佛教中只是以眷属护法神的身份出现，与同属汉文化的"关帝"在进入藏传佛教神灵体系后神格为主尊护法神不同，是低一个层次的神灵，如同作为主尊配属的众多天女一样。

二郎神作为汉族信仰神灵，"至迟在宋代就已传入甘青汉族地区"①，明代初年盛行于安多等涉藏地区，起源是明代甘青地区的戍边军屯。二郎神是当时明军普遍的神灵信仰，需要注意的是由于当时明政府强势，并没有出现藏化。但至清朝，安多地区的汉族戍边军身份发生改变：其一，身份军变民，与此同时，清政府的少数民族怀柔政策，使得这一区域蒙古族、土族、藏族等少数民族逐渐增多，民族局势复杂，汉人在当地不再掌握主导话语权；其二，由于少数民族增多，民族交往交流增多，藏化成为主流，"屯兵之初，皆自内地拨往，非番人也……历年既久，衣服言语渐染夷风，其人自认为土人，而官亦目为之番民矣"②；其三，清朝藏传佛教格鲁巴派在安多地区发展势头迅猛，大量藏传佛教寺院被修建，例如年都乎寺、郭麻日寺、尕沙日寺等，身处这样一种藏传佛教格鲁派一统天下的宗在教文化环境中，此地戍边屯田的汉人也深受影响，自明朝在当地盛行的二郎神崇拜汉文化被逐步吸纳到藏传佛教文化中。在二郎神成为藏传佛教保护神的演化过程中，藏传佛教高僧大德们通过为其撰写偈颂诗，为其提供了宗教学理支持。宣扬汉族二郎神是在汉人政权统治者的授意之下，来到涉藏地区成为保护神，这是最早记载二郎神进入热贡地区原因的藏文文献所记载的内容，映射出官方希冀能为二郎神信仰找到汉藏融合的依据。至于民间的种种传说，则与当地的神话故事结合，主要为二郎神护佑助战。二郎神与安多藏文化融合，由水神演化为藏传佛教的战神，由于扎根民间信仰，民间信仰的多样性导致安多地区藏传佛教的二郎神艺术图像与汉族地区大相径庭，祭祀方式也分为藏传佛教和苯教两种。如上文所云，缺乏官方的主导使得二郎神在藏传佛教神灵体系中的地位是从一等护法神。虽然二郎神在安多地区各村寨神格不一，也有村寨视其为主神，但总体地位没有改变，在藏传佛教保护神中神格层次为下：

阿尼玛卿（护法神）

↓

阿尼夏琼（一级护法神）

↓

阿尼木洪（二郎神）（二级护法神）

综上所述，清代"二郎神"作为藏传佛教的护法神源于明清多元文化的影响，并且

---

① 岷州志编纂委员会办公室.岷州志校注[M].岷县：岷县印刷厂,1988：17,35,37.
② 龚景瀚.循化志[M].西宁：青海人民出版社,1981：163.

存在不同时间节点有不同信仰的特征，要动态地研究其演变的过程、艺术图像、信仰特点，不能简单地概括为某一地域上的多族群文化的多元并存。

（二）汉、藏文化合一的二郎神信仰

这一类型的二郎神信仰文化，汉藏文化的并存并非体现在图像方面，其典型代表为安多藏区同仁县隆务寺街的汉式二郎神庙。它修建于19世纪中叶，供奉的主尊为二郎神，两旁侧殿供奉汉族神灵财神与观音菩萨。藏文化体现在殿外有藏族特有的供奉酥油灯的塔状香炉，庙院右角还有煨桑炉。庙会时，藏族、汉族、土族依照汉、藏两族不同的祭拜仪式开展宗教活动。与第一种类型即藏传佛教文化中的二郎神信仰不同，汉、藏合一下的二郎神信仰保留了汉文化的面貌。通过同一神灵信仰在不同族群中有着不同的祭拜仪式，展示多族群文化交融的另一种形态。

三、安多地区的文昌神信仰

道教大神文昌神在中原内地有着很高的地位，但在安多地区变为小神，其信仰的类型也有两种，与二郎神相比略有区别，即文昌神崇拜具有官方主导的背景。

（一）文昌神崇拜官方主导性

伴随着官方有意识地提升文昌神的地位，文昌神崇拜逐渐由民间变为官方主导，其演变之路为：元代梓潼神被封为辅元开化文昌司禄宏仁神[1]，文昌神与梓潼文君神职融合，但此时没有上升到国家主导崇拜层面。至清嘉庆年间，文昌神则在当时政权统治者的倡导下成为国家主导崇拜的文运之神，依据《清朝续文献通考·群祀考二》所记载的相关内容，嘉庆皇帝大规模修建翻新文昌庙宇，亲身祭拜，认为文昌帝与关帝具有同样的神格与神职，能保国佑民。

由此，在此宗教环境氛围中，安多涉藏地区的文昌神崇拜也与主潮流相契合，例如，明嘉靖时的河州，文昌观只是道教丛林中的一座[2]，康熙时已与孔庙并列[3]。再如《西宁府新志》所记，清乾隆时期西宁府、贵德所等文昌阁的等级与关帝庙、城隍庙的"祀庙"不在一个级别，有些地方都没有文昌阁，如大通卫、循化厅等。[4] 但到了清光绪年间，官方主导下的文昌崇拜已经十分兴盛，庙宇等级、功能已经与关帝庙、文庙同级，且多数为官方主导修建。如清嘉庆初年，西宁府文昌庙的等级与文庙以及城隍庙并列，由清嘉庆年间知县所建的碾伯县文昌宫、同治年间重建的大通县文昌宫在等级上与文庙、关帝庙并列等。

---

[1] 佚名.重增三教源流圣帝佛帅搜神记[M].甘肃省图书馆藏.
[2] 吴祯.河州志校刊[M].马志勇,校.兰州:甘肃文化出版社,2004:56.
[3] 王全臣.河州志校注[M].刘电能,沈文学,校注.兰州:甘肃文化出版社,2017:84.
[4] 杨应琚.西宁府新志[M].西宁:青海人民出版社,1988:359,363-364.

第一章 安多与三川地区地域文化、族群文化的根源性因素

(二)藏传佛教神灵体系中的文昌神

安多藏区的文昌神信仰主要分布在青海省东部的海南藏族自治州、海北藏族自治州以及甘肃省甘南藏族自治州等地域。涉藏地区的文昌神又被称为"阿尼尤拉",在藏语中"尤拉"是地方保护神之意,能被称为保护神,可见涉藏地区藏民众对文昌神的崇拜。

文昌神在安多地区的崇拜与二郎神崇拜一样,都是受到当地汉族移民文化的影响,经历了汉族神灵→藏传佛教保护神→藏族神灵的过程。文昌神被藏传佛教文化吸纳主要是源于民间传说,如文昌神是黑文殊菩萨化身。还有民间传说藏族著名高僧色康巴·洛桑丹增嘉措大师曾在卡夏德坐禅静修,见当地人生性懦弱,认为需要一位威力无比的神来护佑,遂选择了文昌神,派人从贵德文昌庙将文昌神迎请至此处。①

由于安多地区为多族群地区,相互之间民族交往紧密度不同,各地区文昌神庙宇的修建规模也有所不同,如贵德县文昌仙阁②,据《安多政教史》载:贵德地区地方神的神庙,位于日安德吉沟的沟口,这座庙的后山,远看像个宝座,所以被称为"赤尕"(藏语贵德之意)宝座台。③ 同治年重建,该庙主殿文昌君像顶上有释迦牟尼铜像和藏传佛教大师、菩萨等壁画,表明这座道教神灵庙宇和藏传佛教有千丝万缕的关系,因此称其为"尤拉康",意为"保护神之殿"。再如《贵德县志稿》所载贵德古城玉皇阁(文昌庙)最高层的玉皇大帝像前,供奉着藏传佛教释迦牟尼像。鉴于以上史料文献,可以看出安多涉藏地区的文昌神已经不再是汉族道教的文昌神,而是藏传佛教的保护神。

道教关帝、二郎神、文昌神在进入安多地区,融入当地多元文化并存的宗教环境的过程中,多族群信仰文化的多元并存通常采用两种模式,其一是官方主导的政治层面融入,其二是民间族群文化交流中的自发接纳。第一种模式虽然在一定时期内取得推广成效,但大多并没有真正融入当地藏族生活中,得到少数民族认同。第二种模式是主流,即藏族民众自发从自身需求出发,对汉文化进行改造后接受,如关帝、二郎神、文昌神都归属于此类。

那么藏传佛教的道教神灵崇拜是否都能作为族群认同、多元文化并存的例证呢?答案是否定的,其原因在于当地汉族在皈依藏传佛教时将关帝、二郎神、文昌神也带入藏传佛教神灵体系中,但这只是一部分汉族群体,并且关帝、二郎神、文昌神进入藏传佛教神灵体系只能说明当地汉族对主流宗教的一种依附,而不是汉文化整体的归属,以此就说明族际的认同,是偏颇的,只能说明汉藏在宗教文化方面的融合。此外道教神灵进

---

① 看本加.安多藏区的文昌神信仰研究[J].世界宗教研究,2011(1).
② 杨应琚.西宁府新志[M].西宁:青海人民出版社,1988:359,363-364.
③ 智观巴·贡却乎丹巴绕吉.安多政教史[M].兰州:甘肃民族出版社,1989:482.

入藏传佛教神灵体系的过程中,藏传佛教学理给予的理论支持尤为关键,民间传说只是藏族普通民众为自己信仰关帝、二郎神、文昌神寻找支持的路径,由于传说版本中道教神灵的神职不一,所以出现了安多地区村寨藏族对道教神灵崇拜的重视程度不一的现象,例如文昌神。由此,并不能简单地将藏传佛教文化的关帝、二郎神、文昌神崇拜现象视为多元文化并存,需要针对不同信仰对象,结合当时政权的宗教政策,分地域、分时间节点进行动态变化的研究。

第二节
三川地域文化、交通对三川土族族群文化的塑造

三川地区位于青海省海东市民和回族土族自治县东南部,属甘青两省交界之处。民和被称为"青海门户"[①]。何为三川?一种说法是因其境内有赵木川河(也称杏儿沟)、大马家河(也称朱家河)、桑不拉河(也称前河)注入黄河而得名。这三条河流所流经的广大区域,被当地民众称为上川、中川、下川地区[②],该区域居住着汉、回、藏、撒拉等民族。

三川地域特点是三面环山,一面临河,形成盆地,境内有古渡口,故称"临津关",是古代接通甘、青的要津之一[③]。其三面封闭、一面开放的地理环境为当地土族群体文化的同一性维护提供了支持,这种支持体现在三个方面。

其一,三川土族群体以地域为文化纽带造成该地域文化风俗相似。三川土族依赖地缘建立起来的关系网使得当地土族群体关系得以维系,这种围绕地缘所形成的带有乡土性的关系网,影响并规约着群体成员心理倾向,使得三川土族群体成员有着强烈的族群归属感。

其二,自身文化的坚守以及对其他族群文化的吸纳、整合。由于三川为半封闭的多民族地域,多元化的民族文化以村寨为依托相互碰撞,半封闭性以及多元性的地缘特征使得民族自身文化的坚守更加重要,通过凸显自身民族文化特殊性以塑造对外交流的族群名片。三川土族群体也不例外,希望能通过地缘文化、族群文化等来凝聚族群内部成员群体,对外凸显其民族特性,在与周边民族交流中占据文化的话语权;与此同时,土族在与周边民族交往中,将其他族群文化例如风俗、宗教等进行吸纳、整合,使得三川土族的文化具有很强的包容性,由此也为汉族道教神灵信仰出现在土族宗教信仰文化中

[①] 祁进玉. 文化多样性与宗教认同:民和三川地区土族宗教的多样共存性考察[J]. 宗教学研究,2008(1).
[②] 马星光,赵清阳,徐秀福. 人神狂欢:黄河上游民间傩[M]. 西宁:青海人民出版社,2003:1-3.
[③] 祁进玉. 文化多样性与宗教认同:民和三川地区土族宗教的多样共存性考察[J]. 宗教学研究,2008(1).

第一章
安多与三川地区地域文化、族群文化的根源性因素

寻找通道。

其三，三川地域位于甘肃、青海的两省交界之处，这种边缘位置虽然会造成三川地区的现代化程度落后，但从另一个方面看，远离政治与经济中心，为三川土族自身文化的保留与活态化发展提供了生存空间。并且相对封闭的地形空间也成为减缓现代化冲击的屏障，为保护三川当地土族较完整的族群文化体系提供了外部条件。

综上所述，三川地域的地缘基因对该地区的土族群体内部凝聚力维系起到先天作用，半封闭的地理环境有利于塑造族群共同认同的文化内涵，进而促发了三川土族的民族认同感，同时也延缓现代文明的进入，使得三川土族的族群文化"原生性"得以保留。

上文对三川地区半封闭的地理环境的介绍中，提及半封闭性对该地域族群文化的塑造、保护的影响，那么外界与这一区域的交流是否存在？如果存在与外界交流的通道，那么通道对三川族群文化维护起到什么作用？这种交流的通道路线当时又是何种模样？通过文献，结合交通史可以找到答案。

研究三川地区与外界交流的路线，其地域中的官亭古镇是重要的考古点。该镇曾是中国古代两条对外往来要道的必经之处，即古丝绸之路南路与唐蕃古道。古丝绸之路直接连接东西方文明，唐蕃古道则是唐代以来中国往来西域的通道。这两条重要通道都经今甘肃兰州朝西北至今青海西宁，在行进路线中，三川发挥着重要的交通枢纽作用，是由甘入青的必经之处，例如上文提及的民和就被称为"青海门户"。其中官亭镇在汉代就是丝绸之路南路黄河的渡口，史称"临津渡"，现今"临津古渡"遗址依然留存。该渡口自汉代设立，唐宋时期最为繁盛，一直沿用到近代。为迎接入境使者与官员，曾在这里设立"接官厅"，此镇也以此得名"官亭（厅）"[1]。

三川民和地区在不同时期曾通过古道、驼道、水路与外界交往，交通便利。

① 古道。据《民和县志·地理编》的相关记载，汉宣帝年间，大将赵充国率军平羌，自民和地区进军湟水上游的先零羌区域；东晋高僧法显等经民和地区西行赴印度求法；隋大业五年（609年）隋炀帝进民和西巡；至唐一代，民和地区又成为唐、蕃往来必经之地，如文成公主、金成公主和亲吐蕃；宋代，进入青海，从今临夏过黄河，再经民和地区，过乐都到达西宁；明代，西宁卫至河州卫之间设有官方驿站，其中古鄯驿等在今民和境内；明永乐宣德年间，宗喀巴弟子多次赴京，也是经由今民和、古鄯等地[2]。

② 驼道。三川地区古代物资运输以人力或者畜力为主，因此驮道在古代和新中国成立前后占有重要地位。如清嘉庆年间，在今官亭镇至赵木川之间的黄河北岸红砂石崖

---

[1] 民和回族土族自治县志编纂委员会.民和县志·地理编[M].西安:陕西人民出版社,1993:53-54.
[2] 民和回族土族自治县志编纂委员会.民和县志·经济编[M].西安:陕西人民出版社,1993:244.

上，还保存有当时由民众捐资开凿的驼道①。

③ 水路。由于三川地形三面靠山一面临江，因此在古代筏运业兴盛，这也是三川地区特有的一种运输行业。据《元史》记述："至元十七年(1280年)土人抱革囊骑过之。聚落纠木干象舟，傅(缚)毛革以济，仅容两人。"② 可见皮筏渡河、运货历史悠久。

古代三川地区多样化的便捷交通，为当地土族文化发展和对外的传播以及与他者族群文化的交流提供了窗口，藏族、汉族等民族往来不绝，丰富了这一地域的民族文化。土族将其他民族文化择类融入其自身文化体系当中，化为自身的文化特征，在历史长河中，三川土族多种文化交流、交融、整合的积淀为其文化的特殊性留存提供了良好的基础。

三川地形特点以及古代交通优势，使得三川地域多族群同一文化空间逐渐成形，其中，土族文化占据主导地位。

《秦边纪略》记述，民和"三川盖孳牧地，土人皆李土司所部"，上川口"汉土杂居"，"土司李氏之所居也。……其精锐土人，尚以万计"，"巴州堡(实指西沟乡古城，应称巴州大寨)土人所居……属冶土司所辖"③，可见古代土族势力在当地的规模之大，这引来其他民族依附，逐渐也融合为土族一员。如官亭镇有的土族祖上是从黄南同仁县迁来的藏族，至今还保留着藏族的某些风俗；河边马家土族的祖先是回族，祭祀祖坟时不用猪肉；官亭镇赵木川部分土族认为自己是蒙古人后裔；明洪武年间，曾有汉民从山西等地迁入三川地区，以通婚的形式，逐步融合为土族④。

由此可见，三川土族内部成员族群成分多样化，在吸纳过程中受到不同民族文化的影响，出现这一现象的根源主要是这一区域隶属河湟文化圈。历史上的河湟地区也称河湟民族走廊，是南来北往的必经之路，游牧经济与农耕经济在该区域交错，连接河西民族走廊和藏彝民族走廊，是唐蕃古道南进西藏，青唐路西下新疆，联通中亚广大地区的交汇之地⑤。而河西走廊自古以来就是中原汉地、青藏高原族群、北方草原族群文化交汇之地⑥。

三川地域四周围绕着多民族文化圈，其北部为以游牧民族文化为代表的蒙古族文化圈，东部是以农耕文化为代表的汉民族文化圈，西南部则是藏族文化圈。处于三大文化圈交界地带的三川地区塑造了三川土族独特的民族文化。其典型特征就是宗教文化所彰

---

① 民和回族土族自治县志编纂委员会.民和县志·经济编[M].西安:陕西人民出版社,1993:245.
② 宋濂,等.元史·卷63·地理志六[M].北京:中华书局,1976:1564.
③ 梁份.秦边纪略[M].西宁:青海人民出版社,1987:59,60.
④ 民和回族土族自治县志编纂委员会.民和县志·社会编[M].西安:陕西人民出版社,1993:10.
⑤ 杨文炯,樊莹.多元宗教文化的涵化与和合共生:以河湟地区的道教文化为视点[J].兰州大学学报(社会科学版),2013,41(6).
⑥ 杨富学,安玉军.藏族、蒙古族、土族因素与裕固族的形成[J].青海民族研究,2016,27(2).

第一章
安多与三川地区地域文化、族群文化的根源性因素

显的族群文化多样性，这种宗教文化的多元并不是与生俱来，也不是孤立存在的个体格局，是这一区域多种族群文化长期共生共融的结果，又是道教、佛教等在精神层面的"殊途同归"[①]，其依托的载体就是当地的族群以"小聚居、大杂居"的形式聚在村寨居住，一个村寨常常汉、藏、土等民族混居，所以日常生活过程中的族群接触互动，使得各民族之间的文化、宗教、习俗等方面产生相互的影响[②]。

民族交往交融是维系多民族族群社会正常运行的常见方式之一。以三川土族为田野调查对象，发现该族群在保持自身文化特性的基础上吸收其他民族的某些文化进行改造，可以作为这一现象的代表案例，具体可从藏、汉、蒙古三个族群文化在其中的展现来说明。

其一，对藏文化的吸纳。三川地区土族对藏传佛教的信仰可追溯至藏传佛教传入青海地区时期，至今三川境内依然保留许多藏传佛教寺院，藏族的某些风俗也被当地土族所保留，如在每月初一、十五上香祈福，当地的鲍家村村民会在某些节日穿着藏族服饰举办庆典，跳藏族舞蹈锅庄舞，当地土族在交谈中会夹杂一些藏语词语发音。

其二，对汉文化的吸收、改造。受汉族农耕文化的影响，三川土族现今大多以农耕为主。三川地区大规模汉文化的进入与明洪武年间的山西汉人迁入有关，其以通婚的形式，将汉文化某些内容融入土族文化。如三川官亭土族张家、贾家的家谱显示其祖先原系山西平阳府人，秦家家谱显示其祖先原为山西大柳树庄人[③]。

汉文化在三川土族中的直接影响体现在其族群宗教信仰，即信奉二郎神，而且是将其作为神格较高的主尊神进行祭拜。在三川地区基本每个土族村子都有二郎神庙，且形象不一（其中缘由下文二郎神信仰个案章节将详细论述）。二郎神在三川地区按照神职分为"走神"和"坐神"两种身份。顾名思义，"走神"负责巡视四方，"坐神"则为土地神。"走神二郎"被视为三川地区地位最高的神，在每年纳顿节的时候，土族的请神仪式将二郎神请出庙宇，沿下川→中川→上川游历。除此之外，汉族的节日如端午节、中秋节等也被土族接纳。

其三，对蒙古族文化的吸收。按学术界对土族族源的追溯，一说是吐谷浑人；另一说认为土族是元代青海的蒙古驻军、移民与当地霍尔人通婚的后代，其依据主要为土族自称"蒙古尔""察罕蒙古尔"及语言、习俗等[④]。两种族源说共通之处在于土族祖先都是游牧民族，游牧文化对后世土族族群文化起着重要的影响，主要是生活

---

① 杨文炯,樊莹.多元宗教文化的涵化与和合共生：以河湟地区的道教文化为视点[J].兰州大学学报（社会科学版），2013,41(6).
② 祁进玉.藏传佛教传入河湟土族地区的影响及其后果：兼论游牧与农业地域社会的政治、文化与宗教互动[J].中国藏族，2015(4).
③ 《土族简史》编写组.土族简史[M].西宁：青海人民出版社，1982：77.
④ 杨富学,安玉军.藏族、蒙古族、土族因素与裕固族的形成[J].青海民族研究，2016,27(2).

习惯方面。

综上所述，三川土族文化聚集了我国三大文化圈的民族文化，汉文化、蒙古族文化和藏文化杂糅其中。需要注意的是，虽然三川处在三大文化圈的交汇区域，但出于某种原因，没有出现某一文化圈占据主导影响地位的现象，这使得土族自身的民族特性得以保留。三川土族族群文化的传承一方面需要持续进行纵向传播，另一方面也需要与其他族群文化进行横向交流，从而促发族群成员对本民族文化的认同，因此需要多种文化的共生共存，形成稳定平衡的文化共存，避免某一文化圈走向扩张的极端①。三川土族处在三大文化圈的交汇地带不但没有被同化，反而丰富了族群文化内容，多元化的民族文化特性使得原族群成分不一的群体成员凝聚在土族文化圈中，体现了充满生命力的维系力量。通过这种有活力的维系力量，三川土族依靠独特的地形、便捷的交通、丰富的多元民族文化地缘基因，逐渐形成了具有特色的本民族文化体系，并抵御住外界的现代化冲击被传承下来。由此，当一个族群在地理、文化上处于"孤立"时，为了民族的生存，要么不断延续自己的族群特征，要么就被其他的外来文化所涵化②。三川土族群体通过族群群体特征的强化凝聚自身群体成员。而三川相对封闭的场域特点发挥了巨大作用，外部阻挡现代化进程冲击，内部提供自我性特征持续发展的环境，使得三川土族在人类学研究语境中极具价值。

第三节
从二郎神信仰看土族信仰的变迁

宗教信仰是中国古代文化特质浓缩的一个侧影，其留存至今的多种仪式则是中华民族文化深层认知的映照。在历史长河中，宗教信仰体系、仪式影响着各个族群的思维方式和行为，甚至会与国家上层建筑形成某种冲突或者增补，例如藏传佛教与西藏的政教合一。因此对一个族群宗教信仰的研究，对理解该民族文化在中国社会整体文化中处于何种地位有重要的意义。

迪尔凯姆认为，宗教是一个与圣物也就是被分开、有禁忌的事物有关的信仰和实践的统一体系，这些信仰和实践把所有皈依者联合在同一个被叫做教会的道德社团中③。

---

① 鄂崇荣.论青藏高原三大民俗文化圈的互动与共享:以青海藏传佛教、伊斯兰教、儒道民俗文化圈为研究重心[J].青藏高原论坛,2014(1).
② 落桑东知.集体记忆与族群认同:一个边缘化藏族社区的山神体系对族群认同的功能[J].四川民族学院学报,2012,21(3).
③ 杜尔干.宗教生活的初级形式[M].林宗锦,彭守义,译.北京:中央民族大学出版社,1999:47.

马克斯·韦伯则认为,宗教是以对超自然的力量或神灵的信仰或对超验的人生境界的追求为基础的人类制度,是人类赖以面对和处理各种终极性的问题、建构神圣的秩序和意义系统的组织与行为的系统①。对于土族宗教的理解,马克斯·韦伯的观点更为适用,即宗教神圣性与宗教的功能性合二为一,影响信徒们的主观感,最终引导其社会行为,在这一过程中往往各族群的原始信仰、民间信仰会逐渐伴随多种因素纳入族群最终呈现的宗教体系之中,并且呈现稳定态势,换言之,地方性族群民间文化成为其宗教文化体系的一部分。

一、土族宗教信仰的多元体系

三川土族宗教信仰,以往的认知是以信奉藏传佛教为主,但从土族族群信仰对象的主尊类别、神职人员的职能、供奉仪式特点、信仰主体的身份等去细致考察,可以发现土族的宗教信仰对象存在多样性,即藏传佛教、萨满教、地方保护神等。按照土族现在的族群成员身份,其信仰大致可以分为三种:其一,萨满教——原始信仰;其二,藏传佛教——藏文化的吸纳;其三,道教神灵——汉族文化的影响。三类土族的宗教信仰随着土族族群生存地域文化的不同呈现不同信仰的态势特点,冲突与相互渗透并存。例如在青海省民和县的三川土族宗教信仰就存在藏传佛教与汉族道教互融,典型特征就是这一区域同时保留着藏传佛教寺院、道教庙宇。

民和县三川地区的藏传佛教寺院盛于明、清,衰落于清末,解放后,藏传佛教在当地稍有恢复,到了20世纪50年代直至60年代,当地的宗教信仰被当作封建迷信遏制,但当地信众依然偷偷在家设置佛堂举行仪式,或者将寺院神像埋在土中进行保护,这说明土族宗教信仰文化的稳固性。20世纪70年代,随着对民间传统文化复兴的呼唤,土族宗教信仰逐渐恢复。

土族的宗教信仰神灵体系可以总结为:藏传佛教信仰为主体,萨满教、汉族道教、地方神为辅的多元一体。其中,土族的原始宗教是萨满教,信仰"腾格里"即长生天。虽然土族是以藏传佛教神灵信仰为主,但在整个信仰体系中长生天的地位是相对崇高的,如每年正月初一早上迎神时,要先迎接"腾格里",然后再迎接各方神灵。除此以外,"腾格里"的祭祀还有专门的仪式流程,如采来雪白的坎巴花,摘来翠绿的柏树枝,取来清澈的山泉水,在巍峨的高山之巅,架起明亮的铜锅,烧上一锅清香的茶水,煨桑祈祷。他们十分虔诚地祷告:"这清香的茶水献给永恒的腾格里。法力无边的腾格里啊,保佑我们人畜兴旺,富裕强盛!"②

---

① 孙尚扬.宗教社会学[M].北京:北京大学出版社,2001:35.
② 李克郁.土族婚丧文化[M].西宁:青海人民出版社,2003.23.

再看汉族道教文化的影响。土族宗教信仰体系中汉族道教神灵有二郎神、关帝、龙王、文昌神、九天娘娘、灶神等。例如民国时期官亭镇建有关帝庙，作为当时三川土族的宗教活动中心，九天娘娘被认为是道教神灵金霄、银霄和碧霄三姊妹。下面对土族宗教信仰体系中道教的灶神、龙王、财神进行简要介绍。

关于民和县三川土族的"灶神"信仰，据相关资料记载，民和县土族灶神的样式与汉族的灶神相同。供着一个用黄表纸写好的牌位："供奉东厨司令灶君娘娘之神位"。祭灶时间，十分之六七是腊月廿四日，十分之三四是腊月廿三日。据云以前都是腊月廿三日，后来有一部分贫穷的人在廿三日祭不起灶，乃改在廿四日。土族中吕姓人家都是廿四日送灶，据说因为吕姓的先人吕孟生活贫苦。送灶时由男人主持，家中没男人的才可由女人主持。要事先预备好一碗水、一碗草、一碗豆子（灶神的骑马吃的料）、一块饼、灯、黄表、香蜡、糖瓜等。送灶时祷告的话语，和各处相似。廿四日送灶的，还要向灶神说明因为家中贫穷，所以到廿四日才送[①]。迄今，土族仍然信奉灶神，其心理是认为灶神的神职是居于厨房，对家庭成员的言行举止进行记录，汇报上天。财神的供奉也是土族宗教中汉族文化传入的体现，每年农历初一、十五日，都要烧香烧黄纸，黄纸上写着"供奉金轮福禄寿三大财神之神位"，其周围供奉观音菩萨。

至于龙王，则是三川土族普遍信仰的道教神灵，其原因是自古以来"龙王神职"约定俗成是行云布雨，这关系到农业生产的丰歉，土族生存的这一地区属于农耕社会，靠天吃饭，因此无论是统治者的有意识倡导，还是民间自发的祈福需求，龙王信仰在这一区域的土族族群中被接纳。需要注意的是，虽然龙王在民间有广泛的信仰，但其"神格"处于附属地位，其缘由为"龙王"作为汉族道教神灵融于土族宗教信仰体系，既不像土族宗教信仰的至高神"腾格里"那样具有最高神格，又不是从土族族群自身文化中所诞生的信仰神，如地方保护神，所以三川地区庙宇中普遍存在龙王塑像，却没有专门的龙王庙，这和关帝庙、二郎神神庙等不同，龙王在土族宗教信仰神灵体系中只是作为"神格"较低的附属神存在。

土族宗教信仰体系以藏传佛教格鲁派神灵为主，如互助土族聚居区有著名的佑宁寺，被称为"湟北诸寺之母"。在其族群信奉的藏传佛教的神灵中，有特殊的一类，诸如地方神尼当、簪康、骡子天王等。文献记载：从前，大地梵天江格尔汗的大臣格勒特带领部属来到这里，现在的霍尔多为他们的后裔。格勒特遭受修仙隐士的恶咒而死，化为大力精灵，居于郭隆的石岩上。他向嘉色活佛显现了蒙古族形象服饰的原形，被尊为圣贤，立为地方神[②]。这一类神灵被土族视为具有超自然的自我意识的某种存在，类似

---

① 国家民委民族问题五种丛书编辑委员会青海省编辑组.青海土族社会历史调查[M].西宁:青海人民出版社,1985:44.
② 尕藏,蒲文成,等.佑宁寺志(三种)[M].西宁:青海人民出版社,1990:10.

"山神""地方守护神",并且在各地区的土族聚集地,同一神灵的"神职"有所区别,如互助县合尔郡(今贺尔村)土族信奉的"尼当"具有"山神"神职,而民和县辛家庄土族则视其为"土地神"。"簪康"则是当地藏、土族群都信仰的民间神灵。民间传说,"簪康"在被藏族格萨尔王军队打败后,西退三川一带,与当地民族融成现在土族的祖先,虽然在后期族群信仰融合过程中,土族接受了藏传佛教的萨迦派、格鲁派,但互助地区土族对格萨尔王却并不信仰,这使得互助地区土族对二郎神也不信仰,因为在藏族宗教文化中汉族二郎神是藏族格萨尔王的化身,所以互助地区的土族在玉树、果洛等地并不像当地土族人那样出入寺院祭拜供奉的二郎神。同时藏族对于信奉"簪康"的土族人也比较抵制。这说明了土族人、藏族人的宗教信仰至今依然影响着他们的现实生活。"丹姆尖"也称"羊头护法",土族认为他是文殊菩萨的化身,通常被供奉为家神,合尔郡和辛家庄的土族同时还认为"丹姆尖"是关羽的化身,其原因不详。

至于土族宗教信仰体系中的精怪类,最为著名的是"猫鬼神",其神职为家神性质,但只在民间传说中流传,没有形象,文字记载也较少。有文云:土人信佛,每家必有神龛,供奉佛像,尤信狗头精,所以若到土人家去,主人不愿给你的东西,不敢随便拿去,因为拿去主人不愿意给的东西,他们的神狗头精必跟上去作祟,使你生病,或家中闹鬼,以至你拿去的东西送回后,才得安然。这事虽属迷信,但亦不知其所以然。[①]

另外,土族村庄中随处可见土族构建的宗教场所。如崩康[②]、鄂博[③]、寺院、家庭的佛堂等。即使如今,土族村庄依然宗教气氛浓厚,煨桑、烧香、点灯、转山、青苗会等宗教活动盛行,可见宗观念教对其日常行为影响之深,这些宗教观念作为一种潜意识中的道德约规,对族群融合后族群文化的稳定性、同一性具有整合作用。

二、基于对嘛呢会、二郎神信仰田野考察的土族宗教行为审视

随着清代统治阶层对藏传佛教的推崇,土族族群中藏传佛教的信仰更加兴盛,藏传佛教僧侣在土族社会具有相当高的地位。解放后,科学教育与宗教都在土族现实生活中发挥着作用。

在现今的土族日常生活中,宗教生活依然是一项重要内容。如每年的正月十五、四月初八等节日,在当地寺院会举办"羌姆",土族称其为"纳顿";三川、同仁地区的土族村寨会在每年的"纳顿"节轮流迎请二郎神,并表演节目以娱神。

---

① 乐天.青海之土人[J].公道,1988(6).
② "崩康"意思是"十万佛",外形为木质的四方形亭子,四周立有圆柱,中间为全封闭供殿,里面供奉着数千个泥塑佛像,类似汉地土地庙,其功能为保地方平安。
③ "鄂博"即为土族村口的一种设置,通常是木桩围成的正方形,里面放置小石块,上插有树枝等物,挂有红布或者印有经文的白布、哈达,具有镇守和护佑一方村寨的法力。

此外，由于各类祭祀活动对土族有着重要的意义，因此保留有约定俗成的仪式，使用多种样式的祭品。需要关注的是这些祭品功能并非像大多数宗教信仰仪式中依靠祭品来贿赂鬼神，从而达到祭拜者功利性的目的，它更多是反映了土族通过这种祭祀宗教化行为对超自然力量的某种分类认知，显示出自身与不同神职神灵之间的亲疏关系。即在祭祀不同神职身份的神灵时，使用的祭品有所区别，如祭祖使用熟食，祭神使用生食。

土族还有一类独特的神灵供奉行为，即供奉家神，其常见身份有白马天将、黑马杂神等。家神供奉的宗教行为可以折射出土族的宗族传承关系。通常土族同一个家族衍生出来的分支供奉的家神完全一样，古代土族家族供奉的家神是由家族最小的儿子供奉在老宅，但后来随着社会观念的变化，家神供奉普及家族其他分支，这也反映出家族家谱的流失。

对土族宗教行为的认知可以凭借土族的民间宗教团体"嘛呢会"的宗教活动开展以及土族的"二郎神"信仰活动来增进。

（一）土族民间宗教团体——嘛呢会

关于民间团体的含义，钟敬文认为是指传统社会中民间形成的具有稳定互动关系的各种人们共同体，它既包括通过血缘和姻缘关系组成的宗族、通过地缘关系组成的社区、通过业缘关系组成的行会，又包括由于共同的宗教信仰组成的结社。[①]

嘛呢会中的"嘛呢"为藏传佛教六字大明咒"唵、嘛、呢、叭、咪、吽"中的两个字，可见它是以藏传佛教为共同信仰纽带组成的民间团体。嘛呢会多存在于土族农村村落，通常老年人居多，他们自发地以村寨中的小型民间庙宇为聚会活动基地结社而成，其规模一般都不大，没有正式的会规约束群体，但有会首和一些专门祭祀活动的经文。嘛呢会主要是依靠共同群体宗教行为的认同习惯来进行会内土、藏族群内部关系的整合。

嘛呢会作为土族农村社会中自发的宗教民间团体，是研究土族宗教文化重要的参考，下面对嘛呢会这一民间团体的发展、活动、其他社会结构等进行初步的介绍。

土族嘛呢会的起源时间无可考证。但结合民间传说和土族老人访谈，嘛呢会的初始时间可以上溯到藏传佛教在土族地区的传播时期，由此看来，嘛呢会的出现最迟不晚于明朝。明清时期的嘛呢会由于历史久远且缺乏足够的研究文献，对当时的状况无法追溯，但到了近现代，从民国初年到改革开放，土族嘛呢会的规模由弱小逐渐壮大，虽然在1958年前后的破除迷信运动中曾经一度消失，但随着20世纪80年代宗教信仰自由政策的实行，嘛呢会的民间传统开始复兴，规模逐渐发展壮大延续至今。嘛呢会是以藏

---

① 钟敬文.民俗学概论[M].上海：上海文艺出版社，1998：99-130.

传佛教信仰为宗旨自发成立的民间社团,所以它的成员来源通常不局限于一个村落,它的组织架构是以宗教行为开展的地点为立足点,即共同参加一个庙会活动的村落属于一个嘛呢会。如中川乡河西行政村巷头祁家的"五姓嘛呢会",以村中祁家庙为嘛呢会活动基地,庙中供奉有龙王、山神、土地神。在该庙祭祀之时,周边五个自然村的村民都要参加,这些居民的宗姓有祁、汪、李、张、吴五姓,所以被称为"五姓嘛呢会"。一般结成嘛呢会的自然村都是邻村,这种"相近"不仅是指地缘相近,也指血缘关系相近,如两个村的村民是同一个祖先的后代或者是同一个宗族的分支。

嘛呢会作为一个宗教群体,宗教信仰的虔诚度在其群体认同中至关重要,由于每一个村落信奉的保护神不同,同时每个保护神都有各自的管辖范围,因此嘛呢会成员不会跨会进行宗教活动。只有二郎神的祭拜活动例外,二郎神在三川土族宗教信仰中占据至高无上的地位,所以二郎神的祭拜宗教行为覆盖整个三川。

综上,嘛呢会实质上是建立在土族地缘、血缘、神缘上的民间自发宗教组织。嘛呢会的规模与所在村庄人口相关,且成员大多是中老年人。说明年长的土族成员对宗教信仰的虔诚超过年轻人。其原因在于老年人从家庭主力退位后,其心理产生失落感,需要寻求心理寄托,加入嘛呢会成为一种寄托方式。与此同时,健康欠缺也是引导加入嘛呢会的一个外因,孱弱有病的土族老人往往对宗教的情感更虔诚,通过宗教的信仰力量来忍耐苦难。三川地区土族嘛呢会成员以老年女性偏多,其原因一方面是女性寿命普遍比男性长,另一方面且更重要的是老年女性的社交活动相对较少,虽然也有一些老人活动室,但设备简陋,且活动者以男性老者为主,因而土族老年女性转向宗教活动和宗教行为,寻求一种心理慰藉。当然,此前的土族女性,无疑一直在接受宗教的熏染和渗透,但由于年龄、精力的限制,直到祖母期,她们才表现出比任何时候都更为成熟的宗教信仰者姿态……她们大多数的空闲时间,都被各种纷繁的宗教行为占去了。[①]

(二) 土族"二郎神"信仰的特殊现象

上文提及三川地区土族普遍信仰"二郎神",但有些地区的土族则对"二郎神"是抵触的,其代表为华锐藏区的土族。历史上的华锐藏区包括青海的乐都北山、互助以及甘肃的天祝等藏区。华锐藏区的雏形始于公元7世纪之后,其前身为北宋的凉州六谷部联盟政权,其政权族群成员囊括羌、吐谷浑、月氏等。华锐藏区土族没有二郎神信仰的根源在于当地土族人抵触藏族信仰神灵格萨尔王,而格萨尔王则被土、藏两族视为二郎神的原型。青海同仁地区的土族也是如此,郭麻日人也自称霍尔,说泽库县霍尔瓦加保存着他们的历史,也不崇信格萨尔[②]。两地土族抵触二郎神信仰的现象与三川土族信仰

---

① 瞿存明.土族女性祖母期的宗教行为述略[J].青海民族研究,2003(1).
② 马成俊.神秘的热贡文化[M].北京:文化艺术出版社,2003:228.

二郎神现象相对照，可以明显看出土族宗教信仰文化在不同文化空间、地域空间的变迁。再看土族二郎神信仰文化的地方性特色，二郎神作为三川土族信仰的地方保护神，民众供奉其来求平安、求丰收、求诸事顺利等。二郎神信仰从汉地传入民和地区被土族接受，并在长期的民族文化互动中，有了土族自身的信仰特色以及宗教行为仪轨。

在土族民间宗教信仰中，藏传佛教、汉人信仰、土族原始宗教等多种元素掺杂在一起，形成土族多元一体的宗教信仰体系，这种宗教体系无形中规约着成员的行为。土族人的宗教行为和世俗事务融合在一起，在其信仰的神灵体系中，佛、道、巫师三者互相协作但又有着各自的职责且地位有区别。土族普遍信仰的宗教是藏传佛教，但从一些宗教行为的仪式上又可以看到萨满教文化元素，以二郎神信仰为代表的道教也渗入土族宗教文化中。土族宗教信仰构成虽然客观上是统治阶层主导的有目的的文化融合，但主观上是土族自身的选择。例如二郎神，土族认为其法力最大，因此其地位在土族宗教神灵体系中也是至高无上。并且也要看到，神灵、灵魂等词汇在土族有专门的表达，并非借用自藏语。这说明在吸收了其他民族宗教文化因素之前，本民族就已经有了对宗教的朦胧认知。

当下，宗教如何面对世俗化，即传统宗教在现代社会中如何发挥作用成为众多学者研究的热点。世俗化会使得宗教对社会生活各个方面逐渐失去影响。宗教信仰仪式的淡化、信教群体老龄化、神灵信仰逐渐消亡等成为首要问题，但土族宗教世俗化的举措为研究人员打开了思路，如宗教在调解社区民众纠纷中起到作用等。可见，宗教的威望在现今影响依然存在。宗教作为较封闭的社会文化要素，在一定历史时期会对社会文化的进程产生某种阻碍，但土族的多元宗教体系在土族看来具有合理性，即便是在现代化进程的冲击下。而且，土族的一些社会习俗宗教受到自身宗教观念以及宗教行为的影响，具有一定的稳定性。因此，整体来审视，土族宗教特质使得它的主要倾向还是维系该族群社会秩序的某种平衡。

三、土族文化的"涵化"特点

土族族群主体聚集的河湟地区是中原文化与周边多种族群文化相互影响渗透的中间地带。由于独特的地缘，土族人民在与周边民族交往过程中，借鉴、吸收他们的文化成分，其中以汉、藏两族文化为主，最终构成了土族多元一体的文化系统。伴随着现代信息传播方式的多样化与便捷化，土族文化与其他民族文化的影响、渗透加剧，土族自古保留下来的宗教文化中的一些元素逐渐转型。

土族在20世纪60年代经受了文化低谷，宗教礼仪行为几乎消亡，纳顿庆典、庙宇祭祀、丧葬诵经等宗教活动被禁止，改革开放后，随着对文化传统回归的呼吁，土族传统宗教行为才得到再次恢复，土族的民族意识也有所增强。土族的文化结构既有汉文化的宗教信仰，又吸纳了藏文化的宗教成分，这说明土族文化具有包容性与开放性。但需要注意的是，土族多元一体的文化并不意味着其是由土族、汉族、藏族的文化因素所构成的。在文化变迁理论中的"涵化"概念或许可以解读土族这一文化现象。所谓"涵化"是指不同族群持续地接触一段时间后因互相传播、采借、适应和影响，而使一方或双方原有的文化体系发生大规模的变异的这样的一种过程及其结果①。从字面含义可知包含以下几个内容：首先要有多种文化长期的接触与互动，其次多种文化因相互接触影响而发生变化，最后也是最重要一点，即相互接触的多种文化日趋一致。土族在与其他民族文化的长期接触互动中，主动吸纳自身所需的文化，将多种民族特质文化融合消化成自身文化体系中的组成部分。在这个过程中土族并没有因为其他民族文化的融入而失去本民族传统文化的主导性，而是随着时代的发展增加了多元文化元素，这种多元包含了主流文化和地域文化，它们被有机地融合为一个整体。以汉文化的吸纳为例，在当下研究热点辛家庄和合尔郡土族文化中，汉文化的影响展示出显著特点。这两个区域的土族文化中汉文化的成分比重增多，其原因在于汉族农业生产技术的先进性使得土族在学习技术的同时，也必然受到汉族传统文化的影响，其中汉族的宗教文化如关帝信仰、文昌信仰等也就被土族所接受，这种从物质学习到抽象思维的接受，也是落后民族在一个时期内向先进民族学习所带来的必然结果。但需要注意的是，汉文化的影响并未造成土族本民族文化结构完全"汉化"的变迁。

在土族文化构成成分中，多种民族文化、地域文化的影响是不平衡的。由于文化内部领域各要素之间在文化变化发展过程中以不同的速度发展变化，从而导致文化要素的变化也不协调。②虽然土族对外展示的形象如服饰、农业生产技术等与同处一个地域的其他民族相类似，但其族群的宗教信仰等传统文化内容彰显的个性却被保留下来。相对于物质文化的快速变化来说，精神文化例如风俗、宗教信仰等的变迁较为迟缓。通常来说，物质文化的变化对宗教信仰的影响是循序渐进的。因此，土族内部成员接受物质文化变迁的程度使得土族内部的文化发展具有不平衡性。此外，不同族群文化的相互传播影响也是土族宗教信仰文化发生变迁的诱因之一，从土族文化特征来看为汉藏文化的合一。对于一个民族文化的变迁来说，其民族原生文化自我性越少，越容易吸收外来文化因素，文化越具有多样性。土族稀少的原生文化使得土族文化具有开放性，便于其更容易接纳吸收其他族群和地域文化。在土族接纳其他族群文化的过程中，可以看到一个族群文化的影响因素有很多，这些因素相互影响，互相依存，成为一个有机的整体。文化生态学主张从文化和环境相互适应的角度来理解文化类型之间的差别。③除了不同族群

---

① 麻国庆.走进他者的世界[M].北京:学苑出版社,2001:303.
② 麻国庆.走进他者的世界[M].北京:学苑出版社,2001:301.
③ 张海洋.中国的多元文化与中国人的认同[M].北京:民族出版社,2006:19.

之间的文化互动，地域文化也是影响族群文化的重要元素之一。文化的地域性特点又可以称为地理文化的环境特征，在一个族群文化产生的初期，对地理环境的影响是被动接受，其早期文化的基础很大一部分是来源于地域性特点。而后，在族群文化基本特性定性后，对地理环境特质影响的吸收则转化为有选择性的主动吸纳。其间，"地理环境文化"指代的内容概念逐渐被放大，从最基本的地缘文化到地域族群、政治影响等共有特征，族群文化被这些文化元素改造、影响，最终成为一个族群共有的社会观念。以安多藏区的华锐地区土族、民和土族为例，华锐地区土族处于藏文化圈，深受藏族文化影响，虽然藏族人口数量不占主体优势，但对这一区域其他族群文化的影响深刻，华锐地区的土族族群对藏传佛教信仰文化具有民族认同感。再看民和土族，虽然其族群深层思想观念受到藏族文化的影响，但是由于该地汉族人居多，且经济发展较好，汉文化的影响逐渐超过藏文化的影响，这使得民和土族的整体宗教信仰呈现多层次性特点，一方面藏文化的深层影响根深蒂固，另一方面汉文化成分比重增加，如宗教仪式展示出的汉文化。由此，土族族群的地域性分布特点等元素决定了不同地区土族族群的文化进程区域特色。

  土族固有的文化成分在现代化进程中受到冲击，但其中的部分宗教文化被保留，并融合新的文化元素，变得更加稳固。这种自觉性的文化涵化过程，使得土族族群在本民族族群文化进化中具有主体选择力。但并不能因此说土族的文化转型具有计划性、目标性，同时，也非族群少数精英人士主导，它的整体文化结构转型、发展具有不自觉性、无预期性以及群体性。当一个民族或社会中，多数成员知道和接受这种新的反应，因而使之成为共有的习惯行为模式之一部分时，实际的社会文化变迁就会发生了。[①] 群体性文化观的形成过程中，主体的选择起到举足轻重的作用。土族族群的选择，一方面在于本民族文化传统与汉、藏文化之间的取舍，另一方面则是本民族文化传统与某一时期主流文化的取舍。诚然，文化转型期间的某一时期也存在文化主体自我选择弱化的现象。弱化的原因是多重的，内因、外因皆有。弱化会导致非主体的文化力量在某种程度上影响族群整体文化的走向。因此，在研究土族族群文化转型因素时，还需要对其文化主体发展的推动者，也就是人的主观选择的动因开展研究，人的主观选择方向有时会导致其族群主体文化某一时期的弱化。

  对于族群文化变迁，费孝通先生的观点是任何变迁过程必定是一种综合体，那就是：他过去的经验、他对目前形势的了解以及他对未来结果的期望[②]。虽然一个民族的文化模式具有相对稳定性，但当周边的社会环境和政治格局等发生变化时，为了应对新

---

① 麻国庆.走进他者的世界[M].北京:学苑出版社,2001:302-304.
② 费孝通.江村经济[M].北京:商务印书馆,2001:21.

局势，主体会在原初文化的基础上，选择周围其他民族的某些文化元素加以整合，这种整合既非原初传统的原样传承，也非彻底的创新，两者有机结合、互相联系，成为一个民族文化的整体。

一个民族宗教文化的定型基础，深层次来看为民族认同。民族认同不能只理解为思维观念层面的趋同，它与民族宗教文化相互影响。宗教文化往往体现出一个民族的文化传统，在参与宗教仪式的过程中，文化对族群起到教化作用，并隐藏于族群成员的内在心理中，从而便于族群成员对本民族文化特征的认知。而民族认同的基础，首先是对本民族的文化特征有着最基础的心理认知，其中也包含了本民族的宗教文化特征。由此，可以说族群文化是民族认同的基础，也是有效途径，对民族文化的认知与认同本身就是民族认同。

土族的民族认同对土族文化传承产生重要影响。民族文化受民族认同制约，而生活方式是区别于其他民族的最直观的文化符号，由于族群成员的身份不同，他们对民族认同认知有着差别，但是杂糅在生活方式之中的民族文化传承则会变为一种稳定的固化模式，民族认同、民族文化、生活方式三者以文化为纽带融合到一起，其实质就是族群群体需求的一种同一性。土族族群文化发展的历程就是其民族形成的过程，在一个民族形成的过程中，首先要有其主体的文化生成。而同一的族群又可以赋予族群成员内部特殊群体对某些文化要素的需求，以此族群通过共有文化更加巩固。

一个民族的众多构成要素包含其共性的宗教信仰、语言、地域、生活方式等，而基于民族认同心理形成的族群文化则是一个民族形成的核心元素。当下社会中，土族民族成员流动到其他地区，虽然所处的环境发生改变，但原民族文化影响依然存在，即使生活方式有所改变，但展示的是一种以本民族文化为主体的多元文化，这反映了民族认同。可见，民族文化在形成之后，便成为一个民族内部的规约，群体成员必须遵从这些规约。

由于经济、政治政策等外因，土族在不同历史时期要面对变化了的生存环境，因此群体在心理上的需求也在不断变化，生活方式也随之产生新的变化。在变迁期，随着与周边不同族群交往的加剧，通过本民族传统文化与其他民族文化的比对，各个族群文化的差异引导土族成员对本民族的民族认同认知更加稳固，进而在思想观念层面影响着土族的主体选择内容，所以土族的族群文化才会具有多元一体的特点。例如在宗教仪式中常会出现法师、喇嘛、法拉等共同参与一场宗教活动。

第二章

"一身双像"道教神灵信仰个案
——二郎神

本章以安多藏区的二郎神信仰为对象展开研究。二郎神进入藏传佛教神灵体系后，一方面神职扩大，另一方面造型"藏化"，但其神格却由道教的主神降为地方的保护神，这和藏传佛教关帝信仰有所区别，其原因主要是安多藏区的族群文化影响。在研究安多藏区二郎神信仰特点的同时，本章节从二郎神是外来神的"中国化"、戏神身份出现、明代边疆族群接受二郎神信仰的缘由与意义等角度，沿着氐、羌"巫文化"的传承→民间信仰的传播→道教神灵系统的神职定位这一条发展路线，对汉族二郎神信仰在藏传佛教中生存发展的缘由以及发生的图像演化进行阐述。

第一节
异域神灵二郎神的中国化演变

中国民间信仰的诸多神灵中，二郎神是广为人知的一位，自其形象诞生后，在近千年的岁月长河中，由于不同历史时期的各种外因，二郎神的形象不断进化，在各种民间传说中也具有多种神职，并且从中原汉族逐渐传播到藏族、土族等族群，融于藏传佛教，成为藏传佛教神灵中的一员，反映了特定历史时期宗教融合对民族认同、民族融合具有促进作用，进而缓和民族矛盾。因此，在研究藏传佛教二郎神信仰"一身双像"现象之前，需要对二郎神诞生的由来、"中国化"问题、"行业神"身份出现等问题进行解读。

一、二郎神信仰的中国化

提及道教二郎神的身份由来，很多人迷糊不清，不少信众认为是中国本土神灵，但

第二章
"一身双像"道教神灵信仰个案——二郎神

张政烺先生经过考证,认为二郎神信仰的原型来自异域,是毗沙门天王随从之独健,这一观点发表于其论文《〈封神演义〉漫议》之中,此说发前人所未发,实为创见[①],这篇文章揭示了二郎神信仰的缘起。

张政烺先生的观点涉及唐代中原政权对"毗沙门天王"信仰的追捧。唐代,伴随着佛教密宗的出现与发展,其教派中的一位重要神灵——毗沙门天王,以战神的形象出现,并迅速得到唐代统治阶层的认同与推行。如在《释氏源流》中有记载,在唐高祖起兵之时,毗沙门天王出现并参与起兵。《兴唐寺毗沙门天王记》有文记载毗沙门天王具有庇佑济难的神职,可见当时毗沙门信仰的广泛影响。《西阳杂俎》记载当时唐人的文身常以毗沙门天王的形象为图样,以求得其神力庇佑。

至于二郎神原型独健的出现,不空翻译的《毗沙门仪轨》中记载,唐天宝元年(742年)时,安西城发生战争,因为安西城偏远,发兵救援迟缓,于是唐明皇请不空迎请北方毗沙门天王救援。毗沙门派遣神将带兵前来助战,安西城得以解困。因此,在天宝年间,毗沙门天王和二郎独健,由于不空及其门徒的鼓动,曾在中国轰动一时。[②]张政烺在《〈封神演义〉漫谈》一文中引经据典说明上述历史事件后,得出结论:从此天王在全国各地有独立的庙宇,二郎神的广泛传播也当在此时。[③]从下图1四川资中西岩五代毗沙门天王大像窟及其神灵配置平面示意图中独健的存在可知,唐、五代时期毗沙门天王身边搭配二郎独健是常见造型组合,可看出独健在当时已经流传。

图1 资中西岩五代毗沙门天王大像窟

---

① 宗力,刘群.中国民间诸神[M].石家庄:河北人民出版社,1986:546.
② 张政烺.《封神演义》漫谈[J].世界宗教研究,1982(4).
③ 同②.

那么二郎神这一中国道教神灵如何与境外神灵独健产生关联？有研究者认为"二郎神"可能是唐代传入的佛教音乐中的专用术语称谓，"二郎神"一词最初出现在唐代崔令钦《教坊记》颂扬二郎独健神迹的佛曲之中。另有学者认为"二郎神"称谓引自独健的身份，这种观点得到普遍认同。据唐代佛曲内容记载，毗沙门天王有五名随从，分别为独健、哪吒、鸠跋罗等。"独健"因通常排第二位，又被称为"二子独健"或"二郎独健"。后随着毗沙门天王信仰的逐渐淡化，二郎独健的崇拜也随之弱化，其信仰也开始了"中国化"转化，二郎独健的形象被代替者所沿用，且结合中国民间信仰需求被赋予新神职。

晚唐至五代时期，二郎独健的造像已经出现在灌口的佛寺中。《十国春秋》中记载前蜀王衍事时其装扮如灌口祆神造型，但这里提及的"祆神"并非祆教神灵，蜀地祆教祠宇出现约在宋后，灌口地区出现的是佛寺，再从其执弓挟矢的造型可以判定为二郎独健，因为毗沙门天王的常见造型为执矛托塔。

二郎独健以异域神灵的身份在灌口佛寺被信仰膜拜为当时的道教徒所抵制，于是开始了初步的"中国化"转型，道教徒选择了二郎赵昱这一民间传说中的人物。关于赵昱的传说，五代时期已有流传，民间戏曲涉及其原型的有《灌口神队》《灌口二郎斩健蛟》等。史料文献较早记载二郎赵昱相关事迹的有宋代洪迈的《夷坚丙志·二郎神》、孟元老的《东京梦华录》等。自宋代起，作为道教祭神场所的宫观中所出现的二郎神已经不再是"二郎独健"而是赵昱。关于赵昱最早的记述为唐代柳宗元所撰的《龙城录》，虽然该书后判定为宋代所著，但记录了自五代后赵昱的事迹。为了让赵昱与道教产生关联，历史文献中有了赵昱其人隐居青城山，师从道士李珏的记述，因在弟子中排行第二，所以暗合"二郎"。巴蜀地区民间流传最广的是赵昱斩蛟龙除水患的故事，对于饱受水患之苦的巴蜀民众来说，二郎神除水患这一神职和赵昱的事迹吻合，因此更能接纳二郎神就是赵昱这一观念。灌口二郎神身份从"二子独健"转型为"二徒赵昱"的经过，有文记载："隋末天下大乱，弃官隐去，不知所终。后因嘉州江水涨溢，蜀人见青雾中白马引数人鹰犬弹弓猎者，波面而过，乃昱也。民感其德，立庙于灌江口，奉祀焉，俗曰灌口二郎。"从这段文献所记，可以看出赵昱神迹与独健明显有区别，但在造型上两者还是较为一致的，如赵昱年轻时的英雄姿态与独健执弓挟矢的雄姿相似。二子独健的信奉随毗沙门天王信仰自唐太宗时期的推崇而兴盛，唐玄宗以降二子独健的供奉逐渐衰退变为"别院安置"，而有文献记载赵昱在唐太宗时期被封为神勇大将军。虽然都是民间传说，但也说明二郎独健向二郎赵昱的演变具有民间认同性。

赵昱作为二郎神原型而存在历史并不久远，起初只在道教中出现并流传于四川民间。后到宋真宗朝，益州大乱，帝遣张乖崖入蜀治之。公诣祠下，求助于神，果克之，

第二章
"一身双像"道教神灵信仰个案——二郎神

奏请于朝,追尊圣号曰清源妙道真。① 随着宋代官方身份的确立,二郎赵昱的信仰逐渐向四川以外的地区传播。但好景不长,北宋时期,民间兴起李冰其人的信仰,其子和赵昱开始争夺"二郎神"之身份,两者的斗争在不同地区持续了较长时间,一直持续到杨二郎成为"二郎神"正统身份被统治阶层、民间信众所公认。其信仰兴起后,二郎赵昱的崇拜在民间消失。

那么李冰的二子和二郎神如何形成联系?主要还是与"水"有关。关于李冰,各类史料文献都有"蜀守冰"的记载,但依照应劭《风俗通》中"吾自有女"的记录,李冰只有一女,并非有多子,因此,关于李冰二子,不少学者曾进行研究。

袁珂先生结合文献认为:《风俗通义》说"江神岁取二人为妇",二郎的神话可能就从"童女二人"演化出来,起初是李冰"装饰其女",假说"当以沉江"而从中取计。后来人们也许觉得这样做未免太冒险,于是李冰的儿子二郎("二郎",初义或者就是"两位郎君")假扮了美女,就婚于神,然后父子同心协力和江神相斗,终于制伏了江神。② 宗力先生认为:关于李冰的较早记载,如《史记》《汉书》《风俗通义》《华阳国志》等,都未提到李冰有子。可知即或有子,当时也未被神化,但按照民间的造神习惯,如此大神而无神化之子,是不可想象的。即自然神如东岳,也有诸郎子为宇宙,所以二郎的出现,也是理所固然,称其为二郎神,更是理所当然。然而李二郎之神见诸记载,始于五代,而二郎神之庙祀,乃始于唐代。当然也可能各地民间已有李二郎之信仰,五代(蜀)、宋遂列入祀典。③ 萧兵先生对此现象的意见则是"二郎"的出现,现有两个极端:一个是李冰确有二子并参与治水,只是史书阙载(据说《四川通志·名宦志·李冰传》就附有《李二郎传》);另一个是纯粹创作或捏合。看来这两"极"发生的概率都不高。文献不会迟到唐宋才突然冒出一个"真实"的二郎,而哪怕是纯粹的附会也不会毫无来由。从现实的角度看,二郎最初可能是李冰治水的一个青年助手或部将,然后逐渐被"改造"成李冰的儿子。④ 参阅以上学者们的观点,我们可以清晰地看到李冰到李二郎再到二郎神的演变思路。但为什么要神化李冰的二子呢?理解这一问题就需要结合二郎独健和二郎赵昱斗争的时代背景。

多位学者观点统一认为二郎独健"侵入灌口"是李二郎形象出现的根源。自唐玄宗下旨在"别院安置"毗沙门天王与二郎独健等五位部属后,虽然二郎独健是以救援安西的神将的身份出现,但是作为外来神灵,其神迹在国内民众看来依然有距离感,中国信众需要创造一位本民族的二郎神来替代。二郎赵昱与二郎独健相抗衡的诱因是道、佛两

---

① 宗力,刘群.中国民间诸神[M].石家庄:河北人民出版社,1986:539.
② 袁珂.古神话选释[M].北京:人民文学出版社,1979:502.
③ 宗力,刘群.中国民间诸神[M].石家庄:河北人民出版社,1986:537.
④ 萧兵.二郎神故事的原始与嬗袭[M]//中国神话:第一集.北京:中国民间文艺出版社,1987:154.

教围绕"二郎神"归属的斗争而产生的。二郎赵昱作为唐宋时期异域神本土化的又一事例，展示出中国本土文化对异域文化的吸收能力，但是地域性文化在其中起着更为主导的作用，典型代表就是"李冰二子"取代"二郎赵昱"。在巴蜀地区，李冰治水的功绩深入民心，相比"嘉州斩蛟"的赵昱，李冰这一形象更能被道教信众接纳，以至塑造一个新的二郎神。

从"二郎独健"到"二郎赵昱"再到"李二郎"，其演变历程大致为：二郎独健（二郎神名号的出现）→二郎赵昱（初步赋予二郎神"治水"神职）→李冰（二郎神神职的定性）。"二郎"最初可能是李冰的昵称，因郎想及二郎，又由二郎化出李冰二子，且以"二郎"专称其次子，这倒也是在情理之中的。[①] 士大夫们相信他（李冰）是个人，古代水利专家；田妇野老们相信是个神，至少是个超人，能伏龙斩蛟；士大夫们不相信李冰斩蛟，却又无抛撒民间传说的勇气，因将这件奇异的事迹归在他的儿子身上。[②] 因此，按照萧兵先生等学者的观点，李冰是李二郎的原型，李冰的事迹赋予了"二郎神"治水的神格。但李冰又不能成为"二郎神"，因为李冰治水的事迹已经被公认，因此不可能再赋予其"战神"的神职，所以为了和李冰牵扯上关联，虚构了李冰之二子这么一个人物，满足蜀地民众对二郎神本地化的需求。那么"李冰二子"是如何出现的？"李冰次子"以"郎君神"的称谓出现于北宋，如赵抃在其《成都古今集记》中直接将"李冰次子"直称为"二郎"，于是乎，李二郎借助李冰衍化产生。任乃强先生认为"'二郎神者，盖冰之别名'，因'冰'的篆书与'二'相近，蜀人称壮健者为冰儿，儿郎音义俱近也。然而，'称李冰为二郎，不仅于文献无征，且不伦不类'"[③]。

为了强调李二郎就是"二郎神"，需要与二郎神最初的神话即"神援安西"形成关联，所以李二郎神职产生初期为武神，后又被赋予水神的神职。张政烺先生依据《宋会要·郎君神祠》相关记述，认为灌口二郎神在后蜀号护国灵应王，显然还是个武神。嘉祐八年（1063年），宋仁宗皇帝肯定他是李冰的第二个儿子[④]。可见，李二郎武神形象与二郎独健是一脉相承的，后又有"二郎……年正英韶，犹喜驰猎之事"[⑤] "其像俊雅，侍从者擎鹰牵犬"[⑥] 等记载，赋予李二郎猎神的神职。最终，与李冰事迹结合，一个"麻鞋便服，昂然挺立，手持铁锸，佐父治水"的李二郎遂出现了，这就是今天都江堰二王庙中所塑的与民众愿望相符的形象[⑦]。因此，经过多种民间传说神话所赋予的神

[①] 萧兵.二郎神故事的原始与嬗袭[M]//中国神话：第一集.北京：中国民间文艺出版社，1987：151.
[②] 冯沅君.古剧说汇·元剧中二郎斩蛟故事[M].北京：商务印书馆，1974：333.
[③] 宗力，刘群.中国民间诸神[M].石家庄：河北人民出版社，1986：535.
[④] 张政烺.《封神演义》漫谈[J].世界宗教研究，1982（4）.
[⑤] 刘沅.李公父子治水记[M]//袁珂，周明.中国神话资料萃编.成都：四川省社会科学院出版社，1985：398.
[⑥] 宗力，刘群.中国民间诸神[M].石家庄：河北人民出版社，1986：53.
[⑦] 王纯五.灌口二郎神探源[M]//都江堰与李冰.成都：巴蜀书社，1994：224.

格,李二郎的形象综合了异域神二郎独健,本土神灵赵昱、李冰,以及其他神灵的事迹,其形象具有丰富的多元性,如二郎独健雄姿英发的武神造型、赵昱斩蛟与李冰治水的事迹、"梅山七圣"的部署配置等。至于李冰的治水功绩,那就更添枝加叶地进行了转移,以至使李二郎变成了一个"无所不能"的治水专家了。所有这些内容,再加上侦察水患、射杀猛虎、擒锁孽龙等等,遂构成了情节曲折、事迹动人的李二郎,对传播和扩展李二郎崇拜起了重要的作用。①

李二郎信仰自灌口起,很快随着宋代道教的兴盛在蜀地扩散,进而在全国传播。南宋灌口李二郎敬奉祭祀的时况在当时有记载:灌口二郎神乃李冰父子也。冰秦时守其地,有龙为孽,冰锁之于离堆之下。故蜀德之,每岁用羊至四万余。② 后随着李二郎信仰在蜀地大规模地扩散,影响逐渐增大,李冰"川主"的名号被移用到李二郎的身上,到了两宋交替时期,李二郎崇拜传入京都以及国内其他地区,完成了二郎神信仰的本土化最终转型。

唐至宋时期的二郎神诸多化身中,李二郎在民间信众中的影响是最大的,一方面是由于历代帝王的赐封为其提供了政治上的支持,同时,历代的文人雅士对其神话事迹的文学描述使得他的影响在民间不断扩大。另一方面,李二郎治水除害的神迹使得民间信众对其崇拜长盛不衰。因此,在"二郎神"本土化演变进程中,李二郎才能在与二郎赵昱争夺二郎神的名号中逐渐取得优势,成为宋代二郎神信仰中独占鳌头的原型人物,即便是下文所述杨二郎崇拜兴起后,李二郎信仰依然在较长时间内占据着蜀地等地区民间二郎神信仰的主流。

二、明清戏曲文学中杨二郎形象的出现

上文所提及的"杨二郎"即杨戬是二郎诸神最后一个形象,其崇拜始于南宋后期,盛行于明清时期,这里就产生一个疑问——为什么明清之际会出现"杨二郎"信仰? 既然宋代二郎赵昱与李二郎已经完成了异域二郎独健信仰的中国本土化转型任务,那么杨二郎又是由于什么原因出现的呢? 若干学者结合历史文献进行了解读。

如李思纯先生结合灌口二郎初为羌氏族猎神的现象认为:羌氏族是游牧兼狩猎的民族,故他的牧神也兼为猎神。射猎必须携带弓矢与猎犬,故唐末五代的灌口神,是披甲胄持弓矢的武士,而明代小说中的二郎神,却是驾鹰牵犬的……南宋时的祭享灌口二郎神,有一件特殊专用的祭品,便是多用羊为祭。因此,(一)二郎神本是白马氏杨姓(非李姓),杨与羊同音。(二)氏族的神,是牧羊神。故二郎神牵犬,祭必以羊。③ 张政烺

---

① 袁珂.中国神话传说词典·二郎[M].上海:上海辞书出版社,1985:5.
② 曾敏行.独醒杂志[M].朱杰人,标校.上海:上海古籍出版社,1986:17.
③ 李思纯.江村十论·灌口氐神考[M].上海:上海人民出版社,1957:66-67.

先生依据有关小说题材认为：二郎神和杨戬发生关系仅见于小说。《醒世恒言》第十三卷"勘皮靴单证二郎神"叙述宋徽宗宫内的韩夫人，因为养病下放在宦官杨戬府中，韩夫人病好后到清源妙道二郎神庙烧香还愿，庙官孙神通会些妖法，假扮成二郎神模样，夜夜翻墙逾屋到杨戬府私通韩夫人。杨戬找道士帮忙，追查过程中击落一只皮靴，经过勘查终于破案……这个故事和《夷坚志》中杨戬馆案条相似，而情节明显是有意编造。经过南宋金、元流传二三百年，无论是有意还是无意，二郎神和杨戬两个词结了不解之缘，杨戬却成了二郎神的代名。① 袁珂先生依据陆游《老学庵笔记》卷十所记"中贵杨戬"所载内容，认为："或谓神之杨戬系由人之杨戬附会而来，以杨戬宦者，宋徽宗时人，陆游则宋高宗时人，生年与之相去不远，已记其虾蟆变化之异，则明清传说之附会固其宜也。"② 以上依据小说题材所提出的看法是否正确，有待深入确定，因为小说等文学写本材料本身的描述艺术手法就具有"春秋笔法"的特点，又具有不确定性。但这一时期杨戬附会到二郎神的现象本身就具有研究性。

当然，如果只是结合小说等文学题材来说明这一现象，说服力明显是不足的，因为它囊括不了在杨二郎出现之前的二郎独健、二郎赵昱、李二郎的所有形象和神迹。"杨二郎"是一个综合的多因说典型，无论是"二郎"，还是"杨"，组建它们的力量都是多元的。③ 所以，为了满足二郎神丰富的多元文化形象，需要采取多种嫁接方式对杨二郎的素材进行改造后融入"二郎神"神格之中。

一位神灵要被广大信众所接纳，除了其造型要贴近民众，更重要的是其神迹要符合民众心理需求。杨二郎在明清之际被民间广大信众崇敬，其主要神迹"接地气"也是一个重要缘由。杨二郎的事迹较多取自二郎赵昱，但在戏曲等文学剧本的写作中依照需要作了素材移植，如赵昱事迹中出现的"梅山七圣"在《西游记》中变成了杨二郎的部属，在《封神演义》中又变成独立的神灵"梅山七怪"与杨戬作战，这些现象都说明了写者试图将杨二郎与二郎赵昱形成联系，以促进杨戬作为二郎神的转变。

随着明清之际《西游记》《封神演义》等小说、戏曲剧目的广泛传播，在民间以赵昱、李二郎为原型的二郎神信仰逐渐淡化甚至在局部地区消失，杨戬作为二郎神最后的形象被确立，这彰显出文学剧本传播的巨大影响力。但也要注意杨二郎的信仰相对于赵昱、李二郎而言，明显缺乏可靠的历史文献记载，因此，只能以一种文学形象流传于民间，这与李二郎在蜀地的信仰基础不可同论。

---

① 张政烺.《封神演义》漫谈[J]. 世界宗教研究，1982(4).
② 袁珂. 中国神话传说词典·二郎[M]. 上海：上海辞书出版社，1985：5.
③ 萧兵. 二郎神故事的原始与嬗袭[M]//中国神话：第一集. 北京：中国民间文艺出版社，1987：159.

第二节
清代之前戏曲行业"二郎神"信仰现象的解读

藏族、土族在族群文化发展过程中,历经民族融合,其间必然受到中原内地戏曲"汉文化"的影响,上文提及杨二郎作为文学形象兴盛于明清之际的民间,随着戏曲剧本、文学小说等形式广为流传,使得这一时期二郎神信仰逐渐进入藏族、土族等民众信仰神灵体系,但并不是单一地以保护神的身份出现,偶尔还有一个重要身份,即戏神。

清代之前,二郎神作为戏曲行业的神长期受到戏曲人的追捧,其根源可以上溯至北宋初年进入二郎神信仰系统的后蜀主孟昶,他精通多种游嬉,因此为二郎神被奉为戏神做了前期铺垫。至清代,由于老郎神信仰的兴起,作为戏神,二郎神逐步被老郎神取代。但就如上文杨二郎作为二郎神存在于文学剧本中一样,二郎神作为"戏神"也多存在于文学剧本之中,如明万历年间戏曲家汤显祖的《宜黄县戏神清源祖师庙记》一文中指出灌口二郎神为戏伶的祖师神,清初李渔在《比目鱼》传奇中讲述前朝戏曲行业尊崇二郎神为戏神的现象,小说《连城璧》也有做戏之人的鼻祖为二郎神的文字描述。

二郎神的神职为武神或者水神,主司水利,因此在宋代被敕封为清源妙道真君。但成为戏神确有不解之处,无怪乎清道光年间的杨掌生在《梦华琐簿》中说:"伶人所祀之神,笠翁十种曲《比目鱼》传奇但称为二郎神,而不知其名。"① 戏曲史家董每戡先生也说:这大有神通的杨二郎或李二郎,想不会是戏剧行业的保护神,因为他一生的行迹跟戏剧毫无关联,不会凭空地跑进戏剧行业来管事。② 二郎神作为戏神的缘由缺少重要的史料文献支撑,但又有汤显祖等人的文学描述证明二郎神在清初之前确实是戏曲行业的祖师神,其中缘由大有探究的价值。

率先明确提出二郎神是戏神的是晚明戏曲家汤显祖,他在其《文集》诗文卷二十一中有诗《遣张仙画乃作灌口像》,诗云:"青城梓浪不同时,水次郎君是别姿。万里桥西左丞相,何知却是李冰儿。"③ 在这首诗中囊括了二郎神信仰的三位原型人物。其一,上文的赵昱。赵昱的主要事迹即斩蛟。柳宗元的《龙城录》对其记载:青城"潭中有老蛟,为害日久,截没舟船,蜀江人患之",赵昱"持刀投水"斩蛟,使"江水尽赤","左手执蛟首,右手持刀,奋波而出",蜀人"视为神明"。④ 自唐太宗时加封赵昱为神勇大将

---

① 张次溪.清代燕都梨园史料(上)[M].北京:中国戏剧出版社,1988:373.
② 董每戡.说剧[M].北京:人民文学出版社,1983:285.
③ 徐朔方.汤显祖全集(二)[M].北京:北京古籍出版社,1999:957.
④ 陈梦雷.古今图书集成·博物汇编·神异典[M].北京:中华书局,1934:43.

军，至宋真宗赵恒又"加封清源妙道真君"①，至此进入道教神灵谱系。其二，梓潼神张亚子。诗中"万里桥西左丞相"即为梓潼神。关于"万里桥"，《方舆纪要》中载："万里桥，在府南中和门外，《寰宇记》：本名七星桥。昔费祎聘吴，武侯送之至此，曰：万里之行，始于此矣，桥因以名。唐玄宗狩蜀过此，问桥名，左右对以万里。帝叹曰：开元末，僧一行谓更二十年，国有难，朕当远游万里之外。此是也。遂驻跸成都。"②诗中"左丞相"的由来可参见曾巩《隆平集》卷三所载，唐明皇安史之乱行至蜀地，梦见梓潼神接驾，后封其为左丞相。③其三，李二郎即李冰子。

汤显祖的这首诗有学者认为："宜黄子弟所供戏神为清源师，即清源妙道真君、灌口二郎神，亦即李冰次子。"④但李冰二子作为灌口二郎神的主要事迹是除蛟治水，作为戏神的身份出现，两者貌似没有共通之处，因此也有不少学者认为李冰父子是修建水利有功，后人建祠纪念他们。李冰之子二郎与戏曲没有什么关系，当时也还没有形成戏曲，只是"二郎"名字相同而已。因此，"西川灌口神"也不是戏曲的祖师⑤。在二郎神民间信仰史上，除以上赵昱、梓潼神、李冰二郎三人外，还有杨戬、杨光道、许逊、吴猛、邓遐、程灵铣以及佛教独健等数人。⑥但这些人物也很难让人联想能成为戏神，因此，下文对二郎神成为戏神的诸多说法先进行论述。

一、二郎神以戏神身份出现的成因考辨

中国古代行业神出现的初始就带有很强的功利色彩，这与其他宗教有明显区别。要辨明二郎神为何能以戏神的身份被古代戏伶所崇信，可以从二郎神神职的几种类型入手，找寻与戏神相关联的文化元素。

其一，水神与生殖神。众所周知，二郎神是行司水神的职能。如北宋《古今集记》中载"李冰使其子二郎，作三石人以镇湔江，五石犀以厌（压）水怪，凿离堆山以避沫水之害，穿三十六江灌溉川西南十数州县稻田"⑦。除此以外，二郎神在个别地域还有生殖神的身份，如康保成教授在《二郎神信仰及其周边考察》一文中认为：二郎神及其周边充满了生殖崇拜的文化符号。……披着水神、战神、戏神、傩神外衣的二郎神，都在这里得以交汇。二郎神生殖神的神职身份是否可以形成与戏神的联系呢？未必。二郎神崇拜的祈子送子习俗，似乎与"戏""曲"相距甚远，因为成熟后的中国古代戏曲，本质功

---

① 黄仲昭.八闽通志[M].福州：福建人民出版社，2005：57.
② 顾祖禹.读史方舆纪要[M].嘉庆十七年龙氏刻本，1812.
③ 曾巩.隆平集：卷三[M]//文渊阁四库全书：第371册.上海：上海古籍出版社，2003：27.
④ 苏子裕.汤显祖《宜黄县戏神清源师庙记》解读[J].中华戏曲，2004(2).
⑤ 吴金夫.戏曲祖师"老郎神""二郎神"辨析[J].汕头大学学报，1986(2).
⑥ 康保成.二郎神信仰及其周边考察[J].文艺研究，1999(1).
⑦ 曹学佺.蜀中名胜记[M].刘知渐，点校.重庆：重庆出版社，1984：79.

能还是娱乐。①

其二，二郎神引自佛教二郎独健而具有"保护神"神职。古代戏伶认为戏曲表演中演古人故事会遭到所扮演角色的鬼魂的侵害，二郎神具有保护神的功能，因此可在演戏过程中保平安。如近人齐如山《戏班·信仰·二郎神》云："戏界对于二郎神，亦极崇拜，平常亦呼之为二郎爷，亦曰妙道真君。崇拜之原（缘）故，大致因戏中凡遇降妖伏魔等戏，皆借重此公，故平常亦以为其能降伏妖怪，特别尊敬之。戏中所以恒用二郎降妖者，盖因《封神演义》中之二郎杨戬，颇有神通，又加意附会之。"② 但细思之，会发现这一说法也欠妥，因为具有保护神神职的神灵很多，为什么偏偏选择二郎神呢。

其三，赋予二郎神袄教神灵的身份，从祭祀歌舞角度来搭建二郎神与戏神之间的桥梁。如《二郎神之袄教来源——兼论二郎神何以成为戏神》一文通过论证二郎神初现时具有袄教背景，认为崇奉袄教的粟特人在酬神仪式庆典中都有歌舞，所以戏从乐出，故袄神成为戏神亦在情理之中③。虽然乍听之下似乎言之有理，但只凭借酬神祭仪中的舞乐就将二郎神演化为戏神也较为牵强，以乐舞来酬神并不能说明该神灵就喜欢歌舞。持类似这种观点的还有王兆乾先生，他试图通过仪式说明二郎神由祭祀歌舞走向戏曲舞台④。但也没有说明二郎神祭祀演化为戏神信仰的历程，即使二郎神以文学题材正式出现在仪式表演中也不能说明二郎神成为戏神，这缺乏历史文献的实证。诸如此类还有胡小伟先生"唐大曲有《二郎神》即演其事，见《教坊记》。蜀教坊之《灌口神队》以舞队为水斗伏龙之戏，下及宋元杂剧院本俱有《二郎神》，亦演此戏。这应当是二郎神成为剧神的原因"⑤ 以及詹石窗先生"民众做'阳戏'来祀二郎神，这是一种假面傩戏。可见，在很早的时候，二郎神便与戏曲结下了不解之缘"⑥ 等观点。胡、詹二位先生也是希冀通过二郎神题材戏曲的出现证明二郎神为戏神。

虽然上述第三种观点失之偏颇，但相对于其他两种观点来说，在试图搭建二郎神演化为戏神的多条路径中，采取以歌舞为媒介完成二郎神戏神神职功能的转变，是最得到认可的途径。这一点其实古人已经做出了诠释，回顾汤显祖《宜黄县戏神清源师庙记》一文中关于戏神描述的文字："奇哉清源师，演古先神圣八能千唱之节，而为此道。……予闻清源，西川灌口神也。为人美好，以游戏而得道，流此教于人间。讫无祠者。子弟开呵时一醵之，唱罗哩连而已。予每为恨。诸生诵法孔子，所在有祠；佛老氏弟子各有其祠。清源师号为得道，弟子盈天下，不减二氏，而无祠者。岂非非乐之徒，以其道为

---

① 陈建森.戏曲与娱乐[M].上海：上海人民出版社,2003:6.
② 齐如山.齐如山全集：第一册[M].台北：台湾联经出版事业公司,1979:200.
③ 黎国韬.二郎神之袄教来源：兼论二郎神何以成为戏神[J].宗教学研究,2004(2).
④ 王兆乾.戏曲祖师二郎神考[J].中华戏曲,1986(2).
⑤ 胡小伟.话说二郎神[J].淮海工学院学报（社会科学版）,2007(1).
⑥ 詹石窗.道教与戏剧[M].厦门：厦门大学出版社,2004:19.

戏相诟病耶。"① 汤显祖认为：二郎神成为戏伶的行业祖师，正在于"为人美好，以游戏而得道"，且能"演古先神圣八能千唱之节"。如此，二郎神"以戏入道"，便与戏神产生关联。当然，汤显祖这篇论述二郎神具有"游戏之神"的文献还不足以支撑二郎神被供奉为戏神。但"游戏之神"与"戏神"身份的演化是一条思路，类似的还有现今粤剧供奉的戏神华光神，其神位牌匾上也写着"喃呒（南无）阿弥华光游戏神道佛"②，同样"以戏入道"的还有刘三姐，清代屈大均称刘三姐"三妹解音律，游戏得道"③，民间尊崇其为歌神。

二、蜀地二郎神孟昶与戏神

上文提及二郎神又作为"游戏之神"的身份出现，那么他的原型是谁呢？肯定不是独健或者李二郎，必然另有其人，通过对相关文献的梳理，发现二郎神的"戏"之属性原型可能与后蜀末代皇帝孟昶有关。

较早记载孟昶演变为二郎神现象的是《金台纪闻》："二郎神衣黄弹射拥猎犬，实蜀之王孟昶像也。"据野史说孟昶宠妃花蕊夫人被宋太祖所占后，发现其藏有孟昶画像，花蕊夫人说是"灌口二郎神"，孟昶逃过一劫，根据这段野史民间便将孟昶作为"二郎神"原型之一。至于演化为灌口二郎神的原因，康保成认为：据《蜀梼杌》卷下，孟昶出生不久当地即暴雨成灾，女巫说是因"灌口神与闯州神交战之所致"。后来他做了蜀王，令"徘优作灌口神对二龙战斗之象"，不料又发了大水。这可能也是他被附会成灌口神的原因。④

那么，孟昶作为二郎神的原型之一，成为戏神，恐与其在文献中所载好嬉有关。

史料载孟昶擅弹弓，孟昶对弹弓之嬉的钟爱有诗云："禁寺红楼内里通，笙歌引驾夹城东。裹头宫监堂前立，手把牙鞘竹弹弓。"⑤弹弓成为其造型符号。《金台纪闻》说："世所传张仙像者，乃蜀王孟昶挟弹图也。"⑥而二郎神原型也是这样的造型特征，如《蜀梼杌》载："（王衍）戎装披金甲，珠帽锦袖，执弓挟矢，百姓望之，谓如灌口神。"⑦同书还记载："（孟昶明德二年）七月，阆州大雨雹如鸡子，鸟雀皆死，暴风飘船上民屋。女巫云：'灌口神与阆州神交战之所致。'"⑧从这段文字可知，当地民众视冰雹

---

① 徐朔方.汤显祖全集（二）[M].北京：北京古籍出版社，1999：1188.
② 黄君武，口述；梁元芳，整理.八和会馆史[J].广州文史资料，1986（223）.
③ 屈大均.广东新语：卷8[M].北京：中华书局，1997：261.
④ 康保成.傩戏艺术源流[M].广州：广东高等教育出版社，1999：306.
⑤ 彭定求.全唐诗：卷798[M].北京：中华书局，1960：8973.
⑥ 陆深.金台纪闻[M].北京：中华书局，1985：1.
⑦ 张唐英.蜀梼杌[M].北京：中华书局，1985：9.
⑧ 王文才，王炎.蜀梼杌校笺[M].成都：巴蜀书社，1999：335.

为二郎神的弹丸。再如《枣林杂俎·义集》云："二郎神，好用弹，想其余物。"① 清代民间曲本《二郎劈山救母》中也有"手使金弓银弹子"②的文字，说明弹弓作为二郎神重要的标志物，已经成为其在信众心中约定俗成的造型符号。

除了弹弓，孟昶还喜好蹴鞠和弦管之乐。在历史上一定时期内，二郎神被视为蹴鞠的行业神，那必然二郎神要有打蹴鞠的经历，通过蹴鞠，孟昶和二郎神也产生了联系。据《新五代史》记载，"昶好打球走马"③，《宋史·世家二》也说："昶好击毬，虽盛暑不已，寅逊上章极谏，深被赏纳。"④ 至于文献中关于孟昶对"乐"喜好的记载，如《温叟词话》中云："昶美丰仪，喜猎，善弹，好属文，尤工声曲。"⑤ 王灼《碧鸡漫志》云："(昶)习于富贵，以歌酒自娱乐。"⑥ 又有《蜀梼杌》卷四云："(昶)宴后苑，放士庶入观，时徘优有唱《康老子》者，昶问李昊等其曲所出，昊不能对。"⑦ 这些都说明孟昶对音律的精通，上行下效，这一时期蜀地"弦管诵歌，盈于闾巷；合筵社会，昼夜相接"⑧，这种"喜乐"社会氛围间接影响到蜀地二郎神的宗教活动。自此，孟旭因"乐"在局部地区被民间尊为"乐神"，如福建泉州南音艺人一直以来崇奉孟昶为乐神，每年都举行春秋二祭。⑨ 孟昶被视为南音祖师的另一个重要原因是他对南音基础燕乐的倡导。⑩ 综上，孟昶被民间崇奉为戏神的重要原因就是对"乐"的喜好和对南音发展的贡献。

关于二郎神演化为戏神，还有一个有意思的现象，在一些地区，二郎神作为"戏神"还司"生殖神"的神职，前文在二郎神戏神身份的成因考辨中就提到二郎神神职的多样化，其中就有"水神和生殖神"，其来源恐也与孟昶有关。康保成先生的《傩戏艺术源流》中"戏神"的相关内容论述了这一现象。⑪ 究其原因，还是《古今图书集成·神异典》中记录的孟昶宠妃花蕊夫人藏孟昶画像被宋太祖发现后，花蕊夫人假托其为送子张仙一事。所以民间将孟昶视为送子张仙，后孟昶就有了生殖神的神职，然后二郎神继承了这一神职，在二郎神演化为戏神后，戏神于是也有了生殖神的属性。

三、清初老郎神对戏神"二郎神"身份的取代

学界对清代老郎神取代二郎神成为戏神的现象的研究成果丰厚，这里就不赘笔复

---

① 谈迁.枣林杂俎义集[M].北京：中华书局，2006：330.
② 杜颖陶.董永沉香合集[M].台北：台湾明文书局，1981：347.
③ 欧阳修.新五代史[M].北京：中华书局，1974：803.
④ 脱脱，等.宋史[M].北京：中华书局，1977：6744.
⑤ 欧阳直卿.温叟词话[M].历代词话本，郑州：大冢出版社，2002.
⑥ 王灼.碧鸡漫志[M]//中国古典戏曲论著集成.北京：中国戏剧出版社，1959：113.
⑦ 王文才，王炎.蜀梼杌校笺[M].成都：巴蜀书社，1999：383.
⑧ 吴任臣.十国春秋[M].北京：中华书局，1983：719.
⑨ 郑国权.泉州南音界崇奉后蜀主孟昶为乐神之谜[J].音乐探索，2005(3).
⑩ 何昌林.福建南音源流试探[M]//泉州南音艺术.福州：海峡文艺出版社，1988：14.
⑪ 康保成.傩戏艺术源流[M].广州：广东高等教育出版社，1999：211-359.

述，在前人研究基础上进行简要论述。关于清初戏曲行业中二郎神的戏神身份被兴起的"老郎神"所取代的原因可参见陈志勇先生的《老郎神信仰的民间考察》[①]和《论民间戏神信仰的源起与发展》[②]。

作为"戏神"的二郎神信仰在明末清初逐渐消亡的一个重要原因，即二郎神神格的升级。伴随着明清时期小说《西游记》《封神演义》等的出现与广为流传，杨戬取代了二郎赵昱、李二郎，成为现今我们概念中"二郎神"的原型，但二郎神杨戬此时的神格依清杨懋建所著《梦华琐簿》一书所言："灌口二郎神，为天帝贵戚，元人作《西游记》，盛称二郎神灵异，非伶人所祀也。伶人所祀乃老郎神。"[③] 作为"天帝贵戚"这样的高等级身份神灵，二郎神不再适于作为低等级的行业神被崇奉，因此，清初二郎神信仰逐渐消失，但其部分神职又被附会到此时的"戏神"老郎神身上，成为戏神神职的一部分，例如生殖神，这也是土族能接受戏神信仰，进而信奉"二郎神"的原因之一。

综上所述，二郎神演化为戏神，是诸多神灵民间信仰文化共同作用的结果。而其原型的多样化使得二郎神的演化经历以及对外展示的形象也表现为多元化，这也是其能被藏传佛教吸纳的重要原因之一，即满足了藏族、土族信众心理的多元需求。

第三节
明代边疆地区二郎神信仰多元化与"文化化边"

上文对"二郎神"信仰的中国化演化历程进行阐述，并分析了在特定历史时期，二郎神是"戏神"的化身，藏、土两族在宗教活动中可能会对汉族"戏神"文化有所接纳，这有可能成为藏族、土族信仰"二郎神"的缘由之一。除此以外，藏族、土族信仰二郎神的缘由还可以尝试从明末边疆治理策略去探讨。

研究明代边疆地区多族群信仰"二郎神"现象，张掖《重建清源妙道真君庙碑》是重要的参考实物，该碑文的文字记载，反映出明代甘州二郎神信仰背后的政治需求，即明政府希冀通过不同族群的宗教文化互通，从而稳定边疆地区民族冲突日益激化的局势，并且这一时期边疆地区二郎神特定的"外武内文"的神职特点，反映出明政府"文化化边"的战略。

[①] 陈志勇.老郎神信仰的民间考察[J].江西社会科学,2007(4).
[②] 陈志勇.论民间戏神信仰的源起与发展[J].文化遗产,2010(4).
[③] 张次溪.清代燕都梨园史料:上册[M].北京:中国戏剧出版社,1988:373.

第二章
"一身双像"道教神灵信仰个案——二郎神

一、甘州二郎神形象的"多元"

明代甘肃镇地理位置重要,是当时"九边重镇"的最西端,明孝宗曾言"盖以本朝边境惟甘肃为最远,亦惟甘肃为最重"①,可见甘肃镇对稳定明朝边疆的作用。

明天顺二年(1458年),甘肃镇由官方出面花费巨资重建二郎庙,但该地区此时佛教氛围浓厚,且这种浓厚的佛教氛围出现是明政府倡导的结果,如正统十年(1445年)明英宗赦赐大佛寺600多函、6647卷大藏经②。但明英宗执政初期,甘肃镇却重建道教二郎神庙,此举的用意与明代前期与蒙古的政治关系是否存在关联?另,《重建清源妙道真君庙碑》中将二郎神的神职定义为"勇武",但当地民众对二郎神的祈求多以祈福、保佑为主。且明朝前期整体上对经略西北较为保守③,既然如此,为何《重建清源妙道真君庙碑》中出现了"士马屯云,旌旗耀日。斩酋晨至,缚番夜还。洗兵瀚海,秣马天山"这样激进的字样?

要解答以上疑问,须将甘州的二郎神信仰还原至当时甘州的民族局势以及明政府的治边战略当中。首先,是明代政府观念中的"汉族为主"与现实中的边疆多民族发展态势的对立;其次,是明政权基于边疆的民族形势试图采取的宗教文化融合战略。在这过程中,甘州地区的二郎神形象出现了多样化。

(一)《重建清源妙道真君庙碑》出现的历史背景

探讨明代甘州二郎神的形象多样化,重要的参照实物就是现保存于甘肃省张掖市甘州区博物馆的《重建清源妙道真君庙碑》,其碑文内容如下:

《传》曰:"圣王之制祭祀也,能御大灾则祀之,能捍大患则祀之。"其神之灵,岂惟著乎所治之一邦,虽他处亦蒙其休,盖其聪明正直,无愧天地,故神之在天下,无所往而不在也。

按《传》:真君,陈时人,姓赵,名昱,字某。天性仁孝,博于载籍,而急于济物。语默,起居飘飘然,有世外之想也。一日,从道士李钰隐青城山,积德累行,善誉彰闻。隋炀帝朝,有荐其贤,遂拜嘉州太守。治民以仁,教民以礼,利于人者行之,惟恐不及;害于人者去之,惟恐不速。州有蛟,每遇江水泛涨,乘势为暴,往往漂没民屋,人溺死不可胜数。真君曰:"吾守兹土,治此民,早夜以思,惟民之不得其生是惧。今蛟不于深潭大泽以游以息,乃于近水恣悍肆虐,为吾民害。虽怯懦,亦安能忍气吞声,纵蛟为害而不理也?"于是,设身七百艘,率甲士千人,夹岸鼓噪,声震天地。真君乃持剑入水,顷刻右手执剑,左持蛟首以出,血流江心,水为之赤。时有从真君入水者七

---

① 田卫疆.《明实录》新疆资料辑录[M].乌鲁木齐:新疆人民出版社,2002:205.
② 张掖市志编修委员会.张掖市志[M].兰州:甘肃人民出版社,1995:18.
③ 赵现海.长城与边界:明朝北疆边界意识及其前近代特征[J].求是学刊,2014,41(4).

人,即七圣也。民害既除,加以丰稔,人兴孝弟,风俗丕变。未几,即去官,去不知所终。越十年,州人见真君乘白马,从者数人,挟弹臂鹰于青雾中浮江而过。众趋拜之,不及而没。蜀人思之,故立庙于灌口祀焉。一说灌口自有蛟为害,以真君能斩蛟,故立庙灌口,以镇压之也,故曰"灌口二郎"。所谓能除大灾患,非此也欤?予以所见闻推之,则知真君非寻常人,其为嘉守,非有心于仕,特欲一出以除民害也。不然蛟为害几十年矣,未闻有能治之者,一旦真君为嘉守,即能斩之。害既除,即解印去,吾以为非有心于仕者也。昔许旌阳过西安,闻有蛟害,追至长沙贾玉家,并其二子皆斩之。故旌阳之功,亦于是乎著。虽然,西安之被害,不若嘉之大,而旌阳用力于平地,似为易耳。若夫真君则没于百仞之渊,苟非大有神功,几何不被其毒耶?然则,真君之功,其难于旌阳也哉!

昔唐太宗每按战,则祷于真君,故所向皆捷,及为天子,封为神勇大将军。明皇幸蜀,加封赤城王。宋真宗朝,益卒乱,张咏祷于祠下,果克。以闻,加谥"清源妙道真君"。

张掖街北旧有庙,郡人事之,水旱病疫,有求必应,而神贶之答之也,不啻如影响然。印绶监太监桂阳蒙公奉命镇守甘肃,载谒祠下,以为庙趾隘湿,殿宇将催,非所以慰答真君之意也。乃与总兵官平羌将军宣城伯卫公等议合,卜营东街,取向于阳,取材之良,取工之长,其规堂堂,殿位壁像,丹漆有法。既告厥成,乃命伦为文,刻石以传久远。铭曰:

猗欤真君,从学异人,积功累行,沛乎厥身。厥誉四张,起为嘉守,子惠困穷,周有疏漏。有蛟潜深,漂屋溺人。设身千艘,鼓噪江滨。执剑入水,斩蛟以出,血流波心,民害以息。耕凿斯遂,桑麻满田,伊谁之力,真君之贤。蜀人思之,立庙灌口,远近倾赴,惟恐或后。张掖之庙,上雨旁风,卜营东,庙貌斯崇。真君降灵,佑我边极,士马屯云,旌旗耀日。斩茵晨至,缚番夜还。洗兵瀚海,秣马天山。刻文于石,昭示内外,匪私真君,神贶实大。

赐进士出身办事官前湖广道监察御史文林郊青城山人牟伦撰并书
陕西行都司甘州左卫正千户山阳尹祥篆额
天顺二年岁在戊寅五月丁亥朔初四日庚寅立石

碑文作者牟伦为前湖广道监察御史,宜宾人,永乐十三年(1415年)进士,因谏被贬戍甘肃。[①] 在此期间曾作《题肃州景》一诗。[②]

从碑文可知,此碑立于明天顺二年,即1458年,其内容主要介绍二郎神赵昱的生平、"清源妙道真君"加封的由来、甘州二郎神庙重建的缘由。碑文展示了赵昱在不同

---

① 杨刚.中国名胜诗词大辞典(增补本)[M].杭州:浙江大学出版社,2007:1479.
② 王秉钧.历代咏陇诗选[M].兰州:甘肃人民出版社,1981:147.

时期的三个形象,即良吏、战神、世外高人,在这三个形象中,作者着力突出二郎神"勇武"的特点,重点渲染赵昱斩蛟的神迹。碑文中"真君降灵,佑我边极,士马屯云,旌旗耀日。斩酋晨至,缚番夜还。洗兵瀚海,秣马天山"实为将赵昱的形象定义为战神,以其"外武"的神职保佑当地军事行动顺利。

明代前期甘肃镇二郎神"外武"神职信仰可见是当时边疆与中原王朝互动中产生的特殊宗教现象。

明洪武初年,即1372年,明军北伐,冯胜的西路军西征至瓜州、沙州一带而归。① 此次军事活动确定了明朝初年在西北地域的有效统治,后朱元璋设立河西四郡,"建重镇于甘肃,以北拒蒙古,南捍诸番,俾不得相合"②。明洪武年间,甘州由此成为明代甘肃镇的"总会之地"。③ 洪武二十四年(1391年),宋晟以总兵官身份出镇凉州,为甘肃镇的雏形。永乐元年(1403年)宋晟为平羌将军,充总兵官,镇甘肃。自此甘肃镇守总兵官为常设。④ 嘉峪关以西、哈密以东,明朝设置了沙州和哈密等七卫。由于七卫地处嘉峪关以西,为甘肃镇"屏藩",故称"关西七卫"。⑤ 其地处丝绸之路河西走廊西端与西域接壤的沿边地带,承担着防守西域、青海的任务。⑥ 鉴于该地域是西北边疆重镇,有数据统计,从正统元年(1436)到崇祯十六年(1643年)的近200年间,该地先后发生过大小战争近50起。⑦

(二)甘州二郎神形象多样性

就民间信仰演变的一般特征来看,一方面,国家通过肯定神灵的"合法性"以期实现地方社会的官民合作;另一方面,"正统"神明在地方化过程中象征含义往往出现层累与转型。⑧ 上文所说的明代天顺初年甘肃镇建二郎庙,就是为了保佑武事顺利以及树立良吏榜样,因此二郎神神职在此时具有多样性。

1. 战神神职

明朝在太祖、成祖时期经略丝绸之路的成功保证了明朝与西域的友好交往和商贸流通,同时遏制了瓦剌部落南下。⑨ 但由于明后期国力的日趋下降,蒙古开始对明政府进行军事入侵,如自宣德九年(1434年)至正统三年(1438年),阿台、朵儿只伯等先后六

---

① 张廷玉,等.明史[M].北京:中华书局,1974:3797,3798.
② 张廷玉,等.明史[M].北京:中华书局,1974:8549.
③ 田澍.明代甘肃镇边境保障体系述论[J].中国边疆史地研究,1998(3).
④ 武沐.甘肃通史:明清卷[M].兰州:甘肃人民出版社,2009:44-47.
⑤ 田澍.明代甘肃镇边境保障体系述论[J].中国边疆史地研究,1998(3).
⑥ 邓慧君.明初太祖成祖对西域和中亚丝绸之路的经营方略[J].甘肃社会科学,2015(4).
⑦ 中国人民政治协商会议甘肃省张掖市委员会文史资料委员会.张掖文史资料:第8辑[M].张掖:中国人民政治协商会议甘肃省张掖市委员会文史资料委员会,2002:122.
⑧ 张侃,朱新屋."正统"的层累及流动:以唐宋闽北地方神欧阳祐为例[J].学术月刊,2013(5).
⑨ 邓慧君.明初太祖成祖对西域和中亚丝绸之路的经营方略[J].甘肃社会科学,2015(4).

次侵扰甘、凉、山丹一带①；正统十四年(1449年)也先别将进攻，(明)遭受"失士马万计"的大败②；孛来在天顺年间数度大举入侵甘州、凉州、永昌、山丹、古浪、庄浪、西宁、兰县(州)等地③；青海等地遭受"诸番"的骚扰④等。

1456年镇守太监蒙泰任职甘肃，次年，卫颖"出镇甘肃"⑤。鉴于当时西北战争频发，便以官方身份抬出二郎神来祈求庇护。需要注意的是，官方出面重新修建"二郎神庙"，其供奉的二郎神的神职已经发生了转变，旧二郎庙中二郎神的神职主要是除"水旱病疫"，这也是二郎神本来的神职，在《重建清源妙道真君庙碑》的碑文中有展示，如"神贶之答之也，不啻如影响然""有求必应"。但重建后的二郎庙突出了二郎神的"勇武"，是作为"战神"出现，从碑文"真君降灵，佑我边极，士马屯云，旌旗耀日。斩酋晨至，缚番夜还"等字句中可以看出重建二郎神庙的用意。并且为更加彰显二郎神原型人物"赵昱"的勇武，碑文还列举了另一位斩蛟人物——许逊。许逊斩蛟治水的神话故事主要流传在唐宋时期的江西及其周边地区，当地信众敬其"治水"对社稷的作用。⑥碑文通过对比两位斩蛟人物，认为"赵昱斩蛟"更为"勇武"。

2. 良吏形象

前文提及，甘州二郎神庙重建的目的，除了保佑武事昌隆，还有一个就是树立"良吏"榜样，这也是碑文作者为什么选择"赵昱"作为原型，赵昱作为前湖广道监察御史能奋不顾身除水害，"利于人者行之，惟恐不及；害于人者去之，惟恐不速""(蛟)害既除，(赵昱)即解印去，吾以为非有心于仕者也"，作者赞扬其为一心为民、不恋权势的品格。可见赵昱是一员良吏。以赵昱为原型的二郎庙寄托了甘肃镇两位最高行政长官希望此地官员能礼教治边的愿望。

(三) 二郎神双重形象所反映出的明朝西北边疆战略

明代前期甘州二郎神信仰武力护边与礼教治边双重属性的出现，反映出这一时期西北边疆多族群的互动对整个西北边疆宗教文化的影响，以及明政权对"华夷秩序"重新建立的迫切愿望。

1. 基于"天下观"的华夷秩序重建愿望

先秦时期形成的"天下观"，即为华夏与四方的"蛮夷"共同构成以华夏为中心的同心圆；天子受"天命"而执政于"天下"；天子对王室以外的地区不直接施政，而是

---

① 武沐.甘肃通史:明清卷[M].兰州:甘肃人民出版社,2009:44-47.
② 张廷玉,等.明史[M].北京:中华书局,1974:4262.
③ 武沐.甘肃通史:明清卷[M].兰州:甘肃人民出版社,2009:44-47.
④ 钟赓起.甘州府志校注[M].张志纯,郭兴圣,何成才,校注.兰州:甘肃文化出版社,2008:478-480.
⑤ 蒙泰任职甘肃镇时间见《修上龙王庙碑记》。见钟赓起.甘州府志校注[M].张志纯,郭兴圣,何成才,校注.兰州:甘肃文化出版社,2008:499;卫颖任职甘肃时间见张廷玉,等.明史[M].北京:中华书局,1974:4655.
⑥ 陈金凤.李冰与许逊:蜀赣遗道教文化比较之一[J].宗教学研究,2011(4).

视层次的不同，以不同形式的"礼"与之互动。在天下观的影响下，中原王朝往往以天朝上国自居，把与中国发生关系的其他国家都纳入封贡体系的范畴。①

明洪武年间，由于岭北之役的失利，明政府肃清蒙古的进攻战略转变为依托长城近边防御，形成了百余年明、蒙古长期对峙的格局。②对于"北有蒙古、西有诸番"的甘肃镇来说，"恃险阻，数出掠"③，蒙古屡屡犯边的边疆形势与明政府观念中的"华夷秩序"出现对立，"蛮夷"变为"劲敌"，长久持有的"天下观"幻想被打破，因此，以汉族神灵维持"华夷秩序"成为精神慰藉的麻醉剂。这使得提供精神慰藉功能的民间信仰在当地广受欢迎。④碑文"真君降灵，佑我边极，士马屯云，旌旗耀日。斩酋晨至，缚番夜还。洗兵瀚海，秣马天山"是将假设敌对势力设定为蒙古与诸番。这暗示了作者的心愿——解决蒙古与诸蕃威胁，重新建立由明朝主导的"华夷秩序"。

碑文中还有些文字显示出，明朝前期对西北地区实行"南抚北征"策略。对蒙古势力以军事征服为主，辅之以政治恩抚；对西番则以"德怀"为主，辅之以"威服"。⑤这从碑文"缚番"可以看，对蒙古为"斩"，对诸番是"缚"。而明朝对诸番的"德怀"政策是二郎神信仰在青海藏区传播的因素之一。

2. 文化化边战略

河西地区的人口构成复杂，中原王朝北部边疆自唐朝始，被吐蕃、辽、金、西夏、蒙元相继统治过，河西地区在藏化、党项化、蒙古化之外，甚至还经历了"伊斯兰化"⑥。明朝管理者此时面对此地的多族群群体，对如何解决文化混杂多样性的局面感到棘手，这也是冯胜统帅的西征军在洪武初年攻取甘肃之后，反而将大军撤回的主要原因之一，即此地多族聚居的社会生态。⑦后随着明朝九边重镇之一的甘肃镇建立，大量汉族人口迁入，据统计：洪武年间的张掖地区的人口总数是 46 538，户口总数为 22 273。⑧但迁入人口"鲜有儒者……武官子弟多不认字"⑨。这一方面是当时中原明政府希望通过汉人移民，使得当地族群文化能迅速融入汉文化的进程中；另一方面是为了缓和在"汉化"进程中各族民众之间的文化对立。"文化化边"的重要性凸显，于是明

---

① 刘丹忱. 中国的"天下观"与西方的世界秩序观[J]. 武汉大学学报(人文科学版),2016,69(5).
② 赵现海. 洪武初年甘肃地缘政治与明朝西北疆界政策:由冯胜"弃地"事件引发的思考[J]. 古代文明,2011(1).
③ 杨应琚. 西宁府新志[M]. 西宁:青海人民出版社,1988:477.
④ 当地口传民谚有"半城芦苇半城庙"之说。甘州府的坛庙分布参见钟赓起. 甘州府志校注[M]. 张志纯,郭兴圣,何成才,校注. 兰州:甘肃文化出版社,2008:156-164.
⑤ 田澍. 明代甘肃镇边境保障体系述论[J]. 中国边疆史地研究,1998(3).
⑥ 赵现海. 洪武初年甘肃地缘政治与明朝西北疆界政策:由冯胜"弃地"事件引发的思考[J]. 古代文明,2011(1).
⑦ 赵现海. 洪武初年甘肃地缘政治与明朝西北疆界政策:由冯胜"弃地"事件引发的思考[J]. 古代文明,2011(1).
⑧ 刘森垚. 千古金汤始多事:明代张掖人户数量问题透视:以《重刊甘镇志》为中心[J]. 兰州文理学院学报(社会科学版),2016(2).
⑨ 明太祖实录:卷二三六[M]. 北京:中华书局,2016.

政府采取推广儒学的方式,边臣张豫在洪武年间上奏请求设官办学。① 卫颖在甘肃镇执政时期也采用推广儒学的方式,得到"重儒术"的评价。②

在传播儒学的基础上,"文化化边"的重要举措出现,即树立一位各方民族都能接纳的民间信仰神灵,从而缓和民族对立。甘州地区佛教氛围浓厚,但此时官方对其却不给予大力支持,明正统年间赤斤蒙古卫都督且旺失加奏请建寺于也洛卜剌,时任当地的官员认为"许其建寺,彼必移居,遗后患"③。其缘由可能是蒙古也存在佛教信仰,使得佛教"化敌为友"的功能不强,而"川主信仰"给予当时执政者启发,"川主"成为当地各移民群体共同信仰的神明,发挥着协调多民族信众矛盾关系的作用。因此,在甘肃镇建立"川主"类型的神灵信仰成为"文化化边"的又一出路。官方选用赵昱这一良吏形象作为榜样,缓和官民关系;另一方面又将汉族二郎神引导成为各族百姓认可的神灵,以化解多族群文化隔膜,这就是碑文中出现大篇幅文字介绍赵昱生平的缘由。

二、明代"文化化边"政策的推动作用

明洪武五年(1372年)岭北之役的失利使得明政权对西北边疆的政策由消灭蒙古势力转为依托长城进行近边防御。④ 此时,明朝由于多种原因也缺乏继续开拓自元朝继承下来的西北版图的进取心,对西域的经营止步于沙州和哈密。⑤ 这使得明、蒙古在长城形成长期对峙,甘肃镇作为明政府统治下西北部的重镇,时刻面对蒙古与诸蕃军事活动的巨大压力,因此,甘肃镇的最高执政长官必须考虑如何稳固边防、凝聚人心,缓解民族矛盾。针对这一地区汉、藏、土、羌等多族群聚居,地区文化呈现多元化的特点,以及族群文化互动中冲突加剧的现状,推出上述"文化化边"的战略。

甘州重建的二郎神庙,以赵昱为原型,具备了良吏、战神、世外高人三重形象,体现出官方想打造类似"川主"的二郎神作为精神上的榜样。在神职方面,该二郎神集"文化武功"于一身,对外展示"武功",对内展示"文化",其"外武内文"的双重属性,体现出明朝政府对"中原为心,牧四方"以及"以汉变夷"的愿望。虽然独健变成赵昱等展示出二郎神信仰的中国本土化演变,就其神职来说,呈现出多样化特点,如天神、水神、行业神、战神等多种造型特征,但又存在着一个共同的所指,即二郎神是一个整顿并重建宇宙和社会秩序的神灵⑥。重整秩序这一神职则是明代前期甘州二郎神信仰出现"外武内文"的根源所在,契合明政府重整西北边疆多族群"天下观"的愿望。

---

① 明太祖实录:卷二三六[M].北京:中华书局,2016.
② 钟赓起.甘州府志校注[M].张志纯,郭兴圣,何成才,校注.兰州:甘肃文化出版社,2008:50.
③ 张廷玉,等.明史[M].北京:中华书局,1974:4261.
④ 赵现海.洪武初年甘肃地缘政治与明朝西北疆界政策:由冯胜"弃地"事件引发的思考[J].古代文明,2011(1).
⑤ 赵现海.洪武初年甘肃地缘政治与明朝西北疆界政策:由冯胜"弃地"事件引发的思考[J].古代文明,2011(1).
⑥ 杜靖.二郎:一个重建宇宙和社会秩序的神明[J].地方文化研究,2013(3).

采取"文化化边"政策树立共同的宗教信仰人物来缓解多族群矛盾的案例，还有广西马援伏波信仰，他出现的原因与甘州二郎神信仰相似，也是由唐至明的地方官员通过对伏波信仰的塑造，重构帝国在南疆的政治①。但甘州二郎神信仰的树立还有独特的一面，即佛教的元素在内。佛教特别是藏传佛教，自元代开始就在这一区域扎根，并对所在族群产生深远影响，如蒙古的藏传佛教信仰深入族群内部，甘州官方在甘州地域打造树立双重神职的二郎神信仰，首先要考虑如何能平衡与当地历史悠久的佛教信仰的关系，所以官方选择支持的神灵除了具备"文化武功"，还要考虑到能与佛门有渊源、能被当地佛教徒所接纳，而二郎神的原型之一就是佛教的二郎独健，因此成为不二人选。

但二郎神成为被甘州地区族群共同接纳的神灵也是当时官方多次尝试筛选后的结果。自景泰七年（1456年）至天顺二年（1458年），甘肃镇就开始大规模修建多种民间信仰神灵的庙宇，依据相关史料记载，镇守太监刘永诚于景泰七年（1456年）修武安王庙，镇守太监蒙泰与总兵官宋诚于天顺元年（1457年）重修上龙王庙，镇守太监蒙泰与总兵官卫颖于天顺二年（1458年）重修二郎庙与武烈大帝庙。②这些官方选择的神灵都具备忠、义、勇、武的品格特征，其中还结合当地民众的精神需求，赋予部分神灵"水神"神职，如上龙王庙就很可能与天顺元年（1457年）高台县与临泽县的干旱有关。③在1456年至1458年的三年间，民间信仰类神灵庙宇的修建呈现高密度态势，这与之前佛教寺院修建持续时间长的现象有差异，如永乐九年（1411年）至十七年（1419年）重修大佛寺，宣德二年（1427年）又加以维修④，正统四年（1439）再修。⑤ 两者对比，明朝官方以当地有限的人力、物力，大规模地密集修建以标榜忠、义、勇、武为核心的民间信仰神灵庙宇，彰显出官方"文化化边"的迫切希望。

历史上甘州地域出现"文化化边"的朝代还有西夏，其代表为西夏甘州城西南的忠武王庙，其供奉"护国忠武王"，形象为"羊首饰冠，朱衣端笏，仙姝吏兵"⑥。众多学者对该神灵原型的身份进行研究，认为可能是被封为"齐国忠武王"的西夏皇室李彦宗，他的封地就是凉州，即凉州府。⑦"忠武王庙"在民间又称为"土主庙"。⑧ 土主之意应为河西土地之主，即西夏皇帝遵顼将河西走廊的土地归属其父李彦宗，意为居中以

---

① 麦思杰.神明信仰与边疆秩序：宋明时期广西伏波信仰研究[J].柳州师专学报,2008(3).
② 当时修建庙宇的信息参见钟赓起著,张志纯、郭兴圣、何成才校注《甘州府志校注》(兰州：甘肃文化出版社,2008年)第508-510页、第621-623页、第858页的相关内容.
③ 两县的旱灾状况参见赵元山.明清时期黑河流域的水神信仰探究[J].黑龙江史志,2015(2).
④ 张志纯,何成才.张掖史话[M].兰州：甘肃文化出版社,2007:230.
⑤ 钟赓起.甘州府志校注[M].张志纯,郭兴圣,何成才,校注.兰州：甘肃文化出版社,2008:858.
⑥ 钟赓起.甘州府志校注[M].张志纯,郭兴圣,何成才,校注.兰州：甘肃文化出版社,2008:494.
⑦ 陈炳应.西夏文物研究[M].银川：宁夏人民出版社,1985:68.
⑧ 钟赓起.甘州府志校注[M].张志纯,郭兴圣,何成才,校注.兰州：甘肃文化出版社,2008:846.

驭四境。① 西夏时期，甘州作为河西走廊的战略要地，经济繁荣。② 且西夏有着尊崇藏传佛教的传统，但西夏官方在对甘州的统治中却没有在佛教神祇体系中选择一名神灵作为"土主"，而是将"齐国忠武王"这个现实中存在的西夏皇室成员神化，同时施加以本民族的宗教文化"羊崇拜"，改造其造型，出现了"羊首饰冠"。对忠武王的评价是"勇武"，史料记载其"材器英敏、善骑射、饶武略"③。西夏时期在凉州一带修建忠武王庙，其原因也是出自"文化化边"的政治需要，利用宗教文化的共同性，引导当地民众建立共同的民间信仰，实现"以西夏变夷"。

对比甘州在西夏时期修建的土主庙以及明代重建的二郎庙，两者都是鉴于当时该地域多族群聚居导致多教并存、文化多元，试图建立一个能被各族民众所接受的宗教信仰人物来缓和民族对立，虽然是为了稳定当时的政局，但从"和而不同"意义上说，对当下提倡"多元共生、和谐共存"的中国多族群有借鉴意义。

第四节
热贡地区二郎神图像的"多元"

上文在前人研究成果的基础上，分别阐述了二郎神信仰的诞生、中国化演变、神职变化以及他在明代进入藏传佛教的前期准备，本节重点论述土族族群接纳二郎神信仰的原因。

常见的二郎神原型人物有三位：一是民间信仰的李冰之子李二郎；二是道教推出的赵昱赵二郎；三是文学剧本中的杨戬杨二郎。

土族隶属中国古代东胡系，势力范围曾经从阴山到今甘肃、临夏、青海。在其族群发展过程中吸收融合所在区域的周边民族，在明朝演变为土族。在漫长的族群文化发展历程中，其民族信仰的形成随着吸收融合族群的扩大而呈现动态变化。以土族最大的聚居区互助土族为例，该族群位于青海省东北部，湟水北岸，地处河湟地区的土族族群由于该地域多民族共同生活，存在民族走廊，因此各民族文化融合现象频出，各民族的宗教信仰也交织在一起相互影响，这样就为土族接纳汉族二郎神信仰提供了先天的地域文化因素。至明朝时期，中原统治者在河湟地区推行移民政策，汉族的涌入使得土族开始大规模接触此时的汉族文化。文化传播的有效工具就是文学剧本，比如明朝小说《西游记》的传入等，让土族族群成员对汉族二郎神杨戬的形象有了了解。加上此时明朝统治者在这一地区继续实行元朝时期官方与土司共同管理的政策，汉族的生活习俗传入土

---

① 崔云胜.酒泉、张掖的西夏土主信仰[J].宁夏社会科学,2005(3).
② 王天顺.西夏地理研究[M].兰州:甘肃文化出版社,2002:113.
③ 续修四库全书[M].上海:上海古籍出版社,2002:611.

族，如对"水利"的重视。此时土族的生产方式已经从传统的畜牧业逐渐转变成农业，因此，关系到古代农业生产的水利事业也得到土族的重视，开始兴修水利。而汉族神灵二郎神神职重要的一点就是"治水"，兴水利，因此，土族在与汉民族融合过程中信仰二郎神就变得水到渠成。

一、土族多样性宗教信仰的根源：功用性

土族族群在形成过程中，整合所吸纳的多民族共同生活特征，展示出本民族民间宗教信仰文化的多元化特征，即以蒙古萨满教为宗，融合汉族道教、藏族苯教文化，形成了以道教宗教活动为内容形式的一种多元文化杂糅混合的宗教类型，并且族群成员还兼信汉传佛教与藏传佛教。

出现这一现象的根源在于不同族群宗教文化的特质存在共通性，例如蒙古族萨满教与藏族苯教都是该族群的原始宗教，作为原始宗教，其宗教文化本身就有相似之处。而道教本身就是在原始巫术神仙方术的基础上形成，是汉族民间多种宗教信仰的合一，因而进入土族宗教文化系统没有阻碍，可以与其信仰的萨满教文化融合在一起。至于藏传佛教，虽然传入土族所在地区时间早于道教，但在其格鲁派于明代未取得统治地位以前，藏传佛教对土族社会文化的影响甚微。

明代土族多种宗教混合的终极原因，是土族对宗教文化的需求带有明显的"功能性"，应对族群成员不同的心理需求，多种宗教信仰都有存在的必要性，因此出现多元化宗教信仰，如逝者往往会请喇嘛诵经超度，同时又会请阴阳道士进行选坟、择日。这反映出土族会根据求吉的心理因素，在不同场合下邀请不同的宗教神职人员举行不同的宗教仪式，强调宗教文化功能的务实性。需要注意的是，土族宗教文化的多元性并没有使得本民族自身文化特性消逝，在吸收其他民族文化的基础上，依然保留着自身文化特点，没有被其他民族文化所同化。其原因在于族群主体文化对被吸纳文化的主观调适，即以萨满教文化为基地，萨满教信仰可上溯到慕容鲜卑时期，萨满教带有浓厚的原始宗教特征，如"敬鬼神，祠天地日月星辰山川，及先大人有健名者，亦同祠以牛羊，祠毕皆烧之"①。这些原始宗教的信仰文化即使在现今的土族宗教活动中依然保留，如正月初一的送神迎神仪式中首先祷告的是"腾格里"即"长生天"。此外，还有原始宗教中"万物有灵"的信仰认知也被保留，土族赋予太阳人格，有自己的生日。所以对土族宗教特点的观照，一方面多重宗教信仰确实对土族民间宗教文化存在影响；另一方面，道教、佛教的宗教文化整合是建立在土族原有宗教——萨满教的基础上。

基于自心而发的信仰需求是宗教文化产生的心理基础，并且土族宗教文化结构的包

---

① 陈寿.三国志·卷三十·魏书乌丸鲜卑东夷传[M].裴松之,注.北京:中华书局,1959:832-833.

容性又决定了其宗教要素对本族群哲学、文学、语言的渗透、影响力度，因此，土族多元宗教信仰的整合行为，使得土族形成了依赖宗教信仰规约族群行为的民族文化表征的诸多现象，进而也确立和稳固了土族族群的价值观，最终形成了土族有别于其他民族的民族气质、文化。

二、土族信仰二郎神的心理——水神、战神崇拜

在土族二郎神的信仰活动中，二郎神的神职具有多样性，如求子、求雨、诸事顺利等，这是汉人农业文化的体现。土族处于民族走廊，多种民族文化在河湟地区汇集，便于它在民族族群演化的过程中吸收异族文化，形成了土族特有的宗教文化。

各个族群宗教文化中的神灵都有各自的神职，它反映出一个族群在自然环境影响下的本能精神需求。相对于其他民族来讲，土族当其宗教文化发生演化的时候，处于较为落后的生产力时期，所以他们对世界的认知更多的带有宗教文化色彩，例如他们在汉文化的影响下接纳二郎神，就体现了他们对汉族文化和汉族生活方式的一种需求，希望借助二郎神的神力取得农业丰收等，获得更好的生活。前文说到，土族的宗教信仰带有明显的"功用性"，所以在接纳、信仰二郎神时，其对二郎神"神职"的希望寄托也很"务实"，即二郎神的神职功能正符合那一时期土族的精神和物质需要。土族宗教神灵信仰"功利性"的心理，其根源是土族的经济发展需求。土族相对于其他族群例如藏族、蒙古族来说，生产力低下，自明代起，由于其族群生产方式由传统的畜牧业转向农业，需要兴建水利以灌溉农作物，同时需要更为先进的农业技术。在土族与汉族移民互动中，汉族的二郎神信仰也被传入土族。

上文所说的土族宗教信仰带有明显的"功用性"，换句话说也就是土族追求神灵的"灵验"，所以土族在提升祭拜神灵的神力上有多种宗教活动，如土族传统活动"装脏"。所谓"装脏"就是土族群众按照约定俗成的年限将村庙中祭拜的神像去掉旧的脏腑装上新的，所装物品为喜鹊、蛇等。而喜鹊等飞禽以及蛇在土族原始宗教以及后期萨满教中被视为有灵异功能，可以促发该神灵法力的灵验，因此，土族村寨的守护神被认为到达一定年限神力衰退时，就会当众举行"换脏"活动。这一仪式文化来自萨满教，而萨满崇拜的信仰基础就是灵验。明朝汉族移民的到来，一方面带来了当时先进的农作物生产技术，另一方面也将汉族宗教信仰文化展示给其他民族，土族认为汉族取得农业丰收是因为具有"治水"神职的二郎神崇拜。与此同时，伴随汉族移民文化而来的还有道教文化以及中原内地盛行的小说《西游记》。由此，无论是道教的二郎神"赵昱"形象还是《西游记》中的二郎神"杨戬"形象，都对土族人"水神"信仰产生潜移默化的影响。

土族宗教神灵体系吸收二郎神的过程中为了更具有说服力，结合自己族群的历史赋予了二郎神新的传说：一是土族前身吐谷浑族群重要的组成成员是氐人，据说氐人就崇

拜灌口二郎神;二是手持三尖两刃刀、有狗跟在身边的三眼二郎神形象与土族先祖氐人①形象契合。在土族传说中,氐人英雄杨难当的兵器也为三尖两刃刀,身边还随带一只犬,用以牧羊或者打猎,这和二郎神杨戬造型类似,至于三眼,古氐人的风俗就是他们在作战时会在额头画一个假纵眼,起到威慑作用。且土族对二郎神多定位为地方神,带有强烈的"功用性"色彩,因此,二郎神在土族具有强烈的民族记忆,远古先祖氐人的血脉文化让土族对二郎神有先天的亲近感。这与汉族宗教文化中的"二郎神"神职叠加在一起,加速了二郎神在土族作为保护神形象的稳固。

土族对二郎神信仰接纳的基础除了上述原因以及对"水神"神职的认同和需求外,还有就是对"战神"神职的心理需求。土族吸纳藏族文化最典型的现象就是信仰藏传佛教,藏族史诗《格萨尔王传》也在土族中流传,如互助地区土族族群流传的史诗《格萨里》,其主人公格萨里的名字来源于藏传"格萨尔"。但土族流传的另一种版本中主人公发生了改变,格萨尔王变成为二郎神,如民和官亭地区的《二郎爷的传说》主人公的名字已为二郎杨戬。这一现象反映出这一时期土族对二郎神"神职"的定义已经不再局限于"治水","勇武"的神职也成为二郎神信仰深入传播的原因之一。在土族处于较落后的社会发展阶段时,宗教活动成为寄托他们心灵慰藉的重要方式。他们崇拜被赋予"勇武"神职的二郎神,以此来对抗土司压迫。明代统治西北边疆时,采取的政策是沿袭元代的"土司"制度,土司制给当时统治下的土族群众带来极大压迫,土族民众多次与土司等地方豪强势力展开武力斗争。这种与强权统治斗争的精神,不可避免地在土族的文学剧本中得到体现。土族将藏族史诗中"格萨尔王"反抗压迫、抵御外侵的事迹套用在本民族"格萨里"上,在土族与土司势力的斗争反抗中,土族唤起先祖氐人对二郎神"战神"崇拜的回忆,因此相对于二郎神"治水"改变生存环境而言,"战神"神职更加符合当时土族的精神寄托需求,所以,土族人将二郎神视为地方保护神。

纵观土族的族群发展历程,在经过迁徙、融合、重组之后,土族继承了羌、氐、藏、汉等民族的文化,也不可避免形成了多元的宗教信仰体系。其基本发展脉络为:土族先民对"万物有灵"自然崇拜的原始信仰认知产生了对山神等神灵的崇拜,并作为族群古老的宗教文化被保留下来,后融入了蒙古族原始萨满教、汉族道教、藏族藏传佛教与苯教的宗教文化。明代土族二郎神的崇拜正是基于这种多元一体文化形态,一方面是继承土族先民氐人的"灌口二郎神"信仰历史,另一方面是结合明初面对汉族移民文化传入的现状,符合了土族民众反抗土司压迫、追求民族独立、改善生活条件的愿望。由

---

① 土族的族源可以追溯到古代吐谷浑人。公元3世纪,辽东慕鲜卑的一支,到达今临夏附近地区,融合了当地的羌人、氐人等成分,形成吐谷浑人,后建立了横跨川、陇、青三省的吐谷浑国。在唐高宗时期,吐谷浑王国被吐蕃灭国,一部分在甘青一带融合于吐蕃也就是藏族的前身;还有一部分吐谷浑人迁至河内等地区,融合了藏、蒙古、汉等民族,元末明初形成土族。

此，土族对二郎神的崇拜的根源可以总结为三点：一是因为土族发展历程中，多民族文化融合的特征决定了其民间宗教信仰的多元一体基因，这是最深层次原因；二是明代土族治水兴农的物质条件需要，接受汉族道教二郎神"水神"神职的信仰文化；三是明代土族在反抗土司压迫斗争中，对二郎神"战神"神职"功用性"的心理需求。

三、土族二郎神图像的"一身双像"现象

（一）热贡土族的藏传佛教文化基因与民族文化独立

热贡地域的主流文化圈是藏文化圈，因此，在构成土族宗教信仰的众多因素中，藏传佛教影响最广泛，并且渗透到热贡地区土族民众日常生活的各个层面。可以说热贡地区土族自出生就受藏传佛教教义教规的引导，例如民众日常会遵循藏传佛教的教义教规念经祈福、赴寺院煨桑等，在藏传佛教的特殊节日也会举办晒佛活动以及大型法会，即使是民间自发的祭祀仪式、民俗活动，其中也可以看到藏传佛教的影响。所以，藏传佛教对这一地区的土族生活起着主导作用，以宗教的约规理论来调节民众道德准绳以及与周边民族的文化交往。

藏传佛教对热贡地区土族道德约规作用主要体现在约规信徒的道德观念等。每一种宗教都对信徒的行为有一定的约束和控制作用，这种约束也表现在对教徒的道德观念上，土族民众在藏传佛教的影响之下，以佛教善恶标准为道德准绳，相信佛教中的因果报应，遵循积善行德、众生平等的教义，信仰灵魂永生、生死轮回等佛教理念。由此，可以说藏传佛教对热贡土族族群道德观内控有积极的一面。与此同时，热贡土族的藏传佛教信仰还对多个民族之间的文化交流起到协调稳定作用。民族矛盾多因宗教信仰冲突而产生，同一宗教信仰可以化解民族矛盾。藏传佛教作为边疆多民族共同信仰的主要宗教，对热贡地区因为多民族聚集而产生的矛盾与争端能起到调解缓和作用。

虽然热贡土族的藏传佛教信仰对日常生活产生深刻影响，但土族文化并没有被藏传佛教完全同化，而是保持了自身文化体系的独立，这可以从其民族特色节庆中窥见一斑。以具有典型性的年都乎土族村为例，该土族聚集地的民族特色节庆有邦节、於菟节、六月会等。与藏传佛教对该村土族群体的影响相比，这些本民族的民间宗教活动和民俗活动起着族群文化界别的作用。

首先，这些民间宗教活动作为土族特有的宗教文化，起着最重要的民族文化界别功能。热贡地区年都乎土族身处藏文化圈，相对于周边藏区，族群实力明显不足，又因为居住群体规模较小、分布格局疏散，加上民族融合大趋势，藏传佛教作为土族、藏族共同的宗教信仰逐渐使得当地土族面临藏化，土族的民族意识在逐渐模糊。因此邦节、於菟节、六月会等土族特有的群体性宗教活动和民俗活动，可以让热贡土族群众对自身民族文化的特殊性有更加明确的认知。

其次，一个民族的民俗文化和宗教活动可以展示出族群的核心文化，与周边其他民族形成不同族群文化边界的划分。热贡地区由于是多民族聚集地，存在多个民族文化圈，如藏族文化圈、汉族文化圈等。土族处于多个文化圈辐射区中，风俗习惯和宗教信仰受到藏族文化、汉族文化、伊斯兰文化的影响。特别是藏族文化，就如上文所说，土族信众对藏传佛教信仰尊崇，确实让土族凭借共同的宗教文化，在面对复杂的民族关系时能缓解矛盾，但也对热贡地区相对薄弱的土族文化产生一定的削弱作用。因此，需要依靠土族本民族的文化独特性提升对外来文化的抵御能力，年都乎村土族族群的本民族节庆如邦节、於菟节以及民俗活动就是明显的典范，即使藏传佛教等宗教文化对土族的日常生活产生了方方面面的影响，甚至已经成为土族民族文化的一部分，土族这些民俗活动却能以其民族特有的表现形式来划分不同民族文化的边界，在"多元"与"一体"中找到平衡点。

最后，彰显宗教信仰与民间信仰习俗的不同功能。中国的农民，大多数有宗教信仰，不过其信仰庞杂而易变，天神祖灵、佛祖菩萨、老君吕仙、各种自然神、人物神、器物神、职业神以及野鬼杂神，都在祭祀之列，举凡生产程序、年节庆典、人生礼仪中，皆有鬼神祭拜内容，形成浓厚的民间宗教风俗。① 於菟节、六月会等民间信仰祭祀仪式与民俗活动强调的是通过煨桑、念经、跳"於菟"等祭拜仪式祈求平安、驱病降魔。作为民间信仰与宗教信仰还是有所区别，这在下文第四章中会详细论述。简言之，以藏传佛教为代表的宗教信仰具有哲学思想，能从哲学层次思想观念上影响信徒的精神世界，解答对未知世界的种种疑问，安抚人心，属于高层次的一种思想观念，而民间信仰的出现较多立足于"功能性"，要能解决当下的世俗的需求。例如，在"邦"会上有些不育或想生儿子的女子拿着特意烧的"干起勒"馍馍献到神像前，意为求子。求子者也可以由男人拿两瓶酒到法师跟前，言明意思，法师便向神像祈祷："佛爷，请给这个人一个儿子。"之后，法师将一个"干起勒"送给求子者，求子者将馍馍揣入怀中，便可回家。而所献的酒则由法师给予聚会的人喝掉②。亦可以说，宗教信仰解决未知世界或者来世的问题，民间信仰更多反映现世的某种需求。当然，两者也不是完全割裂的，民俗活动也带有某种"功能性"的宗教元素。中国人的信仰是由宗教和哲学共同维持的，在不同群体中对宗教和哲学有不同的侧重。③ 这里的宗教可以理解为民间信仰，而哲学就是宗教信仰。

（二）热贡土族藏传佛教信仰体系中的二郎神"一身双像"现象

二郎神作为地方保护神，在热贡年都乎村土族的宗教信仰中是一位重要神灵。二郎神信

---

① 牟钟鉴,张践.中国宗教通史[M].北京:中国社会科学出版社,2007:112.
② 唐仲山.青海"於菟"巫风调查报告[J].民俗研究,2003(3).
③ 牟钟鉴,张践.中国宗教通史[M].北京:中国社会科学出版社,2007:190.

仰在热贡地区 700 多年的发展历史中，在不同的历史阶段，随着土族族群构成的变化以及宗教信仰的变化，神职动态发展，这显示了土族在民族融合过程中的宗教信仰多重性特点。

土族二郎神信仰的由来，在贾伟、李臣玲《安多藏区的二郎神信仰》一文中有详细论述：二郎神本是汉神，是在汉族地区产生和发展起来的，在汉族中被广泛信仰和崇拜，二郎神大约产生于宋代，发展于元明时期。最初的二郎神有三个，分别为赵二郎、李二郎、杨二郎，他们有的是真有其人，后又增加了虚构的事迹（如赵二郎）；有的真有其人其事，后被加以神化（如杨二郎）；有的是本无其人，而是借其夫的真人真事才出现的（如李二郎）。在北宋末年至南宋初年，三者曾出现过激烈的地位之争，后来杨二郎因在民间流传，更因被写入神话和演义小说而传承下来，最终取得了胜利。二郎神随着道教神灵体系的完善，又被纳入道教之中，成为道教中法力无边的大神。在汉族民俗中，二郎神是位神威显赫、法力无边、武艺高强、善于变化的天神，集中了人们英雄崇拜、神灵崇拜、偶像崇拜等心理因素。① 早期的二郎神具有浓厚的汉族风俗文化，独立于藏传佛教体系，有自己特定的节日，即每年农历八月十五。但随着受到热贡地区藏文化盛行的大环境影响以及面对土族藏传佛教信仰为主体的现状，当地的二郎神信仰也带有了藏传佛教色彩，一方面是二郎神的神职和造像发生改变，另一方面是从事二郎神宗教祭祀活动的法师的身份需要得到热贡地区地位最高的藏传佛教活佛的认定。

明代汉族神灵在热贡地区被供奉的不仅仅有二郎神，还有关帝、城隍等，据《同仁县志》记载，二郎神、关帝、城隍等各种道教神灵，大约是在明万历以后陆续传入热贡地区的。② 为了这些神灵信仰在热贡能被藏族、土族所接纳，赋予了他们能被藏族所接纳的藏族名称以及神职，作为汉藏宗教文化神灵体系中共有的神灵予以祭拜。如二郎神被称为"阿米夏琼"，神职是"山神"，被赋予了与当地守护山神夏琼一样的地位和神职，用夏琼这一藏族神灵名称来称呼二郎神，反映出二郎神作为汉族神灵进入藏传佛教神灵体系后，"水神""战神"的身份、功能发生转变，成为"山神"。这是前文所说土族对神灵信仰更加突出"功能性"，这一现象在特定历史时期的二郎神信仰中得到体现。在二郎神被土族、藏族信仰后，夏琼的形象与二郎神一起在热贡的村庙中被祭拜，二郎神出现了"一身双像"现象，一方面是藏族保护神"山神"形象，一方面是作为汉族民间神祇和道教神祇。作为道教神灵的二郎神在民间的原型有李二郎、赵二郎、杨二郎，但热贡地区的藏族、土族对二郎神的原型到底是谁并不在意，只要确信其神职的功能能满足需求。明代汉族神祇在热贡地区的大规模传播使得汉族道教二郎神与热贡土族、藏族的山神信仰结合，随之二郎神发生藏化，其形象"一身双像"的主要特征为：一种是

---

① 贾伟,李臣玲.安多藏区的二郎神信仰[J].民族研究,2005(6).
② 同仁县志编纂委员会.同仁县志(下)[M].西安:三秦出版社,2001:954.

保持汉族神灵二郎神的装扮、面容、姿态;另一种则是在与藏族的山神崇拜结合后,以当地的护法神形象出现,呈现赤面或蓝面的面相,这种现象反映了当地族群中的藏族文化自我意识对外来文化的改造,具体造型的形态分化下文有专门章节详细论述。

依照上文所述,在热贡地区以民间宗教和道教神灵身份出现的汉族二郎神信仰文化传入的主要渠道,应是明代的军屯以及官方实行的大规模汉地移民充边政策,其目的就是稳固当时的边疆动荡局势。安多藏区的二郎神信仰主要分布在海南藏族自治州的贵德县东沟乡和西沟乡,黄南藏族自治州的同仁县和尖扎县。① 现青海省贵德县、同仁县、尖扎县历史上都曾是明代大规模的屯军和汉族移民之地。二郎神信仰随着屯兵和移民的入驻在热贡留下众多历史足迹。

二郎神信仰在热贡地区盛行的表现就是众多村寨中如郭麻日、四合吉、年都乎等有二郎神庙或者家中供奉二郎神君,并且在每年的农历六月还会举办盛大的二郎神祭祀仪式,也就是"六月会"。至于二郎神庙宇的修建,以青海省黄南藏族自治州同仁县隆务老街(如图2所示)以及四合吉村的二郎神庙为代表,从这两座二郎神庙所供奉的二郎神像造像的历史演变,可以看到汉藏宗教文化融合的演化。

图 2　隆务老街上的二郎庙

图片来源:李姝睿《热贡多元宗教的社会功能研究》,兰州大学博士论文,2016 年,第 112 页。

该庙宇的造型呈现汉式风格,修建是由汉族信众出资,在布局上是传统的主殿与左右配殿的配置。主殿内主尊二郎神像身披铠甲、手持三尖两刃刀,红面三眼,有藏风文化元素在内,如图3所示。

---

① 李加才让.热贡地区的民间宗教活动:对年都乎"於菟"节及其二郎神信仰的考察[J].西南民族大学学报(人文社会科学版),2009(5).

图3 同仁县保安镇尕则敦村所供二郎神

图片来源：仁增拉青旺姆《安多藏区二郎神信仰：庙宇、祭祀及特征》，西北民族大学硕士论文，2014年，第18页。

据当地人说，此二郎神庙是后期重建，初始，二郎神的造像面相为汉人，后重建时以同仁县四合吉村供奉的二郎神像为蓝本，采取红面三眼造型。红面的来源是藏族赭石涂面的民俗传统，古代藏族作战时，将士惯用赭石涂面，以起到威慑敌方的作用，这一习俗流传至今的体现就是藏传佛教寺院的众多神像雕塑都为红面。北殿供奉为财神，造像为汉式，如头戴典型的中原文官长翅沙帽。南殿则供奉观音菩萨。神殿外立有摆放酥油灯的香炉，神殿右侧建有煨桑炉。

至于四合吉村的二郎神庙，造像姿态方面是汉族二郎神的基本姿态，但祭祀方式已经藏化。四合吉的二郎庙也是典型的汉式建筑，二郎神像为藏式红面三眼，人物服饰为汉式，身披龙凤披风，手拿宝剑，日常各族宗教祭拜行为为汉族点燃酥油灯，藏族、土族信徒煨桑。在每年的二郎神诞节庆活动中，信徒在二郎神庙举行大型祭祀活动，同时也要到供奉藏族山神的庙里开展祭祀活动，因为二郎神进入藏传佛教信仰体系后，在藏族信徒的观念中，二郎神与藏族供奉的山神一样，具有地方保护神的神职，或者成为藏族供奉的山神、土地神的化身。这反映出热贡地区民族文化融合同化的地域文化基因，以及多教共存的特点。类似如此现象的还有年都乎村的二郎神信仰，该村的汉族二郎神（图4）也被藏化为"阿米夏琼"，其神职为山神、战神，神尊造型也是红面三眼，身披龙凤披风，身后还有一匹雄壮的白马，这与藏族传说中的阿尼玛卿等山神造型相似，即骑白马、身披铠甲。

但需要注意的是，在藏族、土族对二郎神信仰给予重视的同时，汉族对二郎神的信仰反而在逐渐消亡淡化，据相关学者的田野调查统计，由于整个热贡地区以藏族人口为主，该地区的汉传佛教寺庙屈指可数，诸多信仰佛教的汉族人士便以二郎庙为载体，从事宗教活动从而表达自己的佛教信仰。据笔者田野调查所知，隆务地区有汉族佛教居士30名左右，由35~60岁退休或无业的中老年构成（其中以女性居多）。这些居士自称为"二郎庙居士"，每月初一、十五或黄道吉日前来庙中诵经念佛，并在二郎神圣诞庙会期间负责联系邻村法师、组织信众及部分的祭祀活动①。主要原因可能是随着汉族生产力

---

① 仁增拉青旺姆.藏文化圈内汉族二郎神信仰特点及社会功能调查[J].才智，2013(9).

图 4 同仁县年都乎村居民家中佛堂所绘二郎神

图片来源：仁增拉青旺姆《安多藏区二郎神信仰：庙宇、祭祀及特征》，西北民族大学硕士论文，2014年，第17页。

的提升，当地汉族宗教情结逐渐退化。

汉族二郎神信仰在热贡地区本土化还有一个体现，即神职人员从汉族道士转换为土族"法拉"。热贡地区二郎神庙会期间，法拉作为神灵附体者传达二郎神神旨，法拉已经成为当地藏族、土族、汉族共同认可的神职人员。

除了二郎神，汉族神灵信仰在热贡地区盛行的还有关帝。如热贡地区关帝庙的主神关帝被藏族信众称为"南色天王"，被赋予了财神的神职，这和关帝作为汉族武财神的形象一致。热贡地区关帝庙常见的神灵配置为关帝作为主神居中，右边是藏族山神"阿米"，左边为红面三眼二郎神。这种汉藏两族神灵共处一室的现象在年都乎村二郎神庙也有，除了主神二郎神，还供奉着藏族夏琼、阿尼玛卿等神灵，成为藏族、汉族、土族共同开展宗教活动的场所。

（三）土族信仰体系中的二郎神文化差异性与祭祀活动

在青海省藏族、土族信仰文化中，二郎神与关帝都是作为地方保护神存在，此地汉族神灵信仰的重镇还有同仁县隆务镇以北的保安四村寨，这四个村寨是典型的移民聚集地，有保安族、同仁土族、藏族、蒙古族、回族、汉族，其中土族为主体，信仰藏化的二郎神。

同样是信仰汉族二郎神，同仁土族与民和三川土族由于地域文化因素，在族群文化上有所区别，相比同仁土族二郎神信仰的汉藏合一现象，民和土族二郎神传说更加体现多民族的民间神话融合。

二郎神在三川土族中被称为"河州荻荻"，其神职也是当地的保护神。传说（其母）阿姑琪尔当临产的时候，一连生下十一个孩子，都飞走了，第十二个孩子却是个肉疙瘩，河州荻荻就是从肉疙瘩里蹦出来的①。这和汉族神话人物哪吒的出身传说很相似，后其妻子被九头妖魔抢走，河州荻荻骑马带狗，斩妖除魔，救回了妻子。河州荻荻的神话故事在民和土族中得到认同，而在同仁土族中没有流传。关于这一现象，可以从这两个土族族群的内部成员构成身份中来寻找原因。

首先是热贡地区同仁县土族。据《同仁县志》所载，二郎神、关帝等各种道教神灵约在明万历后期，随着移民传入热贡地区同仁等县，随后作为汉、藏族文化融合的产物流传至今。这一区域藏文化氛围占据主导，自公元7世纪起，热贡地区就处于藏文化圈覆盖中，即使明代中原内地移民至此，汉族文化也未打破这一局面，移民长期处于藏文化圈中，虽然还保留了自己族群的一些特有民族文化，但使用的语言、生活方式已经逐渐藏化。

再看民和县三川土族。古代河州是一个多民族聚集区域，有汉、回、保安、土、藏等民族，地域覆盖今甘肃临夏、永靖等县市以及今青海省循化、同仁、尖扎、贵德、乐都、民和诸县区。作为河湟地区的多族群文化聚集地，古代河州族群间长期杂居共存使得文化上的融合加剧，再通过与周边其他族群的交流互动，各个族群保持了本族群的活力。

这种多族群混居的现象在同仁县保安四寨子的土民文化中也有体现，虽然藏文化为主导，但也存在多族群文化复合特征，存在原始宗教、萨满教、道教、藏传佛教。二郎神作为汉族神仙，他的形象与神职在土族、藏族不同村庄的族群文化、地域文化中有局部区别，如年都乎村二郎神与当地保护神阿米夏琼在神职方面的重合。

当地二郎神的庆典活动具有代表性的是每年农历十一月二十日在年都乎村举办的"於菟节"，其宗教活动的组织者由土族法师担任。据当地老人回忆，隆务镇以前盛行祭祀二郎神时跳"於菟"，后来只有年都乎村保留下来。为祭祀二郎神所开展的跳"於菟"，在宗教仪式前的十一月十六，就要将装着二郎神神位或者小像的轿子请到年都乎村二郎神庙里。当天仪式开始，先要在二郎神前磕头，然后由七位表演者装扮成老虎，在面部和身上画上黑白虎纹，手持插着馍馍的木杆，在每户人家跳跃驱病，仪式后要丢弃象征沾染病气的祭品。

关于热贡地区土族"於菟"的来源，现在的学界持诸多观点：其一是"中原楚地巫

---

① 祁进玉. 文化多样性与宗教认同：民和三川地区土族宗教的多样共存性考察[J]. 宗教学研究，2008(1).

文化说"。认为"於菟"是来自中原楚地的巫文化，代表人物如乔永福[①]、赵清阳[②]等，缘由主要是春秋战国时期楚人称虎为"於菟"，并且有对虎崇拜的原始巫文化传统，中原军队明代以前就多次屯军、移汉民至这一地域，所以中原的楚文化也被带来热贡地区，后随着族群文化的交融演化成为土族的"於菟"舞。其二是"古羌文化说"。这一观点的依据是青海自古就是羌文化的影响范围地，在土族族群构成中羌、氐都是重要成员，古代羌文化中存在类似"崇虎"的图腾原始信仰祭祀行为并被继承下来。其三是"蒙文化说"。其依据是古代蒙古人有着崇虎的传统，"於菟"出现的时间和土族形成时间又是元、明时期蒙古人入居河湟后期。由此可见，由于土族族源的复杂性、独特性，使得"於菟"舞成为多民族文化融合的产物[③]。

　　热贡地区土族族源的复杂性使得"於菟"的起源有多种揣测，针对年都乎村二郎神节於菟宗教活动中所体现的宗教元素，以上三种观点中的"楚文化说"认同者较多。现在所见到的"於菟"，被认为其实质就是"中原楚文化"在青海热贡地区传播过程中，融合了土族周围族群文化的影响，并以藏文化为外显形式。在《左传·宣公四年》中就有"楚人谓乳穀，谓虎於菟"的记载。同时，在吐蕃王朝时期，随着吐蕃势力的扩展，汉族、鲜卑族、羌族等民族文化融入藏族文化，而藏文化是热贡地区的主流文化。现今，青海省海东市互助、民和、乐都等地的土族都没有跳"於菟"的习惯了，唯独黄南州同仁县年都乎乡土族保留下来，说明年都乎村土族对藏族文化以及巫文化风俗的恪守。但是早先二郎神节跳"於菟"的风俗并不被藏传佛教所接纳，据当地人说，当地隆务寺对举办"於菟"活动初期采取的是不支持不反对态度，说明这种活动并不是藏传佛教中自古已有的。现今"於菟"成为被当地土族广泛接纳的一种宗教活动，说明了民间宗教与主流宗教的逐渐调适。作为二郎神节庆的重要宗教活动，跳"於菟"反映的是虽然二郎神形象神职在当地已经发生"本地化"演变，但其来源并没有被掩盖。热贡地区的藏族、土族都承认二郎神是汉族神灵，其缘由就如上文所说，明代以降，热贡地区土族、藏族信仰中原的神并采取中原神灵整套祭祀仪式，表达对农业丰收的希冀，于是，年都乎等县保留了大量的中原文化的遗迹和传统，如被当地藏族群众称为"汉四寨子"的季屯、吾屯、脱屯、李屯。因此，对于跳"於菟"的来源，较为可靠的认定是：基于古代的中原楚巫文化，在热贡等地区的历史发展过程中，与当地诸多族群文化互动交融，演变为带有藏文化特色的融合型文化，如"於菟"仪式前的煨桑、念经等都来自藏族祭祀文化。

---

① 马成俊.神秘的热贡文化[M].北京:文化艺术出版社,2003:402.
② 赵清阳.在藏地观看楚风舞[M]//黄南文史资料(第三辑).青海省黄南藏族自治州政协文史资料委员会,1996:178-181.
③ 李加才让.安多热贡地区的民间宗教活动:对年都乎"於菟"节及其二郎神信仰的考察[J].西南民族大学学报(人文社会科学版),2009(5).

当今，年都乎村作为热贡地区唯一保留"於菟"风俗的村子，其包含的民族学、宗教学等文化成为学者们研究这一地域文化的突破点，也成为当地重要的旅游文化得以存在下去，但其中的宗教仪式的神圣感已经开始淡化，更多的是娱乐成分。总体来看，虽然热贡地区是以藏文化占据主导，但其他民族文化是重要影响因子。热贡地域文化是藏族、土族、汉族等多民族文化交织互动下的集合体，各个族群都有自身的宗教信仰中心地带，通过与周边族群文化的渗透、融合、冲突、同化，最终形成了当地的多元宗教文化区，并在此基础上形成了"一体"，借助宗教文化的共同性心理对稳定热贡地区社会秩序产生了决定性影响。

四、青海省贵德县二郎神信仰现象个案分析

贵德县位于青海省东部，现隶属于海南藏族自治州。贵德县二郎神信仰也是从明代开始由河州卫移民带入。这一地区的汉族由于长期与藏族、蒙古族混杂居住，在语言文字、风俗习惯和宗教信仰等方面相互影响，如其县治下的周屯，生活在该村的汉族群众普遍信仰藏传佛教。同时，藏族、蒙古族群众也受到汉族影响信仰二郎神。二郎神作为民间宗教信仰神灵与当地群众生活联系最为密切，村寨群众通过膜拜二郎神祈求五谷丰登以及家庭成员平安。该村有始建于明代正统年间的二郎神庙，后复建的这座庙宇也是周屯村唯一的宗教活动场所。周屯村将二郎爷圣诞日定为三月二十六日，在此庙举办的传统庙会活动——二郎神庙会，由于在三月，也称"三月会"，即"青苗会"。

二郎神在周屯的形象是杨戬，这主要是二郎神于此地流传时受到明代通俗小说《封神榜》《西游记》《宝莲灯》的影响。但贵德县二郎神的祭祀又衍生出当地另一个大型的宗教活动——"六月会"。贵德县民间传说中，因为《宝莲灯》中二郎神与文昌神的化身刘彦昌结为亲戚，后这一桥段被演绎到贵德县每年农历六月的二郎神、文昌神相会仪式里，称为"六月会"。相比"三月会"，"六月会"在整个贵德县民间得到认同。"六月会"仪式是从周屯二郎神庙出发，二郎神的神轿（图5）沿路巡游接受群众膜拜，经历三日到达县城，与刘屯的文昌神像相会。

二郎神信仰在青海传播过程中被纳入藏传佛教的信仰体系中，其汉地二郎神的形象演变成藏传佛教的护法神形象，一般为愤怒相，面多为蓝、赤、绿、金等，怒目圆睁，有些庙宇二郎神像连第三只眼都被演化没了[①]。二郎神信仰作为藏传佛教的组成部分，在多个族群中的认同性被当地统治阶层利用，用以凝聚人心。藏族在信仰苯教时期，民族性格偏向好战性，所以能成为一方霸主。在藏传佛教占据主导后，藏民族性格转向平和，对现实世界安于现状，加上政教一体的统治模式，藏传佛教寺院取代了民间社会社

---

① 贾伟，李臣玲.安多藏区的二郎神信仰[J].民族研究，2005(6).

第二章
"一身双像"道教神灵信仰个案——二郎神

图 5　二郎神神轿

图片来源：仁增拉青旺姆《安多藏区二郎神信仰：庙宇、祭祀及特征》，西北民族大学硕士论文，2014年，第 17 页。

团机构，民间社团对民间群众的凝聚力功能趋于消亡，而二郎神节日这一类全民参与的典礼，从民间信仰的角度可以强化对群体精神的维护。

青海河湟地区信仰二郎神的信众民族构成，各地有所不同，既有汉族也有藏族，这类混居的有同仁县隆农务镇、贵德县周屯村等。也有庙宇的信众基本上是同一民族，如同仁县四合吉村为藏族，年都乎村为土族；尖扎县尕布村、尕队村信仰二郎神的主体为藏族。①

青海河湟地区的二郎神以及文昌神信仰仪式中还存有"燔牲祭"这种古老的祭祀习俗，这一习俗现在汉藏两族中已经消失，只有在河湟地区可以见到，这也是藏族能够接受二郎神信仰的原因。"燔牲祭"的起源最早可以上溯到先秦时期的周礼仪式，简而言之就是将牛做祭品，放在柴草上燔烧。关于二郎神的"燔牲祭"，可追溯至宋代，在《宋稗类钞》卷 2 记载："二郎神原来被朝廷封为王，后来徽宗因好道教，便改封为'真君'。二郎不悦，张魏公（浚）用兵，祷于其庙，夜梦神语云：我向来封为王，有血食之奉，故威福用得行；今号为真君，虽尊，凡祭我以素食，无血食之养，故无威福之灵。今须复封我为王，当有威灵。魏公遂向皇上请求，乞复其王号。百姓每年每户竞相杀羊献祭，

---

① 贾伟，李臣玲.安多藏区的二郎神信仰[J].民族研究，2005(6).

达数万头，庙前积骨如山，州府亦因此开了一项税钱的利路。"① 再看藏族的"燔牲祭"，它出现在藏传佛教形成之前的苯教时期，藏民族的原始宗教苯教在吐蕃时期对藏族政治、社会等方面的影响处于王权之上。古代苯教宗教仪式的一大特点就是向神灵献燔祭，祭品有动物与人。其目的在于祈福消灾、免于病患、死者升天等。所以"燔牲祭"这一古老的宗教行为，为明代藏族接纳汉族二郎神信仰，在仪式文化、宗教仪式功能方面搭架了一座互通的桥梁。

作为古氐、羌人一支的藏族，虽然其原始宗教苯教自藏传佛教兴盛后逐渐式微，牲祭的传统也被废除，但藏民族对牲祭的民族历史记忆依然留存。青海河湟地区的二郎神祭祀活动保留着远古先民在仪式上的历史痕迹，连带此地的文昌神信仰也有了燔祭的习俗，说明不同民族之间的习俗融合，一方面是被信仰主体形象的本族演化，另一方面也存在不同宗教信仰仪式之间影响趋于扩大的现象。

第五节
安多藏区二郎神信仰现象的整体回顾

回顾二郎神信仰的起源可知：二郎神原型是外来神独健，后在汉族地区逐渐"本土化"，真正成形约在宋代，于元明时期在全国扩散。汉族二郎神信仰的原型人物有三个，分别为赵昱、李冰二子、杨戬。这些人物有的是真有其人，后又被神化，如赵昱；有的是小说中虚拟的人物，如杨戬；有的是存在存疑，但是借其父的事迹出现，如李冰二子。在北宋末年至南宋初年，三者曾发生过激烈的地位之争，后来杨二郎（杨戬）因在民间广泛流传，更因被写入神话和演义小说而传承下来，最终取得了胜利。② 二郎神被纳入道教之中，由于原型人物杨戬在《西游记》等通俗小说中塑造的形象，被赋予较高神格，作为玉皇大帝的侄子成为道教中的大神。在汉族民俗中，二郎神从单一的"水神""战神"身份变为法力无边且善于变化的具有综合性神职的天神，体现了人们对二郎神"勇武""保平安""镇邪驱魔"等的崇拜。

前文主要阐述了青海土族的"二郎神"信仰现象，本节针对汉族二郎神信仰在整个安多藏区的流行现象进行阐述分析，其中囊括了青海地区信仰藏传佛教的部分土族族群，结合土族二郎神信仰，我们会发现安多藏区的整体二郎神信仰体系相对于文昌神信仰来说更加成熟，例如有较多的二郎神神庙、完整的二郎神配属体系、专门的祭祀仪轨等。

---

① 潘永因.宋稗类钞（上）[M].刘卓英,点校.北京：书目文献出版社,1985:283.
② 李耀仙.二郎神考[J].四川师范学院学报（哲学社会科学版）,1998(1).

安多藏区的主体民族是藏族，所以这一区域内的宗教信仰主要是藏传佛教与藏族原始宗教苯教，二者都有各自的寺院以及完整的宗教信仰体系和宗教典籍，相对于土族族群内部复杂的宗教信仰来说较为纯粹，汉族二郎神在安多藏区被吸纳后产生了新的信仰特色。

一、安多藏区的二郎神信仰现象

安多藏区指的是青海省除玉树藏族自治州以外的果洛藏族自治州、海西蒙古族藏族自治州、海南藏族自治州、海北藏族自治州、黄南藏族自治州以及甘肃省的甘南藏族自治州、天祝藏族自治县和四川省的阿坝藏族羌族自治州等地区。安多藏区二郎神信仰主要分布在青海省海南、黄南两个藏族自治州，呈点状集中分布。

青海省黄南藏族自治州二郎神信仰现象集中分布在同仁县隆务镇、保安镇和年都乎乡以及尖扎县直岗拉卡、康杨两镇。如同仁县隆务镇上建有专门的二郎神庙，保安镇尕队村、年都乎乡的年都乎村、尖扎县直岗卡拉镇尕布村和康杨镇杨家村也都建有专门的二郎神庙。还有一类是有画像但无专门的二郎神庙宇，如隆务镇四合吉村将二郎神画像绘制于当地夏琼山神庙侧殿墙壁之上。

青海省海南藏族自治州二郎神信仰主要分布在贵德县东沟乡东沟村以及西沟乡当车村。东沟村也就是上文所提及的"周屯"建有专门的二郎神庙，"周屯"是民间的称呼，因为该村起初是明代汉族移民所形成的村寨，"周"取自村寨中的姓氏。西沟乡当车村也建有二郎神庙，该村二郎神信仰是由周屯传过来的，在举行二郎神祭祀活动时，是由东沟村法师来作法念经，经文与东沟村二郎神祭祀经文是一样的。贵德县河阴镇刘屯也曾建有二郎神庙，他们信仰的神灵各不相同，刘屯主要供奉文昌神，王屯是供奉龙王，但龙王殿也出现了二郎神画像，周屯则是专门供奉二郎神，其原因不得而知。刘屯的二郎神庙是该村的家庙，该庙无二郎神泥塑造像，只有一幅画像，于20世纪50年代被毁。

二郎神信仰在安多藏区的点状集中分布与古代生产方式有关，海南、黄南两个藏族自治州在古代处于牧业区和农业区的交界地带，以农耕为主。

二郎神作为汉族神灵传入藏区的具体时间有多种说法，现学术界对此较为集中的看法是在明清时期随着军屯和中原移民，与关帝、文昌神等汉族神灵一起传入安多等藏区，恰逢藏传佛教自元代开始发展壮大、影响辐射全国，因此多民族文化融合其中，这为汉族神灵进入藏传佛教体系奠定了前期文化与思想基础。关于汉族神灵在安多藏区的传播过程就如看本加先生所说：文昌信仰在安多藏区的传播过程中，得到藏传佛教界高僧大德的认可和信仰，并将其纳入护法神或地方保护神体系之中，然后在他们的扶持和推崇下，这一信仰逐渐传播到民间，得到广大藏族民众的认可和崇信。[①] 至于现今研究

---

① 看本加. 安多藏区的文昌神信仰研究[J]. 世界宗教研究，2011(11).

热点——关帝在藏区的信仰，加央平措等学者认为出现于唐代吐蕃时期而盛于明清，由当时的统治阶层自上而下进行推广，在进入藏传佛教神灵体系后，与藏族民间格萨尔信仰融合，出现了"一身双像"现象。但对于二郎神在安多藏族地区的传播时间，与关帝、文昌神等汉族神灵相比，结合藏族族群历史揣测应该早于明清时期。

与藏族神灵信仰中的文昌神、关帝等汉族神灵信仰相比而言，二郎神信仰更早，其在产生之初作为蜀地的地方性神灵，在灌口地区就已有氐、羌等少数民族信众，从上文对土族族群成员构成的介绍可知，氐、羌是土族、藏族的先民主体，二郎神三目、持三尖两刃刀携犬而行的神灵形象、"燔牲祭"祭祀方式等，与氐、羌等早期少数民族崇拜的英雄形象以及民族习俗相似，所以安多藏区的二郎神信仰的祭祀活动充满原始信仰的痕迹，这使得藏族、土族接纳汉族神灵信仰具备了先天文化基因。

在信仰传播地缘上，可以与藏传佛教的"关帝"信仰进行横向比较。关帝与二郎神同为战神，但关帝信仰从甘肃、青海等地传播至西藏后，与"格萨尔王"形象融合，主要扎根并大规模出现在西藏腹地，而二郎神信仰传播的区域主要在汉藏交界的多民族聚居区，例如安多藏区。虽然关帝、文昌神、二郎神三位汉族神灵在藏区被信仰的最主要原因是多个民族迁徙融合后的文化交流，但在田野考察和诸多学者的研究论文中透露出藏传佛教中的二郎神信仰与其他两位汉族神灵信仰的差异，即虽然二郎神以藏传佛教"地方保护神"的形象出现，却并未像关帝、二郎神那样被纳入藏传佛教体系后成为藏族全民信仰的神灵。二郎神因多元化的宗教信仰文化、特殊的信仰地域与人群、特殊的祭祀仪式，与藏传佛教保持着一种微妙的关系，表现为藏族信众承认二郎神在藏传佛教中的地位，但没有普遍去信仰，信仰地区的分布呈现点状聚集分布特点。

关于纵目三眼神灵，在古代文献中就有对其崇拜的记载。如《礼记·王制》曰："南方曰蛮，雕题交趾，有不火食者矣。"① 唐代郑玄注："雕文，谓刻其肌以丹青涅之。"孔颖达疏："彫谓刻也，题谓额也，谓以丹青彫刻其额。""伯虑国、离耳国、雕题国、北朐国皆在郁水（大致在广西境内）南。"② 另晋代常璩的《华阳国志·蜀志》中也有"蜀侯蚕丛，其目纵（突出），始称王"③ 的记载。古文献中记载的雕题国人就是巴蜀地区的先民，他们是古代氐人迁徙至此形成的部族。"三目神灵"崇拜在古代巴蜀地域极为盛行，诞生于巴蜀地区的道教神灵中的三眼形象也很多，如青衣神蚕丛、斗姆元君等，展示出三目神信仰的悠久历史及其与巴蜀氐人信仰文化的密切关系。《同仁县志》对巴蜀文化传入青海的历史有记载，蜀汉时期（221—263年），蜀将姜维攻魏，拔河关、临洮、狄道

---

① 戴圣. 礼记·王制[M]. 北京:北京燕山出版社,2009:47-48.
② 方韬. 山海经·海内南经[M]. 北京:中华书局,2009:205.
③ 常璩. 华阳国志校注·蜀志[M]. 刘琳,校注. 成都:巴蜀书社,1984:29.

三县，今黄南州的同仁地区则归属于蜀汉政权①。因此，巴蜀地区原始宗教中对"三目神"的崇拜随着战争与移民传入，对后世该多民族共居区域接纳"二郎神"信仰提供了文化血脉上的连通。所以，青海省黄南藏族自治州同仁地区的二郎神信仰有别于安多藏区其他地区的二郎神信仰，其祭祀仪式具有浓厚的原始宗教与巫傩文化色彩，其原因就是巴蜀三目神崇拜与巫傩文化的影响。

羌、氐先民文化对安多藏区信仰二郎神的影响，还体现在与安多藏区二郎神信仰与祭祀仪式的渊源方面，具有典型性的就是安多藏区为二郎神圣诞所举办的大型庙会"六月神会"。在民间信仰中有着农历六月中旬祭神的风俗，多数学者认为在收割庄稼之前祭祀神灵会起到保佑丰收的作用。但另一方面，如果结合星相，会发现农历六月二十四日是巴蜀先民崇拜北斗星的祭祀之日，与氐羌同为藏缅语族的彝族、白族、纳西族、哈尼族、普米族有将此日作为民俗节日加以祭祀的习俗，称为"火把节"或"星回节"②。受氐人风俗文化影响，巴蜀地区汉族也将农历六月二十四日称为"川主节"，是为纪念当地历史人物李冰举行的庙会。在三国时期，蜀汉占据今同仁地区，当地羌人、氐人、汉人的诸多民俗与信仰相互交织吸收，部分祭祀仪式和内容被今日二郎神庆典的"六月会"所延续继承。

古代氐人文化中有一位历史人物与二郎神身份重叠，这也是藏族吸纳二郎神文化的基因之一。西晋以后，土族先祖吐谷浑人统治了同仁地区，这一状况持续至北周败吐谷浑而在化隆县群科镇设廓州总管府，辖区达同仁地区③。在此期间，氐人所建政权"后仇池国"（385—443年）的君主杨难当（杨难当为武都王杨玄之弟，也称杨二郎）即与川主杨二郎发生关联。杨难当被当时的氐族尊奉为族神，其事迹主要是在今灌口附近阻挡宋军成为氐族的民族英雄，在其死后，氐人在灌口建立神庙以作纪念，同时借此处与汉人互市，此后杨难当杨二郎名盛④。自氐人政权覆灭后，同仁地区被纳入北周治下，氐人杨难当信仰随着民族迁徙与融合传播到了安多藏区，这就是安多地区的藏、土等民族在二郎神传入之前信仰的杨二郎形象原型，而汉族信众信奉的二郎神原型人物是修建都江堰的李冰之二子，这反映出二郎神信仰从四川逐渐流传至安多藏区时，其信仰形象与事迹内容的多元化。与此类似的现象是宋代把二郎神的三位原型人物即李冰二子李二郎、赵昱赵二郎、杨难当杨二郎融为一体成为蜀地灌口二郎神，明清时期《封神演义》《西游记》《宝莲灯》等通俗小说又为二郎神赋予更多神话传说背景，扩大了二郎神的影响力，促使二郎神信仰在多民族的边疆地区中传播。至此，二郎神信仰在民间具有一定的

---

① 同仁县志编纂委员会.同仁县志（上）[M].西安：三秦出版社，2001：16.
② 王纯五.五斗米道与巴蜀文化[J].中华文化论坛，1995（2）.
③ 同仁县志编纂委员会.同仁县志（上）[M].西安：三秦出版社，2001：16.
④ 李耀仙.二郎神考[J].四川师范学院学报（哲学社会科学版），1998（1）.

规模。

再对安多藏区同仁县的二郎神信仰进行审视。由于同仁县自古以来就处于多个政权治下，民族文化的多元化传统根深蒂固，同时也是汉藏文化接触的典型区域之一，二郎神信仰在同仁县不但相对集中，而且祭祀活动也具有原生文化元素即巫傩文化。因此，安多藏族地区的二郎神信仰最早可能源于氐人的原始宗教信仰习俗，并在此基础上后期又融入了巴蜀氐人的三目神信仰的祭祀仪式。至北周、两宋、明清时期，同仁地区二郎神在吸收二郎神众多传说的基础上与藏传佛教、道教、苯教等信仰文化、祭祀行为融合，演变为安多二郎神。

二、尕布村的"六月会"二郎神祭祀仪式考察

宗教活动中的仪式是宗教信仰对外宣扬的具体外在表现行为，通过祭祀的仪式，搭建人、神联系的通道，使得人可以与神进行联系，传达神的意志。安多藏区的二郎神仪式由于具有原始巫傩文化的原生态特征，所以宗教性比较复杂，该仪式的核心主持者与表演者是法师，而非道士、僧人，仪式全程围绕二郎神祭祀展开。安多藏区的二郎神祭祀仪式分为两类——随机性仪式与常规性仪式。随机性仪式主要是如果有特殊事由需要请神，则会临时以二郎神为对象进行祭祀活动祈福，如病患保平安、房屋修建奠基等，仪式较为随意、简单，多数不请专门的法师进行主持，供奉二郎神的祭品也较随意、简单。常规性仪式是当地供奉二郎神的主要宗教活动，指的是约定俗成定期举行的祭祀活动，分为两类：其一为虔诚信众的日常祭祀活动，如每日赴二郎神庙煨桑、居家面对供奉的二郎神画像或者泥塑小像进行日常念经祷告；二是每年农历六月举行的重大祭祀活动，也就是著名的"六月会"，是安多藏区信众为庆祝二郎神诞辰而专门举行的规模宏大的祭祀活动。

在选择"六月会"仪式举办村寨进行阐述时，结合安多藏区二郎神仪式在不同地区存在少许差异的现状，可选择具有典型性的地处青海省黄南州尖扎县坎布拉镇的尕布村为对象。随着现代化进程的推进，安多藏区部分镇村的"六月会"等宗教仪式由于受旅游资源开发等因素的影响，仪式由"娱神"逐渐转向"娱人"，趋于表演性，仪式的原生形态演化，纯正的巫文化面貌保留较少。而尖扎县尕布村则因地点较为偏僻，是以藏族为主要人口的贫困村，所以该村的二郎神祭祀仪式较少受外界的影响，反而保留了宗教仪式中较强的原生态元素，因此，选择该村作为反映"六月会"宗教活动全貌的对象是最为恰当的。同时，为能够比较全面地反映安多藏区的二郎神仪式的过程与宗教仪式特点，列举安多藏区其他地区的"六月会"法会进行横向对比叙述。

尖扎县坎布拉镇尕布村的二郎神庙占地面积约半亩，为单一独立大殿布局，该村的二郎神祭祀场地都在这座二郎神神庙，祭祀的神器有二郎神像、神轿、战旗等。

第二章
"一身双像"道教神灵信仰个案——二郎神

为庆祝二郎神诞辰而举办的"六月会"仪式有一套完整的程序，作为"六月会"的核心，该仪式流程是考察"六月会"的重点之一。二郎神祭祀仪式与其他宗教仪式一样，流程为祈求→请神→牲祭→作法。

首先在六月会开始的第一天，尕布村中在当地具有威望的年长男性齐聚二郎神大殿中，跪拜二郎神，通过仪式主持法拉与二郎神进行交流，在此期间，女性不能靠近二郎神殿附近，因为当地人忌讳女性参与这类神圣性的宗教仪式。法拉在藏语中意为"神人"，汉人称其为法师，土族人称其为拉哇。当法拉通过仪式进入"发神"状态时，即神附体，法拉就成为二郎神与信徒直接对话交流的媒介。祈求程序的内容主要是向被二郎神附体的法拉询问举办庆典活动期间天气如何，请求二郎神保佑能正常举办"六月会"。在当地人的观念中，二郎神是掌司气象、保佑农业丰收的大神，所以，人们还要在这一流程阶段向二郎神汇报当年的收成，并祈求二郎神保佑来年丰收。

六月会第二天清晨4—5点开始流程第二步"请神"。在安多藏区的二郎神庙殿内通常供有大小两尊二郎神像，不能移动的大型二郎神塑像供于中堂之上，用于日常信众膜拜，小型塑像或者唐卡专用于请神仪式，放在用哈达、红色的被面或绸子等覆盖的轿子内，所以轿子在安多藏区一些宗教活动中的身份等同于"神"，这在下文介绍藏传佛教中的"文昌神"信仰仪式中也可以见到。"六月会"请神阶段所请出来的二郎神就是坐轿的二郎神，其形象可见上文图5，所以为了避讳凡人对神灵的不敬，除了二郎神庙主持、村中的男性权威长者、仪式主持法拉，其他人均要避讳直视神轿，特别是女性，从自二郎神庙中请出神像直至仪式结束，都不能看轿子里面的神像。请神阶段，在法拉的主持下，二郎神连同轿子会一起从大殿的供桌上被请下来，放置在大殿外前台的两条凳子上。

仪式流程的第三步是牲祭。因当地信众认为二郎神不喜素食，所以祭祀必须要用羊、鸡等牲祭，但不能用牛肉，原因是据当地人说，二郎神出生不久就成为孤儿，是喝牛奶长大的，所以他不吃牛肉。尕布村六月会的"牲祭"程序如下：

通常选择吉时进行宰牲前的各种准备，一般以10时为佳。首先用柏树枝条燃烧产生的烟（也称"桑烟"）熏遍羊全身，后用掺有少许面粉或奶的清水对羊进行全身浇洗，这一环节称为"配洗"，洗时要在羊耳朵里浇水，让羊不停抖动后方可进行宰杀。尕布村人认为羊的全身抖动说明二郎神已经接受了此羊。宰杀所用工具都是专用的，宰杀后清洁完用红布包住收起来年再用，宰杀时刀也要先进行烟熏。第一步是割断羊喉放血，将第一碗血敬献到二郎神轿前。第二步，二郎神庙主持把羊头、羊蹄、羊心、羊肝、羊肺放进荤桑炉中，并将第一碗羊血往轿子上洒再往荤桑炉中倒三次。这期间，庙宇主持用藏语念煨桑经恭请二郎神用餐。第三步，至正午12点，将糌粑捏成的施食供于二郎神像前，再次请二郎神用餐。第四步，庙宇主持从四个羊腿上分别割肉放进荤桑炉，同时，又将柏树枝、糌粑等放入素桑炉中燃烧。

二郎神牲祭的仪式并不是二郎神信仰传入安多藏区后被藏区习俗改造后的行为，而是早在汉族史料中就有相关记载。如："蜀中灌口二郎庙，当初是李冰因开离堆有功，立庙。今来现许多灵怪，乃是他第二儿子出来。初间封为王，后来徽宗好道，谓他是甚么真君，遂改逢为真君。向张魏公用兵祷于其庙，夜梦神语云：我向来封为王，有血食之奉，故威福用得行，今号为'真君'，虽尊，凡祭我以素食，无血食之养，故无威福之灵。今须复我封为王，当有威灵。魏公遂乞复其封。不知魏公是有此梦，还复一时用兵，托为此说。今逐年人户赛祭，杀数万来头羊，庙前积骨如山。"① 又如"永康军崇德庙乃灌口神祠，爵封王，置监庙官，蜀人事之甚谨，每时节献享。及因事有祈者，必宰羊，一岁至四万口"②。古代巴蜀人在祭祀灌口二郎神时也"每时节献享，及因事有祈者，无论贫富必宰羊，一岁烹至四万口"③。可见二郎神牲祭的宗教行为宋朝汉人已有。

如果说二郎神在进入藏传佛教体系后发生了仪式上的变化，那就是增加了"煨桑"行为。煨桑行为在六月会期间一直进行，所谓"桑"，为藏文的音译，意为"烟祭"，分为素桑、荤桑两类。素桑因桑炉为白色又名白桑，是在柏树枝、糌粑、三白④、三甘⑤上洒水后点燃。荤桑因桑炉外表为红色又名红桑，是把鸡或羊当场宰杀后放入桑炉中燃尽。尕布村二郎神殿建有荤、素两座桑炉，平时都是素桑炉保持烟雾缭绕，荤桑炉是在牲祭时才用。

六月会仪式流程的第四步是法师作法，这也是这项仪式最核心的环节。法师在六月会中作为二郎神在凡间的化身与载体，处于最重要的核心地位。在牲祭和念"桑经"之后，法拉用柏香水洗手，在殿内穿戴好法衣⑥，坐在殿内二郎神泥塑前的长凳上（该长凳用白羊毛毡覆盖），口诵经文，随后全身颤抖，神情恍惚，表明二郎神已附体。村中的八个壮汉，每四人一组轮流把二郎神轿抬出庙，在村内开始"转村"活动。轿子在"转村"出发前由一老者先给轿子敬酒，后环绕桑炉转圈一周，又转到庙四角再抬出庙门。"转村"全程法师保持发神的状态，等二郎神神轿送回放至殿前的长凳时"转村"结束，神轿进来后，再一次敬酒、添桑，法师的第一次发神结束。法拉当天第二次发神

---

① 《朱子语类》卷3《鬼神篇·灌口二郎庙》。
② 《陔余丛考》卷35《灌口神》。
③ 《夷坚丁志》卷6《永康太守》。
④ 指乳汁、奶渣、酥油。
⑤ 指冰糖、蜂蜜、蔗糖。
⑥ 该法衣样式与原始宗教萨满教的服饰相似，上衣为黄色坎肩，下衣为女式花布条裙子，头戴藏传佛教五方莲花帽，上面有二郎神、文昌神等五位神灵的画像，显示了汉藏文化与原始宗教信仰文化的合一。

是在下午 5 点。周屯"六月会"仪式流程与尕布村基本相同，只是法师的服装有所差别。头戴黑色毡帽、身披灰色长衫的周屯法师手持羊皮鼓，以多人跳神的形式使得法师进入发神状态。在牲祭环节，法师身穿黄色长马甲，头戴前面坠有小铃铛的黄色包巾，后留有辫子。过去法师都采取散发造型，一般都不戴包巾，只有在特定场合如去病消灾时才戴包巾。法器种类与尕布村法会的法器种类相比，较为简单，只有羊皮鼓、口钳、短剑。法师所穿马甲的颜色主要就是按照所祭拜的主神所穿袍子的颜色而定，如周屯二郎神身穿黄袍，其所属法师穿黄马甲；刘屯文昌神身穿绿袍，其所属法师穿绿马甲；龙王身穿红袍，其所属法师穿红马甲。周屯六月会中法拉发神的次数比尕布村多，"转村"的时间比尕布村长，另多一流程，晚上要烧白纸做成的长钱，再将神轿抬到殿内，全套仪式流程结束。

三、安多藏区二郎神图像特征——多元整合

二郎神信仰在安多藏区传播的历史过程中，与安多地区的族群民族文化，特别是藏族的藏传佛教文化以及苯教进行了深入的互动和整合，最终变成安多藏区的二郎神信仰。二郎神成为藏传佛教神灵体系中的一员，显示出了安多藏区多元文化整合的地域文化特征。

（一）造型整合

在安多藏区，二郎神由于与藏文化融合，其形象发生了变化，出现了"藏化"形象。中原汉地的二郎神的形象为面白无须，三只眼，手持三尖两刃刀，剑眉挑眼的英武少年。在安多藏区藏文化的影响下，二郎神的神职发生变化，从"水神""武神"转变为"山神"等地方保护神，因此造型也转变成了藏传佛教护法神的形象，通常以藏传佛教护法神愤怒相的形象出现。藏传佛教愤怒相面色多为蓝、赤、绿、金等色，怒目圆睁，所以安多藏区二郎神庙中的二郎神泥塑造像也多为蓝色、红色，甚至有些地方的二郎神造像的第三只眼都被去除，成为藏传佛教中"山神"夏琼的化身，这为辨识其神灵身份带来难度，这时候可参考的是通常以藏传佛教"山神"等地方保护神身份出现的二郎神，在配置其配属神时，左右出现了羊头人身的羊师护法大将。

具体来看安多藏传的二郎神形象，在安多藏区不同地区传播过程中，由于受到的地域性文化影响有差异，演化出的形象又有所不同。以尖扎县坎布拉镇尕布村的二郎神形象为例（图6），其在解放前、后就出现过演化现象。

解放前该村的二郎神像是一尊站的木像，为典型藏式神灵面相——红面，唇有八字胡，纵三眼，头戴一藏式圆形帽子，中间坠有一大穗子，身穿黄色战甲，外披红色披风，左手拿一把剑，背跨弓，右手指向前方，两侧配属为羊头人身的羊师护法神以及哮天犬、鹰等。解放后复建的二郎神庙中形象为一盘坐塑像，金面，第三只眼没有了，身

图6 青海省黄南州尖扎县坎布拉镇尕布村的二郎神

(图片来源：仁增拉青旺姆《安多藏区二郎神信仰：庙宇、祭祀及特征》，西北民族大学硕士论文，2014年，第15页。)

穿黄色盔甲，右手举起做佛印，胸前佩带有护心铜镜，弓箭、哮天犬、神鹰被保留下来。二郎神两边各配属护法神，右侧为羊师护法神将，左手托一仙桃，右手持宝剑，身披的战甲在胸前有护心镜。原左侧羊师护法神将被一金刚所替代，该金刚右手高高举起，左手拿一本子，结合左下角跪有一被绑捆人物，金刚手持的本子类似记录人行为的"案录本"，其神职类似判官。再如隆务街二郎神庙的二郎神形象为端坐的塑像，身穿长袍，红面，三只眼，两手放于腿上，为文官造型，但之前只是一幅画像。再看朵队村二郎神的形象，也是坐像，但为典型的藏式护法神愤怒相做青面獠牙状，怒目圆睁，三只眼，头戴藏式五方莲花帽，右手持宝剑，左手拿金元宝，貌似已经具有"财神"的神职。除此以外，周屯二郎神的形象是红发，青面三只眼，怀抱兵器；甲堂村二郎神的形象是坐像，为藏式护法神青面獠牙愤怒相，身穿藏袍。

（二）祭祀仪式的多元整合

二郎神进入藏传佛教神灵体系后，祭祀活动吸收了藏族苯教、藏传佛教的祭祀仪式，整合成多元文化集于一身的祭祀仪式。

在安多藏区二郎神外形与神职藏化以及地方化的同时，基于巫文化与汉文化产生的汉族二郎神祭祀仪式文化也发生着变化，它整合了安多藏区的多种民族文化元素。从上文安多藏区二郎神的形象演化现象，可以得出安多藏区二郎神信仰总体而言是汉族神灵与西藏苯教、藏传佛教文化整合后的产物的结论。因此，这一地域信众对二郎神的信奉仪式采用了"苯、佛、巫"三合一的方式，其中以二郎神的煨桑仪式最为典型。煨桑来自藏族民间原始宗教时期的一种古老祭祀习俗，分为素桑、荤桑两种类型，即用燃烧柏松枝条或者牲畜等产生的烟雾烟熏被祭祀对象，以驱除污秽之气。至于煨桑仪式所要用到的素桑炉和荤桑炉通常是成对出现。如果是以家庭为单位所建，宝瓶状的桑炉会放置在院中；如果是以村寨为单位所建，一般在村前或者路旁；如果是以庙宇为单位所建的桑炉，则在大门的侧旁或者正殿正前方庭院中央。后来这种原始宗教仪式被藏族早期宗教——苯教所借鉴，由民间的一种习俗转变为藏族正式的宗教仪式流程中的一环，而且是比较重要的起始环节。在西藏宗教信仰主流由苯教转向藏传佛教后，煨桑这一仪式又被藏传佛教所借鉴继承，成为藏传佛教宗教仪式的典型特征被保留下来，但仪式的作用已经不再局限于通过烟雾来驱除污秽之气，增加了烟雾这个媒介，达到与上天沟通的目的，进而祭神祈愿，这和中原内地原始宗教仪式中常见的以烟祈神卜凶吉的记载很相似。伴随煨桑仪式进行的还有跳神等诵经祈祷行为。

对煨桑仪式多元文化融合特点的理解，一方面是汉藏文化的融合，即汉地二郎神祭祀活动进入藏区增加了煨桑仪式。另一方面体现为"煨桑仪式"的地域性文化差异。其一，汉地二郎神祭祀中的牲祭习俗最初与苯教结合在安多藏区是以荤桑祭的仪式出现，后又受到藏传佛教文化影响增加了素桑祭行为，在流程上是先素桑后荤桑。其二，存在个别村寨祭祀二郎神时无"煨荤桑"仪式的现象，增加了其他宗教行为，这主要是受所在地域文化以及族群文化影响，如年都乎村二郎神就无"煨荤桑"，当地人认为二郎神不爱吃肉喜欢吃大米，所以要敬献大米饭。又如上文提到的尕布村，在六月会祭祀煨桑时给二郎神敬献酒，烧汉族祭祀仪式中惯用的黄表纸、长钱。

（三）"神佛一体"的多元供奉体系整合

安多藏区的二郎神庙供奉体系特点为典型的"神佛共存"模式，即二郎神庙宇院中或者殿堂之中同时供奉有二郎神及其属神、藏传佛教神灵以及地方性神灵，展示出"多神殿"的面貌。下文列举安多藏区具有代表性的几座二郎神庙来看这一特点。

其一，尕布村二郎神庙。在居住人口以藏族为主导的尕布村，其重修后的二郎神庙为藏传佛教寺院风格，大殿内藏族的装饰物全由藏传佛教寺院僧人所制作，大殿内供奉着藏式二郎神、文昌神像以及班禅大师照片等。

其二，杨家村二郎神庙。其布局为双大殿样式，藏传佛教诸神被供奉在南殿，东殿则供奉藏式二郎神、文昌神和龙王，后院有一尊典型藏式倒钵白塔，塔中供奉一对泥塑欢喜佛，寺院中央有三个桑炉，一荤两素的配置，其中荤桑炉和一个素桑炉正对东殿二郎神大殿殿门，另一个素桑炉面向南殿佛殿的正门。在朝拜进香时无论是佛教徒还是二郎神的民间信徒，都要先敬拜二郎神。

其三，贵德县河西镇当车村的甲堂二郎庙。该庙规模相对其他地区二郎神庙更为宏大，重建后的二郎神庙分正、东、西三座神殿，正殿供奉二郎神塑像以及班禅画像。该庙宇的特殊之处在于出现了二郎神杨戬的全家相，在正殿后墙上方绘有中原汉人装扮的二郎神父母画像，下方绘有杨戬本人形象。此庙供奉的二郎神被当地人称为"黄二郎"，其原因在于他身穿黄色长袍。东、西两座偏殿内供奉有寿星、文昌神、阿尼玛卿等神画像，其中寿星是以藏传佛教护法神的形象出现。

其四，黄南藏族自治州保安镇尕队村的二郎神庙。该庙兴建于清朝，距今已有300多年的历史，主神二郎神塑像被供奉于大殿正中，左右悬挂二郎神、念青唐古拉山神——念青神的唐卡，以及十世班禅大师、活佛的照片用于日常藏族信众供奉。殿外左侧墙上还绘制有藏传佛教传统题材——盘腿而坐的山羊护法神（藏名：行巴拉果），右侧为盘腿而坐的猴子护法神。

其五，年都乎村二郎神庙。二郎神庙的大殿内供奉了五尊神，即念青神、夏琼神、二郎神、阿尼玛卿神、战智神，是典型的"神佛共处"配置。

二郎神进入藏传佛教体系后虽然其形象与神职都发生了"藏化"，具有一定的信众规模，但汉族二郎神在以藏传佛教为核心的信仰体系中处于从属地位，这从其"山神""地方保护神"的神格可以反映出来。这体现了不同宗教文化互动中的一条规律，即在主动依附与主动支持双重影响下的不同宗教文化是可以展开对话融合的。二郎神要在藏传佛教或者土族的民间信仰体系中得以生存，就必须适应不同族群的宗教文化，要主动依附于藏传佛教等宗教。同时，二郎神信仰在藏区的传播过程中，由于自身仪式的"巫文化"以及族群之间和睦的政治需要，又得到藏传佛教官方的支持与认可，维系了藏传佛教与当地民众之间的宗教互融关系，促进了藏传佛教与二郎神民间信仰的互动。

安多藏区的二郎神信仰在多元一体文化的安多地域具有成熟的仪式流程、完整的宗教行为约规、固定的祭祀场所，所以二郎神作为藏传佛教神灵的一员以及成熟的民间信仰对象，借助仪式在人、神之间构成了相互协调的和谐关系。

石硕先生曾在论及民间宗教涉及地域时指出：民间宗教普遍存在的情况并不局限于川西藏区，事实上在青海、甘肃、云南和西藏等大多数藏区，尤其是较为偏远的藏区，除藏传佛教信仰之外，都往往程度不同地存在着各种民间宗教，只是其内容与形式因地区的不同而存在差异罢了。① 安多藏区是一个以藏文化为主体文化的多民族聚集、多元文化共存、多种宗教信仰共生的"众神狂欢之地"。② 这是二郎神作为民间宗教能在安多藏区发展的基础。

四、安多藏区二郎神庙宇分布特点与羌氐文化影响

安多藏区自古以来就是汉藏交界区域，它覆盖了青海省除玉树藏族自治州以外的藏区、甘肃省西南部藏区、四川省西北部藏区，是汉、藏、土等多民族文化碰撞与融合的地域，宗教信仰情况复杂多元。虽然安多藏区的宗教信仰以藏传佛教、苯教为主，但随着民族融合趋势的逐渐强化以及民族族群的多样化，藏族、土族等少数民族的宗教信仰、生活习俗与中原内地汉族文化相融合，在当地形成了多元的民俗、宗教文化，深受安多藏区多民族所信仰的二郎神即是这一现象的代表。

安多藏区的二郎神信仰主要分布如前文所述，呈点状分布，主要在青海省海南藏族

---

① 石硕.川西藏区的民间宗教形式[J].宗教学研究,2002(4).
② 刘夏蓓.宗教的诠释:安多区域文化解析[J].西北师大学报(社会科学版),2004(4).

自治州与黄南藏族自治州,这两个自治州的二郎神信仰各有其特点,海南藏族自治州地区以"文昌爷""二郎神"信仰并举,黄南藏族自治州地区则侧重"二郎神"等地方性神灵信仰。二郎神作为汉族道教及民间神灵信仰体系中的大神,具有较高神格,进入安多藏族地区后被藏族、土族广泛接纳,反映出安多藏区历经地域变迁、族群迁徙、文化融合等逐渐形成多元民族宗教信仰文化,其中二郎神与文昌神就是安多藏区汉藏文化交流的典范。

黄南藏族自治州的同仁县、尖扎县以及海南藏族自治州的贵德县是安多藏区二郎神信仰的主要区域,佛教、道教等主流宗教在这里传播并拥有自己的信众群体,其中藏传佛教是安多地区藏文化圈的核心文化,受到藏族、土族等民众的崇奉信仰。在这一地域寺庙、道观等多种宗教场所密集分布。但需要关注的是,扎根于不同族群社会的民间传统文化,其中包含的民间信仰也是安多藏区宗教文化的重要组成部分,因此,基于民间传说神灵、祖先、圣贤信仰产生的小型宗教场所也在村寨一级存在。例如二郎神,既是藏传佛教中的神灵又是民间信仰中的神灵,因此,其庙宇具有多样性,既有共同供奉二郎神与其他神灵护法的大型神庙,也有专门单独供奉二郎神的小庙。供奉二郎神的庙宇既有汉式建筑风格,又有藏式,甚至是汉藏合一。

由此可见,安多藏区二郎神庙分布具有地域性、民族性的特点,结合地理空间也反映出安多藏区二郎神信仰的地域化特点。

(一)二郎神庙宇分布及其特点

安多藏区内二郎神信仰最为集中的县是黄南藏族自治州的同仁县,该县位于青海省东南部,东邻甘肃,西边毗邻安多藏区二郎神信仰的另一重镇——海南藏族自治州贵德县。同仁县的二郎神信仰主要分布于治下的10多座镇村,如:①隆务镇。曾有汉族道教信众建立的二郎庙,所辖四合吉村夏琼山神庙中供奉着二郎神。②年都乎乡。年都乎、郭麻日、尕沙日等多个村落建有供奉二郎神的小型神庙。③保安镇。尕则敦、卧科、哈拉巴图等村建有多个二郎神供奉的专门神庙。④黄南州尖扎县。该县位于同仁县与贵德县中间地段,也是二郎神信仰的辐射区域,该地区民众通过祭祀二郎神,祈求免遭水患,农业丰收,这主要是基于汉族二郎神的"水神"神职。但随着近些年汉文化影响的加剧,在翻修庙宇的过程中,二郎神的形象发生了较大的变化,从早期受藏文化影响的红面三眼愤怒法相转变为《西游记》中杨戬二郎神的形象。据当地人说,这是因为受到夏琼寺活佛阐述二郎神之渊源后的影响。

同仁县以西紧邻的海南藏族自治州贵德县也曾经是历史上二郎神信仰的重镇,如河西镇的刘屯村。但现在该县文昌神信仰氛围浓厚,二郎神信仰逐渐衰落,在一些庙宇中以配属神的身份出现,如信奉龙王的王屯村,其龙王殿中二郎神是作为附属神。现贵德地区信仰二郎神的主要有东沟乡与周东村,存有年代悠久的二郎神庙并保留完整的二郎神祭祀仪式流程。贵德县人认为东沟乡与周东村是二郎神信仰在贵德地区的发源地。

贵德地区民众崇拜的三位主要汉族神灵是文昌神、二郎神、龙王爷。其中的文昌神信仰主要是在城镇的汉藏两族中盛行，而二郎神信仰则在偏远村落流行，具有道教文化元素、苯教文化元素以及具有巫文化的原生文化元素。

总体而言，以黄南州、海南州为代表的安多藏区二郎神信仰分布有以下特点：其一，二郎神分布的地域为依赖水利的半牧半农区或者是农业区，农业丰收对水利的依赖成为信仰二郎神的先天因素；其二，二郎神信仰多出现于藏、汉、土等民族混居区域；其三，安多藏区的二郎神寺庙建筑较少且规模较小，这是因为虽然此地二郎神信仰是藏传佛教、苯教、道教多元文化融合后的产物，但其本质是民间信仰的神灵，这就决定了在藏传佛教神灵体系中不会具有较高的神格，所以也不会有规模宏大的道场；其四，二郎神信仰在安多藏区流传过程中，其规模与辐射地域受主流宗教文化、地域文化、族群文化以及信众需求类型的影响而具有非稳固性。

（二）道教二郎神信仰与羌、氐文化

在记载早期羌、氐文化的史料文献中，二郎神神职在其族群原始信仰中为山神、战神、祖先英灵、族群保护神等，人们对其概念化形象的印象是身边会伴随着一条牧犬，用以放牧、打猎，并随身携带矛戈类兵器，反映出游牧民族的文化特征，由此二郎神成为当时非中原腹地地区的诸多族群的保护神。自宋代起，二郎神一方面结合信众需求具有了水神的神职，主要是保佑农业丰收；另一方面氐人祖先英灵崇拜与神灵崇拜的观念也被保存，表现为二郎神仪式中的"巫文化"。

二郎神进入道教神仙体系后，由于民间信仰的重要性，如缓解社会矛盾，凝聚族群人心等，使得唐宋时期在道教地位提升的大环境下，历代政权对集民间信仰与道教神灵信仰为一身的灌口二郎给予多次册封。但在这一过程中道教对二郎神治水神职的原型到底是赵昱、李冰还是李冰二子，或者是独立神灵，没有论定，因此出现不同地域认知不同的现象。例如四川道教在扩大其神仙体系时将二郎神定位为道教神灵中掌司"治水"神职的大神，在当地传说中二郎神是来相助李冰兴修水利的，所以是一位独立的道教神灵，并且没有提及有李冰二子这样一位人物存在，这也就是巴蜀有些地区的民间信仰中二郎神原型在李冰、李冰二子、道教神灵、赵昱等形象中扑朔迷离的原因。这种二郎神原型不定的现象于元末明初时期被汉族移民带入安多藏区，但作为道教神灵的二郎神，其司水神职是得到汉族、藏族、土族等族群信众共同承认的。史料记载，东汉时期二郎神已被纳入张陵所创建的五斗米道中，成为中原古代早期道教神仙体系中的一员，如由蜀地形成的原始五斗米道是黄老之学与巴蜀巫文化的融合，由当地多个少数民族的原始宗教信仰进化为系统性的教义与仪轨，最终发展成具有治所和教团组织的宗教，其中则

不乏羌、氐等民族信仰的族神，如蚕丛、二郎神①。而五斗米道的"巫文化"很大程度上取源于这一时期的羌、氐原始信仰文化，张陵在鹤鸣山等地所学之道就是羌、氐人的宗教信仰，同时饰以《道德经》发展出五斗米道之雏形，正因为其思想源出于羌、氐，所以南诏、大理等才会靡然风从，受之不移②。由此，早在古代羌、氐族群中就已经出现的二郎神信仰"雏形"就顺理成章地被道教所吸纳。

---

① 王纯五.五斗米道与巴蜀文化[J].中华文化论坛,1995(2).
② 向达.南唐史论略[J].历史研究,1954(2).

第三章

"一身双像"道教神灵信仰个案
——文昌神

本章针对安多藏区中的道教神灵——文昌神开展个案研究。道教文昌神在安多藏区受到藏传佛教文化以及地域文化影响,出现了"一身双像"的造像以及四种神灵供奉体系,这说明了文化移植所带来的宗教文化演变,通过这种"多元一体"宗教文化演变可以达成不同族群之间的文化沟通,进而在一定历史时期缓和民族矛盾,促进民族融合。

本章以对蒙译藏版《文昌帝君阴骘文》解读入手,结合安多藏区文昌信仰的分布,如贵德县、贵南县、化隆县等,通过对藏传佛教文昌神祈愿文中的"佛道一体"思想以及文昌信仰的流变,阐述文昌庙宇中文昌神的四种神灵供奉体系与"一身双像"图像特征,并分析藏传佛教神灵体系中的从属神格缘由和宗教文化特征。

第一节
《文昌帝君阴骘文》与文昌神信仰

文昌神信仰与二郎神信仰一样,是地处中国古代偏远地域的羌、氐部落文化与中原文化长期交流融合的又一典型代表,有所区别的是文昌神是本土神而不是像二郎神那样初始是外来神。文昌神由于独特的神职与功用受到历代统治者的推崇,迄今依然在甘、青等地民间被民众信奉。

文昌神在进入安多藏区后,由于这片土地是典型的多族群交融宗教文化聚集之地,藏文化占据主导地位,所以汉族神灵信仰在安多藏区的传播过程中,其仪式、造像、经文等都采取了汉藏融合的路径,藏化表现为具有了藏传佛教神灵宗教信仰活动的一系列仪式,如煨桑、转经、游神、燔牲祭等。

文昌神在青海省的信仰地域主要在海南藏族自治州,以贵德县的氛围最为浓厚。贵德县地处河湟地区的核心地带，以汉族人口为主，由于身处藏文化圈，为能融合当地文化，文昌神、二郎神信仰就成为他们与其他族群共同信仰的宗教文化，以宗教文化的互通来加速不同族群之间的互动交流。借助文昌神在这一区域的信仰现象，可以以其在安多藏区的发展历程、当下生存机制维护与作用等方面的研究，反映出多民族宗教文化"多元一体"特质在建构中华民族整体文化历史以及促进不同族群之间交流中的作用与意义。

一、蒙译藏版《文昌帝君阴骘文》解读

对安多地区藏传佛教中"文昌神"信仰的研究，当地的《文昌帝君阴骘文》是一个极其重要的文献，它有汉藏两种文本。

文昌神作为道教神灵体系中名声显赫的一尊大神，与二郎神一起约于明清之际自汉地传入安多藏区等地域，其原因也是当时的军屯政策和中原内地汉族移民。文昌神在一定历史时期曾经也在卫藏地区有所传播，但影响力没有形成规模，主要还是作为安多藏区主流民间信仰神灵之一存在，其神职为保护神等，但他的神格明显高于二郎神。具有安多藏文化特色的文昌神信仰与汉族文昌神信仰形成了文昌神的多元文化信仰体系。对安多藏区文昌神信仰的研究已有不少成果[1]，其中最具有代表性的是看本加先生的《安多藏区的文昌神信仰研究》[2]一书，该书对藏区文昌信仰的传播历史流变、现实功能进行系统性梳理与研究，书中收录了涉及文昌信仰较完整的汉藏文献资料，其中首次披露的《文昌帝君阴骘文》藏译本具有重要的历史文献价值和现实研究意义。下文参照前人学者的研究成果对其进行完整化的解读，并与原汉文版本进行比较。

清代以降，藏族高僧大德撰写了各种有关文昌神的祈愿文、酬补经和占卜书，还将一些道教文本翻译为藏文。[3] 这一时期，青海塔尔寺寺主第四世阿嘉·洛桑加央嘉措将蒙古文的道教文本《文昌帝君阴骘文》翻译为藏文，并收录在其文集中[4]。

道教《文昌帝君阴骘文》作者不详，是假托文昌神之名所写劝善书，据说约于宋元时期成文[5]，从出现年代看，应晚于《太上感应篇》，清代道士将其收入《道藏辑要》，《昭代丛书别集》《三益集》中也均有收录[6]。

---

[1] 可参见看本加先生关于藏传佛教文昌神信仰的众多研究成果,此外还有索南旺杰.多文化视阈下的青海藏区文昌信仰[J].青藏高原论坛,2013,1(3);曾传辉.青海省贵德县文昌神和二郎神信仰考察报告[J].世界宗教研究,2018(1);等。
[2] 看本加.安多藏区的文昌神信仰研究[M].北京:民族出版社,2014:11.
[3] 看本加.从文昌神到阿尼尤拉:一位道教神灵在雪域藏地的本土化考察[J].宗教学研究,2015(1).
[4] 四世阿嘉·洛桑加央嘉措:《四世阿嘉·洛桑加央嘉措文集》(藏文),塔尔寺木刻版,西南民族大学藏学文献中心藏。
[5] 对于此文成书的具体年代存有诸多争议,如清代朱珪在校定《阴骘文注》时认为:"《阴骘文》有宋郊之事,当作于宋代。"
[6] 参见《道藏辑要·星集·阴骘文注》。

文昌神、二郎神造像艺术特征的"多元化"研究

《文昌帝君阴骘文》作为道教善书的一种，劝人行善积德，以功德获得神灵赐福。"阴骘"一词出自《尚书·洪范》里的"惟天阴骘下民"，暗含天人感应之意，劝导人们多行善事积阴德，但行善要发自本心不要宣扬，独处的时候也不要认为上天看不到而去做坏事，长久坚持之后文昌神就会赐予福禄寿。文本中也出现了佛教语句，如"诸恶莫作，众善奉行""报答四恩""印造经文，创修寺院""或拜佛念经""近报则在自己，远报则在儿孙"等佛教生死轮回说和因果报应论，另外也汲取了佛教的一些戒律，例如"或买物而放生，或持斋而戒杀""举步常看虫蚁"，提倡慈悲、戒杀、放生等佛教理念。[①]

由藏文《文昌帝君阴骘文》所翻译的汉文文本现在在青海省贵德县的文昌庙中流传，它与汉地流传的道教文本在词句上有所不同，这从《文昌帝君阴骘文》藏文译本与汉文原文的比较可知。

藏译本《文昌帝君阴骘文》对汉文原文主体核心的把握以及诠释展示出完整的理解性，因此，通过该文本所传达的文昌神信仰原义就与安多藏区人们对它的理解和诠释达成一致，促使汉地文昌神信仰在藏区得以广泛传播。但是，一切解释都必须受制于它所从属的诠释学境况[②]，我们看到道教文昌神信仰从中原汉文化的语境中移植到安多藏区的多民族文化环境中，无论是表达方式还是传播途径都发生了本地化演化，即藏族化、藏传佛教化。

任何一种文化在传播过程中，形式、功能和意义必须不断地根据各自的需要而变化。也就是人类学理论中所谓的重新解释，即接受的一方对新引进的文化特质和文化丛体在形式、功能和意义上的改变，以适应自己的需要。[③] 文昌神信仰"藏化"后，在安多藏区的传播过程中其造像与仪式形式的演化反映出这一理论。如道教汉文原文中的"天""上格苍穹"指代单纯的"自然天"，而在藏译中将"天"理解为"上天之大皇帝"等，还出现了体现藏传佛教的语句，如"慈悲心""朝拜真佛""修持佛理"等，显示了"神佛共存"的理念。再如汉文版本原文中的"勿弃字纸"，在藏译中翻译为"不要无视而丢弃佛法经文及文字"，还有如"做事要随顺天神之旨趣，言道要言心悦诚服之道""永无天上凶曜加害自性命，常有举头神明护卫自躯体"等，这些都是从藏族思维方式出发，将藏传佛教教义与藏族信仰习惯以藏族人惯用的表达方式在藏译本《文昌帝君阴骘文》中体现出来。另"广行三教"一词的翻译也让人回味，汉译本中的儒、释、道三教被译为"一切所学之教门"，揣测其原因可能是要规避儒、道以及佛教其他宗派如禅宗等字眼。

---

① 看本加.文昌神信仰在安多藏区传播的历史及原因分析[J].青海民族研究,2014,25(2).
② 伽达默尔.诠释学Ⅰ、Ⅱ:真理与方法[M].洪汉鼎,译.北京:商务印书馆,2010:559.
③ 黄淑娉,龚佩华.文化人类学理论方法研究[M].广州:广东高等教育出版社,1998:95.

第三章
"一身双像"道教神灵信仰个案——文昌神

在藏译本《文昌帝君阴骘文》的末尾有作者第四世阿嘉活佛所写的一篇长篇幅后记,看本加先生已经译为汉文,在其《〈文昌神阴骘文〉的藏文译本》一文中详细记述了阴骘文从蒙古文被译成藏文的缘由,阐明了此阴骘文对藏族民间信仰的影响与作用,并教导广大藏族群众,要将此阴骘文内化于心、外化于行,且持之以恒①。这篇后记可分为三个部分。

第一部分阐述了念诵书写《文昌帝君阴骘文》的作用,劝导信众要坚持,认为随着念诵与书写时间的增长,功德也会增长,文中对此的观点是:两年业苦解除、四年福德自聚、七年子孙善幸、十年长命百岁、十五年心想事成、二十年功成名就、三十年神人增名、五十年天境地。②可见第四世阿嘉活佛已经将《文昌帝君阴骘文》的重要程度视为与重要的佛教经典一样,按不同的时间段念诵修持、持之以恒,就会获得不同的功德,进入不同的境界。

第二部分阐释了文昌神的来源、特征,及其在藏传佛教体系中的作用,作者视其为无量光佛的化身,并对文昌神造型形象与神职进行详细描述。文昌神在道教中的神职,据《历代神仙通鉴》中记载:文昌神上主三十三天仙籍,中主人间寿夭祸福,下主十八地狱轮回。③所以文昌神在道教是一位大神,主宰人间功名、禄位,所以古代儒生相对于其他神,更加崇拜文昌神,认为膜拜他可以保佑自己高中状元,这一宗教行为在当下依然盛行。文昌神在传入藏地之后被藏族信众视为"黑文殊菩萨"的化身,而文殊菩萨在佛教中被视为智慧之神,藏传佛教信徒又对文殊菩萨有着极高的崇拜,许多信徒经常念诵文殊咒语,藏传佛教大师们处心积虑,用黑文殊菩萨的化身替代文昌神,这一举动正好符合民众的信仰需求,顺应了信仰的愿望④。因此,上文所说在藏传佛教神灵体系中,文昌神的神格高于二郎神,其原因就是从藏传佛教文昌神信仰层面来看其在藏族信众中的功能和作用,依然保持了其在道教神灵体系中的神格。

第三部分主要阐述了作者将蒙文版《文昌帝君阴骘文》翻译成藏文的缘由,以及他本人不擅翻译,其中一些错误的地方,还望阅者能"取其精华、去其糟粕"。希望因此善书而生起善业,众生能战胜罪业,幸福安乐。

道教善书《文昌帝君阴骘文》由汉文翻译为蒙古文后,又从蒙古文翻成藏文,随后对藏族的宗教行为产生了巨大的影响。该书从汉族地区传播到蒙、藏地区,进而对这些地域的藏传佛教信众产生了"劝善"效应,"翻译"在其中起到重要作用。对于"翻译",诠释学家伽达默尔曾说:一切翻译就已经是解释,我们甚至可以说,翻译始终是解释的

---

① 看本加.道教文书《文昌帝君阴骘文》的藏文译本[M]//西北宗教论丛:第4辑.兰州:甘肃人民出版社,2014.
② 同上.
③ 黄枝生.文昌帝君[M].成都:巴蜀书社,2000:319.
④ 看本加.文昌神信仰在安多藏区传播的历史及原因分析[J].青海民族研究,2014,25(2).

过程，是翻译者对先给予他的语词所进行的解释过程。所以翻译这一例子使我们意识到语言性是相互了解的媒介。① 文本表述了一件事情，但文本之所以能表述一件事情，归根到底是解释者的功劳。文本和解释者双方对此都出了一份力量。……我们所指的其实乃是理解文本本身。但这就是说，在重新唤起文本意义的过程中解释者自己的思想总是已经参与了进去。就此而言，解释者自己的视域具有决定性作用，但这种视域却又不像人们所坚持或贯彻的那种自己的观点，它乃是更像一种我们可发挥作用或进行冒险的意见或可能性，并以此帮助我们真正占有文本所说的内容。② 其中"解释者自己的视域"也就是所谓的"视域融合"，对文本翻译后的传播效应起着决定作用。换言之，在如何协调原文本身视域与解释者视域融合方面，以及文本原义在特定时期所起的作用或影响，解释者的视域起着掌控作用。第四世阿嘉活佛的《文昌帝君阴骘文》蒙译藏版，就是在藏传佛教文化的视域中对已经蒙古化的《文昌帝君阴骘文》进行再次诠释，从而符合藏族的信仰文化内质，进一步推动藏传佛教文昌神信仰在安多藏区的发展。

二、藏传佛教文昌神祈愿文的类型及其特点

自青海塔尔寺寺主第四世阿嘉·洛桑加央嘉措将道教的《文昌帝君阴骘文》从蒙古文翻译为藏文之后，藏族高僧大德们如尖扎地区赛赤活佛洛桑丹贝尼玛等人，在此基础上用藏文撰写了众多的文昌帝君祈愿文、赞颂词等，并迅速得到信众的认同。在民间广为流传的现有五世达赖阿旺罗桑嘉措(1617—1682)的《酬补祈供上神尤拉法》；拉卜楞寺寺主嘉木样二世晋美旺布(1728—1791)的《赤噶尤拉祭祀文》；塔尔寺寺主阿嘉·洛桑加央嘉措(1767—1816)的《祭祀、会供瑜伽厉神赤噶尤拉法·圆满时之祥云》与《祷祀、佑护佛法众战神之王——厉神尤拉·新圆满时之祥云》；隆务寺高僧堪钦格敦嘉措(1679—1765)的《大神赤噶尤拉现观忏悔、礼赞、敦请仪轨·如意至宝》；夏琼寺色康巴洛桑丹增嘉措(1780—1848)的《大神尤拉祭祀文》等。其中赛赤活佛洛桑丹贝尼玛所撰写的《文昌帝君祈愿文》是具有代表性的祈愿文之一，我们借用该文中一段来看它的撰写思想，翻译大意如下：

吉祥福瑞滚滚黄河滨，汉藏边界瑜伽出生地，所驻尤拉厉神迎请之，不停立即莅临至此地，所想一切如愿能实现……所做一切罪孽请宽恕，正如母亲对待己女儿，为了从容行事请落座，密宗咒语手印和定力，来自法界真谛之神力，使您满意内外之供品……酬谢曾经托付之事业，提醒现今护佑而献之，献给以后事业之成功，依止厉神文昌之心意，瑜伽所思所想一切事，请勿懒惰疏忽与懈怠，所想即刻努力使圆满……吾向大神您

---

① 伽达默尔.诠释学Ⅰ、Ⅱ：真理与方法[M].洪汉鼎,译.北京：商务印书馆,2010:540.
② 同上。

祈祷赞颂,彻底清除违缘障碍和一切魔障等无数敌人,赞颂尤拉主从眷属等,阻挡一切灾祸和意外……①

这一段祈愿文讲述的是青海藏区迎请文昌帝君(阿尼尤拉)以及神职功用,并对此进行赞颂,文中"密宗咒语手印和定力"明确指出文昌帝君与佛教密宗的关联,"瑜伽""圆满"等词的出现也说明"佛道融合"的观念。

塔尔寺寺主阿嘉·洛桑加央嘉措撰写的祈愿文,则对文昌神的来历及其在藏区的传播现象进行阐述。如:

显现,怙主无量佛和本尊莲花王智慧——治理世间之王的形象,赞扬在其传记中十七世连任大臣,并因利他而达天神之位,今在大支那(即中国)被奉为文化守护神,我等一切黄帽(指格鲁派)教派之主,怙主达赖师徒二人撰有祈供此守护神的文章,尤其是与格鲁派之明灯——大法台嘉那巴·洛桑丹贝尼玛、贤哲转轮王东索南嘉措二人如影随形,故成为遵命照办的守护神。二位圣贤撰写的祈供此神的祈愿文,从卫藏之地到东方大海之滨,成为许多活佛高僧、达官显贵以及僧俗民众日常念诵的经文,对此神的成就笃信甚深,因故如此努力供奉。②

阿嘉·洛桑加央嘉措认为中原内地道教中的文昌虽然地位崇高,是"治理世间之王的形象",但他的智慧来自"怙主无量佛和本尊莲花王",文昌帝君被封为"文化守护神"的原因是"十七世连任大臣,并因利他而达天神之位"。文昌神进入藏传佛教神灵体系后被藏区信众视为守护神,藏传佛教高僧大德们撰写了数篇祈愿文,至此,"从卫藏之地到东方大海之滨",文昌帝君作为藏区的护法神,"成为许多活佛高僧、达官显贵以及僧俗民众日常念诵的经文,对此神的成就笃信甚深,因故如此努力供奉"。

此外,具有代表性的还有青海省化隆县夏琼寺高僧哈萨纳丹巴坚参所撰写的祈请文,该文视文昌神为文殊菩萨的化身,如"在此向文殊菩萨的化身,守护保卫汉地边疆的厉神汉地大皇帝天子,成就威力比其他神速者献供"③,而在体现"佛道一体"时,其祭祀行为的忌讳如"祭祀者要忌讳黄牛的血和肉,连一点儿气味都不能碰"④说明了文昌帝君与佛教的联系。至于请神时的祭祀文:"喂!汉地赤噶翰巴宫的厉神,文昌尤拉及眷属,心情迫切邀请之,不要驻留快速至此地,具三恩根本上师,无数怙主先辈法王,按其嘱托兴教立业,快速莅临此地,曾到汉川求学,后在四川任君王,今为汉藏边界赤噶之地,保护神及眷属至此地。"⑤文中的"赤噶之地"即现在的青海贵德地区,

---

① 看本加.安多藏区的文昌神信仰研究[M].北京:民族出版社,2014:111-113.
② 看本加.安多藏区的文昌神信仰研究[M].北京:民族出版社,2014:114.
③ 看本加.安多藏区的文昌神信仰研究[M].北京:民族出版社,2014:118.
④ 看本加.安多藏区的文昌神信仰研究[M].北京:民族出版社,2014:118.
⑤ 看本加.安多藏区的文昌神信仰研究[M].北京:民族出版社,2014:118.

反映了当地这一时期信仰文昌帝君的浓厚氛围。

除了藏传佛教的高僧，在藏族民间信仰中也流传着关于文昌帝君的传说：祭祀位于缓缓流淌的大河之滨，位于巴则雪山之巅，位于果拉斗拉沟的汇合处，位于八神殿的上空，位于白色宫殿之内，位于蓝砖青瓦的宝座，位于翠绿色宫殿的赤噶翰巴之王——阿尼尤拉！位于上方印度的噶哇梓潼，位于下方汉地的美如梓潼，位于雪域藏地的翰巴梓潼，祭祀一千屠夫的首领，穿各种黑色美裳，品众多黑山羊血肉，骑白骡、长有风轮的翅膀、瞬间莅临身边、呼三次绕三匝、神速的翰巴尤拉、金册金印的主人、银册银印的主人、契约官印的主人、论斤评两的主人、掌管度量的主人、厉神赤噶阿尼尤拉！[①]

"阿尼尤拉"一词中的"阿尼"为对老年人的尊称，类似"爷爷""男性祖先"，"尤拉"则为地方保护神，在藏语中"尤拉"是地方保护神的神职称呼而非指代具体的某一神灵，二郎神也是"尤拉"的一位。从"阿尼尤拉"这一称谓可知，安多藏族信众一方面视文昌神为地方保护神，把他和二郎神等一起纳入地方保护神灵体系之中；另一方面称文昌神为"阿尼"，反映藏族民众视其为祖先，希望其能保护自己。

这段传说带有明显的民间信仰元素，虽没有像藏传佛教高僧大德所撰写的祈祷文那样鲜明地标注文昌神与佛教的关联，也没有涉及对文昌神信仰起源、传播历史、功能等描述，但以神话故事的视野描绘了文昌帝君生活的场景以及装扮、饮食、神职等。相较于佛教高僧大德对文昌帝君所赋予的消灾灭罪的保护神形象，其在民间信仰中的形象塑造则表现出有别于宗教文化视域中的形象，是具有综合性神职的大神形象，在民间信众眼中他是无所不能的，其神职范围超过了藏传佛教神灵体系中文昌帝君的神职。

三、译本及祈愿文中的"佛道共存"思想

藏族高僧大德们翻译《文昌帝君阴骘文》为藏文并根据自己对这一"劝善书"的理解，撰写出了多篇文昌帝君的祈愿文、祭祀文等。那么，这一时期的藏族高僧大德们将文昌帝君这一道教神灵信仰文化移植到藏传佛教信仰体系之中体现了什么文化现象呢？

就蒙译藏版《文昌帝君阴骘文》的文本翻译而言，"翻译"本身就体现着含有作者本人思想的再创造。借鉴诠释学家伽达默尔关于"翻译"的观点：在对某一文本进行翻译的时候，不管翻译者如何力图进入原作者的情感思想或是设身处地地从原作者角度思考，翻译都不可能纯粹是作者原始心理过程的重新唤起，而是对文本的再创造，而这种再创造乃受到对文本内容的理解所指导。[②] 译者以藏传佛教的视域来翻译道教《文昌帝君阴骘文》文本，虽然尽可能最大程度上保留了其文本原义，但藏传佛教文化在所翻译

---

① 看本加.安多藏区的文昌神信仰研究[M].北京：民族出版社，2014：119.
② 伽达默尔.诠释学Ⅰ、Ⅱ：真理与方法[M].洪汉鼎，译.北京：商务印书馆，2010：542.

的文本中必然显现。翻译所涉及的是解释，而不只是重现。①对《文昌帝君阴骘文》的翻译并不是纯粹的重现式翻译，严格意义上说是再创造的过程。道教文昌帝君信仰自传入藏区以后融于藏传佛教宗教信仰体系中，其宗教文本的翻译用词、祭祀仪轨的形式、文昌帝君的造像都与藏文化以及所处地域民间信仰文化结合，道教文化与藏族宗教文化有机结合，在安多藏区等地域产生出了新的宗教信仰文化模式——"佛道共存"。

自后弘期之后，藏族主流的宗教信仰为藏传佛教，其次为本民族的原始宗教苯教，它在局部地区流传。明、清时期由于屯军、移民等政策，汉族将中原内地的道教神灵关公、文昌神、二郎神等信仰带到边疆多民族聚集地，被藏传佛教所吸纳，并获得广大藏区信众的崇拜，其原因之一为道教文化中有满足现实生活种种需求的功能，而藏传佛教教义主要强调的是来世，满足藏族信众对来世、现世解脱等方面的精神上的需求，缺少满足民众现实生活中实用性的需求。道教的文昌帝君等神灵的出现解决了这一问题，他们关注于民众当下生活与现前利益，能满足现实需求，如遇事占卜吉凶祸福、保佑平安、保佑学业等，填补了明、清之际藏族地区群众信仰领域无法解决现实生活需求的空缺。因此，历史上安多藏区藏族高僧大德以多种途径，如翻译道家经典、撰写祈祷愿文等，将道教文昌帝君、关帝等信仰引入藏族地区，并得到当时藏族、土族等族群民众的积极响应和广泛传播，并影响至今。如今，文昌帝君信仰在安多藏区等藏文化辐射地区发展迅猛，不仅仅是在老年群体中，在中青年藏族、土族、蒙古族群众中也受到广泛推崇。

综上所述，身处藏文化圈中的文昌帝君、二郎神、关帝等道教神灵信仰，是对藏传佛教信仰功能立足于民众实际需求的进一步补充，从逐渐取代苯教占据主体，到吸纳汉族道教，显示出藏传佛教文化自身的净化与演化能力。至此，安多藏区藏文化圈中的信众宗教信仰形成了藏传佛教管来世、文昌帝君信仰管现世这样一种相辅相成、双轨并行的"神佛共存"宗教文化体系。

此外，在"神佛共存"宗教文化形成的同时，考察该现象出现的地域的寺院管理机制，也会发现藏传佛教中的道教神灵信仰以民间性为主。一方面文昌帝君信仰在安多等藏区的传播和发展得力于当时藏传佛教诸派别中占据主要影响力的格鲁派高僧大德的大力推崇，如文本的翻译者，文昌帝君祈愿文、祭祀文的撰写者们，所以文昌帝君进入藏传佛教神灵体系中被推广可以说是自上而下的一种行为，而非民间自发行为，应该说从这一点上文昌帝君在藏传佛教神灵体系中具有较高的神格。但另一方面，对于吸纳道教文化进入藏传佛教的现象，藏传佛教在一些具体举措上却显示出理想与现实的差异，文昌帝君在实际传播过程中较多时候是被视为民间信仰神灵的一种，而非藏传佛教中的大

---

① 伽达默尔.诠释学Ⅰ、Ⅱ:真理与方法[M].洪汉鼎,译.北京:商务印书馆,2010:542.

神，这从其庙宇的附属管理机制中可见一斑。如作为青海规模最大的贵德县文昌庙虽然在其庙会活动中有藏传佛教僧人参与，却不隶属于当地的任何一座藏传佛教寺院管理，而是由村委会进行管理，这种管理机制反映出其实质上还是民间信性质。再如青海化隆县的卡夏德文昌庙虽然是由夏琼寺代管，但这只是名义上，实际还是由当地村民进行日常管理。

但就以安多藏区为代表的这类"神佛共存"现象本身的意义来说，体现了藏传佛教信众在现实中的精神追求与现实物质生活追求之间的某种矛盾。人既有精神层面对来世、出世的宗教信仰需求，也有对现实世界物质生活的诉求。宗教的社群意义逐渐为个人所代替，而个人所需求的无非是现实的种种问题之解答与满足，这就是功利主义趋势的肇始。[①] 关于精神需求与物质需求两者的关系，后者往往是前者的前提条件，现实生活是人们关注的主要对象，世俗生活中的吉凶祸福与众多利益的诉求与人更加直接相关，这也是汉族道教神灵文昌帝君能在藏文化圈辐射区的藏传佛教神灵信仰体系中，被藏传佛教信众认同与信仰的缘由之一。

第二节
个案研究——贵德县文昌信仰特殊性调查

藏传佛教在青海省贵德县信众的宗教构成中占据主导，但该县汉藏两族群众对汉族道教神谱上的重要神灵文昌神、二郎神信仰广为接受，且道教文昌神与二郎神的庙宇在当地是以藏传佛教活动场所身份出现。面对相同的神灵，汉藏两族却有着不同的信仰文化，这一信仰文化的区别使得贵德县如同上文所说，藏传佛教与道教其实是处于若即若离的状态。本节从文昌神信仰的起源与发展入手，结合文昌信仰在贵德县多民族文化系统中的移植与重构现象，探讨这一现象的表征与出现缘由。

一、文昌信仰的流变

文昌信仰的起源最早可追溯到先秦时期，远早于二郎神的出现，其历史悠久，是中国古人对星宿神灵中"辰神"信仰的一部分。《周礼·春官》《文献通考》等文献记载了先秦时期对"辰"的看法，所谓"辰"就是每年都与日、月交会，同时出现在天空之中的天体，而"星"则是不能与日月交会的天体。"辰神"系列中的北辰神在先秦时期被称为文昌，主管神灵吏部和礼部，是一位大神。文昌神在汉代的神职不断扩展，依据《汉

---

① 李亦园.宗教与神话[M].桂林：广西师范大学出版社，2004：27.

书·天文志》《史记索隐》《晋书·天文志上》等历史文献记载可知,文昌神所司的事务有主文教礼乐、主寿命长短、主官位升降等。文昌神的神职在汉代以后的漫长历史发展中出现了分化,如消灾、掌管寿命等部分神职逐渐被其他神灵取代,最后仅仅保留禄籍之职。

文昌神信仰的一个特别现象就是与巴蜀地区民间信仰中的梓潼神信仰结合,成为后世士子的保护神。

民间信仰中,信众对文昌神的全称为"梓潼文昌帝君"。历史上文昌神与梓潼神是形象与神职截然不同的两位神。梓潼神原型是四川梓潼县的地方守护神,是雷神与蛇神的结合体。据考梓潼神乃龙系巴人的族神,一称潼河大帝,一即唐以前的"壁山神"(辟山神)。他是大巴山的蛇神,由巴山神写为辟山神,又讹为壁山神。亦即道教神仙中的"浮丘伯";"浮"即涪,襃的音写。见于安岳与大足唐宋石刻的浮丘大士形象,似尖嘴雷神而手握一龙。[①] 梓潼神初期以龙蛇之神的形象出现,长期作为四川地方原住民的图腾或者保护神,在发展后期又与一当地英雄人物张亚子的形象重叠。

史载:东晋宁康二年(374年),巴人张育自称蜀王,建元"黑龙",在抗击前秦政权作战时战死。后在梓潼郡七曲山建张育祠,尊奉其为雷泽龙神。张泽洪先生认为,其时七曲山另有树神亚子祠[②],因两祠相邻,后人将两祠神名合称张亚子,实为《晋书》所载张育之事[③]。后又演化为梓潼神。至于主金榜题名的文昌神和与主武功忠孝的梓潼君合二为一,丁培仁先生认为滥觞于唐,兴盛于两宋[④]。最终将民间信仰神灵梓潼神与文昌神整合为一体得力于道教的推动,通过两位神灵的整合,道教文化扩大了在文士中的影响力,这也是地方性民间神灵进入正式宗教神灵信仰体系的一条路径。据考证:在《道藏》中,首先将梓潼神张亚子与文昌星融为一体而著经立说的,是南宋蜀中道士刘安胜录下的乩文《文昌大洞仙经》。[⑤]

面对"梓潼文昌帝君"这样一位具有广泛信众又有道教正统身份且神职明确的神灵,历代政权统治者希望利用其精神抚慰的功效,用"宿命论"来掩盖古代科场的不公以及官场失意士人的不平。所以历代政权统治者都对其有加封,提高其神格,如到元仁宗延祐三年(1316年)封梓潼神为"辅元开化文昌司禄宏仁帝君",标志着梓潼神与文昌神合二为一,俗称文昌帝君。在明代弘治年间,礼部尚书周洪谟等人认为梓潼神作为地方性民间信仰神灵,地位低下,不配在京师奉祠,这是为了维护儒家形象,抵制低等神灵

---

① 王家祐.梓潼神历史探微[J].中国道教,1988(7).
② 据《华阳国志》,其原名垩子,俗作恶子,恐为雅善之见,改作亚子。
③ 张泽洪.道教文昌帝君述略[J].文史杂志,1993(4).
④ 丁培仁.明道藏有关文昌梓潼帝君文献考述[J].宗教学研究,2004(3).
⑤ 王兴平.刘安胜与文昌经[M]//王光平,黄枝生,耿熹.中华文昌文化:国际文昌学术研究论集.成都:巴蜀书社,2004.

被儒家士子膜拜。但即使如此，士人对"梓潼文昌帝君"的信仰依然盛行，全国各地的文昌庙香火从未中辍，每逢二月初三梓潼神诞辰，各地还会举办"文昌会"。到清嘉庆年间，皇帝又颁诏将梓潼文昌帝君列入祀典，在京城地安门外重修文昌庙①。

二、青海省贵德县文昌神信仰个案解读

现文昌神在贵德县开展宗教活动的场所是河西文昌宫。② 它始建于明代（1590—1600年），据民国时编修的《贵德县志稿》记载："文昌宫在县城西十二里古边墙外，依山傍岭，河流萦绕，汉番信仰，土民供奉，每逢朔望，香烟甚盛，有事祈祷，灵应显著，旧为汉番祈福消灾之所。"③ 但按照当地藏族民间的说法，此庙原于明成祖朱棣永乐年间所建，是格鲁派宗喀巴大师的经师东主仁谦活佛倡建，这座庙现在藏语中称"赤嘎优拉康"。

清同治六年（1867年）河西文昌宫在回民变乱中毁于兵灾，后于同治十三年（1874年）至光绪二年（1876年）重建，1958年再次被破坏，后于1982—1995年在旧遗址上按原规模复建，全部殿堂依山势辟三个平台而筑，为典型的台级式寺观，2001年又修成山门的排楼。④ 从山门望之，山门修建于第一个平台，顺势而上的第二个平台三面修有楼阁。东楼为魁星阁，塑有常见的魁星站像，脚踩鳌头、足撑七星，当地百姓凡有官司总要到魁星爷前祷告，祈求公平裁决；北楼为火祖阁，塑有火神、牛王、马祖三座像；南楼为娘娘阁，塑有王母娘娘、送子娘娘、献花娘娘三座像。文昌神正殿修建于三平台上，为重檐歇山式大殿，高10米，正面阔5间，进深8米，殿顶为琉璃脊，屋面盖琉璃瓦；殿内塑有文昌帝君的坐像，两侧塑有天聋、地哑两位侍从的立像。

文昌神信仰在青海省贵德县之所以形成特色，缘由之一就是结合当地多族群宗教文化特点展示了"多元一体"的宗教信仰文化现象，一方面沿袭保存了自明清时期当地汉族对道教神灵信仰的风俗；另一方面，在与周边多族群文化互动过程中，汉族的道教神灵被移植吸纳到当地藏、土族宗教信仰体系中，在进行文化移植的时候受到各族民间信仰的影响发生了重构。

文昌神被藏族称为"阿米域拉""阿米尤拉"，其意为地方守护神灵，贵德县信众多采用汉族习俗将文昌帝君称为"文昌爷"。从安多藏区整体的文昌帝君信仰历程上看，其发展线路可以总结为：藏族群众因为文昌神能够满足日常生活中的实际需要而广泛接

---

① 祝尚书.科举守护神"文昌梓潼帝君"及其社会文化意义[J].厦门大学学报（哲学社会科学版），2009(5).
② 据当地人介绍，贵德县原本共有三处文昌庙。其他两处，一处在城关西大街，如今只剩两棵柳树；一处在河西乡贡拜村，亦已修复。
③ 姚钧.贵德县志稿:卷二[M].宋挺生，校注.西宁:青海人民出版社，2020:145.
④ 河西乡刘屯村旧时也有一座二郎神庙，20世纪60年代被毁，当地村民也有人在倡议重建。

受他，就如上文所说从解决来世问题变为解决现世问题。民间信众对文昌神的广泛信仰需要藏传佛教的上层给予其官方身份的认可，因此藏传佛教的高僧大德们采用翻译经文文本，撰写祈愿文、祭诵文等形式从佛教义理的角度赋予其护法神的神职。如此，一方面可满足民众对现实生活的需求，通过增加藏传佛教神灵类型的方式扩大佛教在信众中的影响力；另一方面，藏传佛教在多民族文化地域传播时，为维护佛教在当地具有的崇高地位，善于将当地原有的其他民族宗教神灵、民间信仰中的神灵演化为带有佛教文化色彩的护法神。

文昌神与藏传佛教之所以形成关联，是因为文昌神对藏传佛教高僧的庇佑的事迹在贵德县民间广泛流传，并且这些事迹被写成了文昌神的多种赞颂文，其内容与当地流传的阿嘉活佛朝拜皇帝时受文昌神护佑躲避灾难，为酬神在贵德县建文昌庙的事迹相似。现在当地流传的文昌神祭诵文，为了赋予它官方的身份，其作者多为藏传佛教高僧。且不论真伪，但这一行为说明文昌神得到了藏传佛教上层的认同。具有代表性的赞颂文有三世阿嘉活佛撰写的《文昌帝君煨桑祭祀诵辞》等。

文昌神被纳入藏传佛教神灵体系后，其身份被认为是藏传佛教中的文殊菩萨——黑文殊的化身，是神格较高的文化保护神，其造型采用了骑青狮的文殊菩萨形象，手持象征智慧的宝剑。既然是以文殊菩萨的化身与形象出现，文昌神在藏传佛教体系中的神格明显高于二郎神，具有崇高的地位。由于藏传佛教上层的官方支持，其信仰在安多藏区等地域得到了藏族、回族、汉族、土族等族群众的广泛接受，这片土地上的文昌信仰长盛不衰，他在各民族的现实生活需求和精神祈求中扮演着极其重要的职能角色，同时由于他身处藏文化圈，其形象与配属神灵也发生了重构。以贵德县河西乡文昌宫为例，其现被登记为藏传佛教活动场所，设有经堂，会有苯教法师诵经。主殿内的文昌帝君造像采用了汉藏结合的方式，其头冠、发髻、面相等采用了汉族所供奉的文昌神造像形象，身上的服装则为典型的藏传佛教僧侣所穿的袈裟款式。该庙中文昌神的配属神灵，出现了藏传佛教神灵造像，如马头明王、黑文殊菩萨等。此外，由于文昌帝君带有浓厚的民间信仰色彩，庙中的神灵配属也带有强烈的地方民间性特色，出现了土地爷、山神等民间传说中的神灵形象。

通常在文昌庙大殿的正门上方都会挂有"文光普照""永佑一方"的匾额，说明文昌神具有两种神职，即庇佑取得功名禄位与保佑地方安宁，所以在安多藏区的藏族、土族、汉族等民族信众的观念中，文昌神的神职之一是士人保护神，但在这一职能出现之前是以地方保护神的形象出现，与梓潼神具有类似神职，成为地方的保护神之一。由此可见，文昌神是一位大神，他可以满足信众对现实生活的多种祈求，起到精神安抚作用。现今，我们可以看到贵德县信众们进庙祷告的诉愿五花八门，如求升学、求子、求晋升、求病愈、求姻缘、求平安、求官司能赢等。

汉、藏信众在文昌庙的日常祈祷仪式有所不同，除了都有的磕头形式，藏族群众采用的是藏传佛教日常祈祷的宗教活动行为，如手持念珠或转经筒"转经"，在文昌大殿内绕走三圈，口中念文昌经或者是藏传佛教六字真言"唵嘛呢叭咪吽"，汉族群众则如汉族传统道观佛寺祈愿那样先许愿后磕头，后绕主神像一圈，再祭拜别的神灵。有时庙方在一些特定的日子会专门请苯教法师来念经，但汉藏信众们在绕圈转经时，依然按照藏传佛教仪式沿顺时针方向进行，没有出现苯教仪式那样的逆时针方向进行"转经"。在开展文昌神宗教活动的时候，在贡品方面也出现汉藏文化的差异。汉族信众是点香烧纸，贡献水果糕点等物品，藏族群众是藏传佛教的点酥油灯和"煨桑"，其中"煨桑"分为"素桑"和"荤桑"两大类，"素桑"原料为柏树枝、糌粑、乳汁、奶渣、酥油、冰糖、蜂蜜、蔗糖，"荤桑"为焚烧的鸡羊等肉类。鉴于如此多种宗教活动行为，河西乡文昌宫设有多种祭器，如煨桑炉、化纸炉、香炉、酥油灯架，院中还竖立藏族传统风俗的五彩经幡。汉藏两族对文昌神的祭拜仪式还有一个显著区别——酹酒献祭，就是藏族信众将白酒瓶倒入缸中，或者煨桑时将酒倒入桑料中，他们认为神喜好酒，这样可以更加博取神的喜悦，这在中原内地的汉族文昌信仰仪式中是没有的，但在藏传佛教寺院的护法神供养仪式中却很常见。在重大节日里，文昌庙的庙方还会请出藏传佛教仪式中的白海螺，吹法号，挂经幡，挂风马旗。汉族文昌信仰的宗教活动对安多藏区的影响还有"签卦占卜"，藏区的文昌殿前都备有和汉地寺庙一样的灵签，信徒许愿磕头后用摇签筒向大殿主神文昌神请教，解签词有汉文和藏文两种版本，分108条，藏文版的来源是藏族流传已久的占卜书《文殊占卜书·幻术之镜》，这从另一个侧面说明文昌神是以藏传佛教文殊菩萨化身的身份在贵德县多民族文化系统中被认可。

第三节
安多藏区文昌神的三种造像图像与四种供奉体系

四川梓潼县一带的地方神梓潼神在道教的支持下，与先秦时期就出现的"辰神"文昌星结合，逐渐成为道教神灵体系中的一位重要神灵，主管人间禄籍与文运。后流传至藏区，在安多藏区的部分地区被信仰，称为"阿尼尤拉"。这一藏语称谓包含两个含义：其一，"尤拉"在藏语中意为地方神，说明文昌神被纳入地方保护神灵体系；其二，"阿尼"（即祖父）这一称谓被放置在前面，说明当地藏族民众对其的崇拜，类似对祖先的尊敬。

安多藏区宗教信仰主要是藏传佛教和苯教，汉族文昌神信仰在此传播过程中，出现了信仰文化的移植与重构现象，以其健全完整的神灵信仰体系、系统的宗教仪式、正规的信仰场所得到了该地域多族群民众的认同,其最重要的独特性还表现在出现了三种造像图像与四种供奉体系。

一、安多藏区的文昌神信仰分布状况

文昌神信仰主要分布在安多藏区东部的部分区域。具体为：青海省海南藏族自治州的贵德、贵南、共和、同德、兴海五县；黄南藏族自治州的同仁、尖扎两县；海东市的化隆县；西宁市的湟中县；海北州的天峻县。接壤的甘肃省甘南藏族自治州夏河县的村落也有信仰文昌神现象。

在这六个藏区中，文昌神信仰规模最大的是青海省海南藏族自治州，共有贵德、贵南、共和、同德、兴海五个县，其中较为集中的是贵德、贵南、共和三县，其他两县也有零散分布。海南藏族自治州也是文昌庙宇较多的地区，多数集中在贵德县境内，该县大约有十余座文昌庙，规模较大的有河西乡贵德文昌宫，还有贡拜村文昌庙，规模较小的分布在河东乡贡巴村、麻巴村、哇里村、杰伟村、太平村、周家村以及新街乡的上卡岗村、陆切村。此外，在二郎神庙宇中也出现了文昌神造像，如贵德玉皇阁、东沟乡周屯二郎庙、河西当车二郎庙等。贵南县也有数座文昌神庙宇，分布在所辖茫曲镇、茫拉乡下洛哇村、郭拉村沙沟乡唐乃海村、过马营镇过马营村等。共和县境内现存有3座，一座位于恰卜恰镇幸福滩乡，一座在东巴乡加隆台村，另有一座位于海南州府恰卜哈镇。其余在兴海县县城附近、同德县巴沟乡森多村各有1座。

海东市的化隆县位于青海省东部，西与贵德、湟中接壤，东与民和县相连，南靠循化、尖扎县，北与平安、乐都区相邻。虽然文昌神信仰在该地区的汉藏民族中流传，但是文昌庙数量很少，在当地为数不多的文昌神庙中卡夏德寺是化隆县最大的一座庙，也是安多藏区除贵德文昌宫外最大的文昌庙。

黄南藏族自治州的文昌神信仰主要分布在同仁、尖扎两县，和海东市的化隆县一样，虽然信仰文昌神，但专门供奉文昌神的庙较少。除了同仁县的隆务村以及苏乎日村有文昌神庙，该县的其他地方没有专门的文昌神庙，但在二郎神庙或其他庙里有文昌神像或壁画，民众家中也供奉文昌神画像，作为日常的祭祀对象进行祭拜。同样的现象还出现在尖扎县，文昌神信仰主要分布在直岗拉卡、康杨两镇，这里也没有专门的文昌神庙。因此，尖扎县信徒多会至海东市化隆县的夏琼卡夏德寺朝拜。

从上述文昌神信仰分布的地域特点来看，文昌庙集中分布在农业区和半农半牧区，如海南藏族自治州等，纯牧业区的黄南藏族自治州等地区几乎没有文昌庙。另出现这一现象可能与当地的民族格局有关，多民族杂居的地区文昌信仰浓厚，如贵德县、化隆县有回、汉、蒙古、藏、土等十余个民族信仰文昌神。

二、安多藏区文昌庙宇中的神灵供奉体系与神灵的特征

(一) 神灵供奉体系

安多藏区文昌庙的建筑布局形式有四种，分别是独立文昌庙、与佛教寺院合建的庙宇、与玛尼康等合建的庙宇、村庙。因而，随着主体建筑规模和等级的多样化，文昌神供奉体系也发生变化。

第一种：独立的文昌庙内的神灵供奉体系。这类文昌庙规模相对宏大，其内供奉的主尊神灵为文昌神，殿内配属其他诸多神灵，集藏传佛教神灵、民间信仰神灵集于一堂，体系庞杂。以海南藏族自治州贵德县文昌宫供奉的神灵体系为例：

文昌宫(图7)全部殿堂依山而建，作为一座典型的依山而建的阶梯式庙宇，它在山体开辟三个平台形成台级式的寺观。顺阶而上，山门修建在第一平台，上有题写"文昌宫"的匾额，穿过山门，是题写"文治光华"匾额的牌坊。庙宇主体建筑从第二平台开始修建，在二平台上，三面修建楼阁，东楼为魁星阁，有阴阳两面，阳面是脚踩鳌头、足撑七星的魁星站像，藏语称为"翰巴梓潼"，阴面为黑文殊菩萨塑像，反映出当地族群信众视文昌神为魁星与文殊菩萨的化身。南、北两角修建的钟鼓楼为传统汉地庙宇道观布局。北楼佛堂墙上挂有文昌神和藏传佛教部分神灵的唐卡，无塑像，旁边小殿里有民间信仰神灵八扎爷、药王爷、千里驹的造像，挨次修建的火祖阁也供奉有民间信仰神明火神、牛王、马祖三座像。北楼对面的南楼为娘娘阁，有王母娘娘、送子娘娘、献花娘娘三座塑像，旁边有两间小殿供奉万里云、羊师大将(藏语：翰巴拉果)。在最高的第三座平台上就是歇山顶式的文昌大殿，殿门上方题写有三块匾额，"文昌宫"居中，左

图7 贵德文昌宫外观

右为"神明远著""永佑一方"。殿顶为琉璃脊,覆盖琉璃瓦。文昌帝君坐像两旁塑有"天聋""地哑"侍从站立像。大殿左侧小殿造像从右至左为土地、赵公明、二郎神、城隍、山神。大殿右侧小殿造像从左至右为阿尼加神、红善开路、天帝、龙王。这里面既有藏传佛教神灵,又有民间信仰神灵,每座像都用藏、汉文标明神灵称谓,殿内最里面还有传说中的文昌帝君父母坐像,其顶部有一座小的佛祖释迦牟尼铜像,说明了佛道共存的现象。

第二种:与佛教寺院合建的文昌庙内的神灵供奉体系。这类文昌庙的显著特征是主尊以"佛道共存"的形式出现,文昌神与诸多藏传佛教神灵共同作为主尊被膜拜,如海东市化隆县卡夏德寺、共和县幸福滩乡福滩寺、贵南县茫曲镇幸福寺等。

化隆县夏琼卡夏德寺最为典型。卡夏德寺是由文昌神殿、护法神殿和卡夏德佛塔三个部分组成。在文昌神殿内供奉有主神文昌神,前方左右伴神为藏传佛教神灵翰巴梓潼和翰巴拉果(图8),殿门外侧壁画四位不知名号的道教神灵,据说为三国时期蜀国的张飞、关羽等四位大将,还绘有两位疑是当地守护神的神灵。在护法神殿内则是藏传佛教寺院的传统宗教题材,如宗喀巴三师徒、大黑天、马头明王、大威德金刚等。

图 8　化隆县夏琼卡夏德寺神灵布局示意图

第三种:与民间信众集资所建的诵经堂等合建的庙宇中的神灵供奉体系。这种类型的诵经堂也称玛尼康,这一类型并不多见,多以村庙的形式出现,所供奉的神灵体系混杂,为典型的多神教,庙内既有文昌神及其伴神,也有一些藏传佛教神灵。

黄南藏族自治州东北部同仁县苏乎日村的神殿为这一类型,此外还有贵南县洛哇村玛尼康等。苏乎日村神殿规模较大,为两层:第一层为地方保护神殿,内有五尊神像。位居中央的是阿尼玛卿(也读"阿尼玛沁")神,根据民间传说,他是青海的山神,在其低处有两尊地方保护神的小像,右侧是德合隆神,左侧是阿尼尤拉神。阿尼玛卿神的右侧是其子占堆，占堆神右边是翰巴拉果。阿尼玛卿神的左侧是其大臣阿尼隆布神①，再左边是翰巴梓潼，也就是魁星。四周的墙上绘有上述诸神灵集中在一起的壁画，文昌神出现的形式是造型不同的唐卡。神殿第二层供奉藏传佛教神灵如莲花生大师、宗喀巴三师徒等塑像。贵南县洛哇村玛尼康建筑布局为两殿，共五间房：正殿有四间，供奉莲花生大师、宗喀巴三师徒、雍增活佛等；侧殿有一间，供奉文昌神与伴神翰巴梓潼、翰巴拉果，整个神殿规模偏小。

第四种：村庙形式的神灵供奉体系。这类庙宇多出现于村寨一级，虽然规模较小，但是以供奉文昌神及其伴神为主，没有出现其他神灵形象的塑像，其他神灵只是以壁画等形式存在。通常是以单间的形式出现，偶尔会有三四间。一般由一个村或几个村修建。此类庙宇虽然规模较小但是数量很多。安多藏区的大部分文昌庙宇都是以这一形式存在，如贵德县贡巴村文昌庙、共和县加隆台村文昌庙等。贡巴村文昌庙在村庙中属于规模较大的，有三间房。庙内位居中央的是文昌神，神像的顶部有一座莲花生大师的小塑像，显示出神佛共存思想，主尊旁边有两尊小神像，是侍从天聋和地哑。文昌神伴神依然是传统藏式风格，左侧是翰巴梓潼，右侧是翰巴拉果。文昌神像后面的墙上还绘有黑文殊菩萨的壁画，庙内墙壁左边绘有无量光佛、阿尼神宝神、阿尼玛卿山神、战神四尊神灵的壁画，庙内墙壁右边绘有马头明王、阿尼加堂、文昌神及其双亲的壁画，并挂有文昌神唐卡以及班禅大师等活佛的图片。

从上述4种文昌神庙宇神灵布局来看，安多藏区文昌庙宇中主神的配置为文昌神及其伴神翰巴梓潼和翰巴拉果，其出现在多种样式的庙宇之中，以唐卡或者塑像、壁画的形式出现。当以主尊神灵身份出现的时候，神灵的供奉体系展示出信仰多元化特点，与其同处一室的既有黑文殊菩萨、马头明王、莲花生大师、宗喀巴大师等藏传佛教神灵，也有城隍、土地爷、王母娘娘、送子娘娘等道教神灵，还出现了阿尼玛卿、德合隆神、阿尼瓦旺、贡布直纳等地方保护神以及苯教神灵山神、战神等形象。由此，安多藏区多种形式的文昌神神灵供奉体系就反映出汉族道教神灵进入藏传佛教以后，在藏文化圈中"一身双像"所演化出的集藏传佛教、道教、苯教神灵信仰为一体的多元供奉体系构建。

（二）神灵的形貌特征

汉族道家神灵文昌神传播到安多藏区后，由于受到藏文化圈的多族群宗教文化影响，其形象也随之发生变化。由于存在地域文化以及上述文昌神神灵神格的差异，安多藏区的文昌神外貌特征大致可以分为三种类型：

类型一：汉藏合一式，如海南藏族自治州贵南县沙沟乡的唐乃亥文昌庙文昌造型（见图9）。庙宇中的文昌神呈现汉族文官的基本样态，采用坐姿，面部表情肃穆，身披藏式袈

---

① 民间传说中，山神阿尼玛卿有众多的伴神，犹如一个神灵王国的国王，他的下属有大臣、将军等。

袭，外系白色哈达，头戴汉族文人官帽，面色为金色，鼻子下方留有汉式黑色长须。常见造型为右手持剑，左手握有一物举于胸前，据当地人说是心脏，其原因不得而知，胸前挂一块刻有"宏"字的铜制胸镜。

图9　贵南县唐乃亥文昌庙内的文昌神

类型二：纯藏式风格，如贵德县贡巴村的文昌庙文昌神造像（见图10），造型望之犹如藏传佛教高僧莲花生大师。其表情相对于类型一的造像表情更加威严，也是坐姿，两手下垂扶膝，脸颊呈金色，双眼怒睁，眉毛似蚕，胡须为藏式胡须，双耳明显长于汉式造像，这一类文昌神头戴典型的藏式皮帽而非汉式官帽，同样也是身披绸缎藏装，胸前挂一块写有"宏"字的铜制胸镜。

图10　贵德贡巴村文昌庙内的文昌神

类型三：传统的汉族道教神灵式样，多出现于安多藏区的汉族集居区，如图11的贵德县上卡岗村文昌宫的主尊形象。

图11 贵德上卡岗村文昌宫的文昌神

通过观察以上所列举的安多藏区部分地域文昌神造像样式，可以很清晰地看到文昌神的形象分为佛道也就是汉藏合一式、藏传佛教式、汉族道教式三种类型，从艺术造型的角度诠释了藏传佛教文昌神"一身双像"的演化现象。例如在第一种类型汉藏合一式中，采用汉族道教文昌神的妆容，其头冠、脸颊、胡须都采取汉人样式，而服饰、铜镜采用藏传佛教神灵装扮；第二种类型藏式则将文昌神完全藏化，其形象如藏传佛教高僧莲花生大师；至于在贵德县汉族聚居较多的村落中出现的文昌庙神灵多为第三种类型，文昌庙内的神像与道教相同，但会夹杂着一些地域特色，如服饰、贡品种类等。第三种类型的文昌神庙宇数量相对于前两者来说较少，并且规模也小。

与文昌神"一身双像"现象相呼应的是其伴神——翰巴梓潼，其身份为道教中文昌神的伴神魁星。翰巴梓潼这一称谓来自藏语，"翰巴"为地名，为现今的贵德文昌宫所在地。"梓潼"一词来自文昌神的发源地"梓潼"，这也反映出该神灵人物汉藏结合的文化特征。在有些藏文祈愿文中也把文昌神称为"翰巴尤拉"，反映出其地方保护神的神职。

翰巴梓潼像（见图12）常见样式为身着黑蓝色或黑色衣服，面有三眼或者两眼，右手通常高举毛笔，左手持长条经书。怒睁双目，咧嘴，獠牙龇露，面呈愤怒相，红色头发直立，带有骷髅头冠，两耳佩带藏式大耳环，戴有白色或黄色项链，胸前挂一块写有"宏"字的铜制胸镜。其右脚踩一只鳌头，右腿朝后翘起，类似藏传佛教中的金刚像，因此有时也被视为护法金刚。翰巴梓潼是源自汉族道教魁星的基本造型，在其基础上进行藏化，变成了具有藏传佛教特点的神像。道教中的魁星在安多藏区的化身翰巴梓潼也说明了此神传播到安多藏区后，神名和造型都进行了藏传佛教和本土地域性文化的改造，以适应当地人的宗教信仰和文化发展的需要，也反映出道教神灵被吸纳到藏传佛教神灵体系后所产生的"一身双像"现象。

图 12　翰巴梓潼（藏式魁星）像　　　图 13　贵南幸福寺内的翰巴拉果（羊师大将）像

藏区文昌神配属的另一位伴神为翰巴拉果（见图 13），其原为苯教的神灵。藏文"拉果"意为"羊头"，所以翰巴拉果也称为羊师大将。此神展示给世人的是羊头人身像，通常呈站姿。外貌也为藏传佛教神灵愤怒相，脸部颜色有红白两种，其造型与翰巴梓潼类似，如怒目圆瞪，胸前挂一块中央写有"宏"字的铜制胸镜，獠牙外露。区别是羊师大将有时会里穿胸甲，外穿战袍，右手持三叉戟或者宝剑，左手握有心脏呈于胸前。羊师大将这一形象在道教神灵中并没有找到原型，他是在文昌神进入藏区后新增加的神灵，从其羊头人身造型特点上看具有苯教神灵的造型特征。藏族古文献《五部遗教·鬼神部》中记载了苯教神灵图腾样式："1. 人身源（羊）头的年陶杰瓦；2. 人身公鸡头的年藏托杰；3. 人身狼头的年喀羌杰……"① 另外，《西藏的神灵和鬼怪》也提到动物头人身的苯教神灵造型：苯教中被崇拜的龙神形象不是动物的原形，而是半动物半人

---

① 多识仁波切.藏学研究甘露[M].兰州：甘肃民族出版社，2003：32.

的神物形象。例如藏族苯教经典《十万龙经》中有人身蛇头、人身马头、人身狮头、人身熊头、人身虎头、人身龙头、人身鼠头、人身羊头、人身豹头、人身猪头、人身鹿头、人身孔雀头等图像的记载。[①] 依据藏族古文献，再参看羊师大将这一形象的形貌特征，可以基本断定翰巴拉果是苯教神灵。他的出现反映出文昌神信仰在贵德地区与当地宗教文化传统结合的特征，因为该地区尤其是贵德文昌宫所在地一带，自古以来就受到苯教文化影响，至今还保留有苯教寺院，如当车苯教寺，是贵德县最大的苯教寺院。当地苯教文化的浓厚氛围，滋生出羊师大将这一神灵作为文昌神的配属神灵。

安多藏区的文昌神是文化之神或者地方保护神，翰巴梓潼和翰巴拉果则分别扮演着文护卫和武护卫的角色。作为道教文昌神侍从的天聋和地哑，在安多藏区的文昌庙宇中并不多见。面目狰狞的翰巴梓潼手持毛笔和经书，作为文神；翰巴拉果手持三叉戟或者宝剑，扮演着武将的角色。以文昌神为主尊，搭配一文一武的组合，符合人们对其神格的认知。

三、藏传佛教文昌神信仰的文化特征

(一)"一身双像"多重宗教内涵

藏区文昌神的神职可分为两个方面，其一是地方保护神，其二是藏传佛教中的大神。地方保护神或地域守护神在藏族族群中与汉族山神神职基本相同，藏语中并没有"山神"一词，山神在藏语中有多种称谓，如地方神、念神、赞神等。称为地方神或地域神，是因每一地方都有各自特定的山神，保佑着某一地区，即山神的管辖范围是有一定的地域限度。[②] 在藏族族群看来，地方保护神在很多场合不是特指某一位具体的神，其神职也是可大可小，小至一个村寨的保护神，大至一个族群或者某一民族的保护神。

体系庞杂的藏传佛教神灵分为世间神与出世间神两大类，文昌神属于世间神。上文的地域守护神主要是解决人们世俗生活中的困难，藏传佛教则满足藏族人对于人生意义思考的精神需求。地域守护神信仰体系和藏传佛教两者相互作用，解决了藏族人对于今生来世祈愿的精神需求，这两者相互排斥又具有互补性，满足了人们入世和出世的信仰需求，由此文昌神具有了藏传佛教神灵和地域守护神两种神职，反映出藏区群众的宗教需求。

但是在这其中也存在着对文昌神"神格"在藏传佛教神灵体系中地位与等级认知的问题。虽然文昌神作为地方保护神，在安多藏区与藏传佛教形成兼容并包的宗教信仰格局，但是藏传佛教处于强势地位。文昌信仰处于这一地域，为了发展必须依附藏传佛教，因此文昌神在藏传佛教中居于从属地位，就其神格的等级来说，没有进入藏传佛

---

① 班班多杰.藏传佛教思想史纲[M].上海:生活·读书·新知三联书店上海分店,1992:13.
② 才让.藏传佛教信仰与民俗[M].北京:民族出版社,1999:83.

神灵体系的核心圈。其缘由有以下三点：

首先，文昌神是在藏传佛教的支持下传入藏区的。这从藏区文昌神信仰起源的传说可以看出：其一，文昌神是黑文殊菩萨的化身；其二，藏传佛教高僧阿嘉活佛将文昌神供奉为护法神，由此才传到藏区；其三，藏传佛教高僧色康巴·洛桑丹增嘉措大师将文昌神从贵德文昌庙迎请至化隆县，作为该县的保护神。

所以文昌信仰在安多藏区的传播是在藏传佛教高僧的扶植和推崇下，以护法神的身份传播到民间，虽然文昌庙的具体管理者很少为藏传佛教僧人，但是它在每一个村镇都被视为藏传佛教活动场所，其历史与传说都与藏传佛教僧人有着密切的联系，都是在藏传佛教高僧的主持下修建，或者是由于藏传佛教高僧们的意愿所修建。因而可以看出文昌神信仰在安多藏区的传播得到藏传佛教的认可。

其次，藏传佛教的神灵观决定了文昌神与藏传佛教的等级关系。作为藏传佛教以外的宗教派别神灵，很难在藏传佛教中作为核心神灵存在，这从苯教神灵在藏传佛教中的地位可以看出。藏传佛教蓬勃发展以后，取代了苯教在藏区的崇高地位。苯教以及地方神灵作为藏传佛教的保护神，虽然也担负着护法的重要职责，但未能在藏传佛教信仰体系中占据主要地位。道教文昌神也是同样，作为藏传佛教护法神或者是地方保护神，其神格居于次要的位置。在藏传佛教中的教义中，不提倡崇拜世间神，藏区信众认为：相比主要管理现世事物的护法神和地方守护神，藏传佛教中的佛教神灵的神格更高。

最后，文昌神在藏传佛教中的从属地位从文昌庙的建筑风格以及神灵布局也可以看出。虽然安多藏区文昌庙内供奉的主神是文昌神，但藏传佛教中的神灵如佛祖、莲花生大师、黑文殊菩萨等小型雕塑、壁画、唐卡会出现在其顶部或后面的墙上，这并不是为了美观而随意放置的，是按照宗教教义布置的。这种布置说明虽然文昌神在文昌庙宇中是主尊神灵，但其上面还有藏传佛教的神灵，藏传佛教的神灵主次地位分明。此外，安多藏区除独立修建的文昌庙外，在藏传佛教寺院中修建的文昌庙都在不显眼处，如侧殿，而主殿都供奉着藏传佛教神灵。

（二）文昌神信仰的多元文化特征

上文所说的文昌神一身双像现象，反映出藏传佛教信仰在安多藏区的多元文化特征。

1. 宗教多元化

安多藏区的文昌信仰是汉藏宗教文化整合的结果，呈现出宗教文化的"多元一体"格局。

安多藏区自古以来就是多民族聚居地区，民众宗教信仰多元化，例如上文的贵德地区文昌宫，其内供奉有藏传佛教佛陀、马头明王、火神、黑文殊菩萨等，也有道教和民间信仰神灵如文昌神及其属神、关公、赵公明、王母娘娘、城隍、八扎爷等，还有苯教神灵以及十世班禅大师和其他一些藏传佛教高僧的唐卡和照片，形成了佛、道、民间神灵为一体的供奉体系，表现出多元供奉体系的特征。供品也是多样的，有藏族的哈达、青稞、白酒等，也有汉族惯用的供品如鲜花、水果等。祭祀仪式也呈多元化特征。有藏族的煨桑，念诵文昌神祭祀颂词或六字真言并按顺时针方向转圈，献哈达，挂经幡与风马旗等，也有汉族的传统祭祀方式。这也反映出文昌神信仰传播到安多藏区后，多个族群按照自己族群的宗教活动方式进行祭祀，形成供奉神灵相同但祭祀仪式各异的多元宗教文化。其中以贵德县最为显著，贵德县历史上曾是吐蕃与唐朝会盟的地方，也是古代藏族交通、贸易的重镇之一。在历经历代中原王朝的屯兵移民政策后，中原内地的汉文化对贵德地区的藏文化产生了影响，赤噶尤拉颇章的神灵供奉体系和祭祀仪式就是汉藏文化互动的集中体现。

2. 宗教本土化

众所周知，任何一种文化传播到某地或某一民族时，必须进行本土化的改造才能在当地传播和发展。文昌神信仰之所以能在安多藏区部分地域盛行，其原因就在于汉族宗教文化在当地的影响。文化传播的范围或借用的程度决定于两个民族之间接触的持续时间与密切程度。① 在甘青地区，藏传佛教吸收道教普遍，道教崇奉的关公、文昌帝君成为许多喇嘛庙中供奉的对象。② 如此，藏传佛教中的二郎神信仰、关公信仰以及文昌信仰都说明了这一现象。其次我们再看文昌神信仰的本土化——藏传佛教化。任何一种文化在传播过程中，形式、功能和意义都不断地根据各自的需要而变化。也就是人类学理论中所谓的重新解释，即接受的一方对新引进的文化特质和文化丛体在形式、功能和意义上的改变，以适应自己的需要。③ 安多藏区的文昌神信仰也遵循这一范式。安多藏区文昌神的由来、造型演化、神灵供奉体系、祭祀仪式等一系列文化现象，反映出安多藏区文昌神信仰的本土化改变，道教文昌神传入安多藏区后，结合当地的宗教文化以及地域文化对自身教理图式进行重新整合，新的文化特质与自身原型文化相互吸收而不是采取对立的方式，在一定时期内避免不同族群之间的文化冲突，从而达到民族融合的目的，缓解了民族矛盾。

3. 宗教功利化

某种意义上说，宗教的出现本身代表着一种功利主义，就如人类学家李亦园所说，台湾民间宗教发展的趋势之一是功利主义趋势④。安多藏区的文昌信仰也存在功利主义色彩。从以下三个现象可以看出。

---

① 黄淑娉,龚佩华.文化人类学理论方法研究[M].广州:广东高等教育出版社,1998.
② 班班多杰.和而不同:青海多民族文化和睦相处经验考察[J].中国社会科学,2007(6).
③ 黄淑娉,龚佩华.文化人类学理论方法研究[M].广州:广东高等教育出版社,1998.
④ 李亦园.宗教与神话[M].桂林:广西师范大学出版社,2004.

首先，虽然在现代化进程下，宗教文化对群体约规的作用在逐渐减弱，但对个人而言，其满足个人对现实生活需求的意义依然存在而且在增强。以贵德县贡巴村的文昌神祭祀活动为例，早年都是采用村寨集体祭祀的形式，如今虽然每年大年初二祭拜文昌神的习俗依然保留，但多为个体朝拜行为。宗教的社群意义逐渐为个人所代替，而个人所需求的无非是现实的种种问题之解答与满足，这就是功利主义趋势的肇始。①

其次，文昌庙的现代信众逐渐增多，并且以中青年为主体的新信徒数量在增加，朝拜祈愿的内容多为仕途顺利、考试通过等，表现出实用主义的信仰理念。特别是在每年大年三十晚上，无宗教信仰的一些汉族人，也会前往文昌庙烧香祈祷，表明文昌神迎合了现代人的功利主义需求。

另外，文昌神的附属神灵数目在扩大。如河西文昌宫，除主神文昌神以外，其他神灵与 20 世纪 80 年代相比增加了十余尊。安多藏区崇拜的神灵数目众多一方面是当地传统宗教文化——多神崇拜的影响，另一方面也说明了信众希望有不同功能的神灵出现。借众多不同功能神明的存在，提供更多满足个人需求的机会，这是一种非常现实功利的手法，而在这手法之下所透露的态度，也就是多种利用的机会，包括多种选择、多种试行、多角经营或至于善尽钻营等现实功利的态度都隐藏其中了。②

文昌神作为道教神灵，在以藏传佛教为主体文化的安多藏区，出现了"一身双像"的艺术造型，形成了多元的信仰体系，呈现出汉藏合一的文化特质。这不仅是"安多藏区多民族聚集、多元文化共存、多种宗教信仰共生"③ 的特殊环境所造成的，也是民族融合背景中的多元文化整合的结果。

---

① 李亦园.宗教与神话[M].桂林:广西师范大学出版社,2004.
② 李亦园.宗教与神话[M].桂林:广西师范大学出版社,2004.
③ 刘夏蓓.安多藏区族际关系与区域文化研究[M].北京:民族出版社,2003.

第四章
安多藏区"佛道一体"信仰现象的诠释与延展

第一节 对民间信仰的诠释

"二郎神"与"文昌神"进入藏传佛教神灵体系后,出现"一身双像"的现象,其中,"民间信仰"对其造型演变以及传播起到重要影响作用。因此,讨论不同族群宗教文化"多元一体"整合对民族融合作用的前提,首先是对"民间信仰"的概念内涵与外延要有认知。

"民间信仰"在当下作为多学科交叉研究的热门领域,频繁出现在历史学、民族学、人类学、民俗学、宗教学、艺术学等学科的研究中。"民间信仰"概念看似是约定俗成,但在不同的研究语境中却有着内涵和外延的异质性,聚集的焦点为民间信仰与宗教的关系,下文列举宗教学、人类学、历史学等学者对"民间信仰"的理解:

1. 宗教学学者对民间信仰宗教属性的认同

宗教学研究者对于民间信仰的宗教属性通常是给予认同的态度,他们认为中国古代社会中的民间宗教是与儒、释、道并列的一种宗教信仰类型,民间信仰是具有宗教属性的。民间宗教应该包括两个方面:一是教派信仰的宗教,如白莲教、一贯道等;一是流传于民间的为普通民众所共同崇信和奉行的宗教戒律、仪式、境界及其多种信仰。[①] 相对于儒、释、道来说,民间信仰具有"普化宗教"特征,学者李亦园认为:所谓普化宗教又称为扩散的宗教,亦即其信仰、仪式及宗教活动都与日常生活密切混合,而扩散为

---

① 渡边欣雄.汉族的民俗宗教:社会人类学的研究[M].周星,译.天津:天津人民出版社,1998:18.

日常生活的一部分,所以其教义也常与日常生活相结合,也就缺少有系统化的经典,更没有具体组织的教会系统。① 在这一理论基础上,宗教学的学者们深入探讨了民间信仰与民间宗教的异同。如认为民间信仰属于原生性宗教,而不属于创生性宗教,民间信仰是历史上长期存在并将继续长期存在的一种宗教现象,它在组织上具有不同于制度化宗教的特点②;认为民间信仰就是民间宗法性宗教信仰,它与系统化宗教、上层宗法性宗教信仰一起构成了中国传统社会宗教现象的立体结构,这种民间信仰成为庶民百姓中普遍的含有宗教性的信仰和崇拜活动,它更多地保留了氏族宗教的影响③。

将民间信仰现象运用于人类学研究的人类学家对于中国民间信仰的宗教性也持赞同态度,认为其具有宗教的某种特质,包含了"(1)神、祖先、鬼的信仰;(2)庙祭、年度祭祀和生命周期的仪式;(3)血缘性家族和地域性庙宇的仪式组织;(4)世界观和宇宙观的象征体系"④。还有将民间信仰视为"民俗宗教"的,认为乃是沿着人们的生活脉络来编成,并被利用于生活之中的宗教,它服务于生活总体的目的⑤。

2. 民俗学学者对民间信仰宗教属性的否定

民俗学以及历史学、部分人类学的学者对于民间信仰是否存在宗教属性持否定态度。他们从民间信仰的产生、仪式、群体等要素出发,与成熟的教团宗教模式相比,称民间信仰为"庶民信仰"。例如乌丙安将民间信仰定义为在民间广泛而普遍存在的日常信仰事象,主要是对大自然的信仰和对人的灵魂的信仰等多种形态,包括大自然信仰(天空信仰、大地信仰、山石信仰、水火信仰)、动植物信仰(动物信仰、植物信仰)、图腾信仰、祖灵信仰⑥,还总结了民间信仰和宗教的 10 个方面的区别⑦,在他看来民间信仰与宗教信仰是不能等同的。日本学术界对于民间信仰的观念是民间信仰是指没有教义、教团组织的,属于地方社会共同体的庶民信仰;它也被称为民俗宗教、民间宗教、民众宗教或传承信仰⑧。此外,部分人类学者和历史学者也持有同样观点,如周大鸣认为民间信仰是流行于一般民众,尤其是农民中间的神、祖先、鬼的信仰,以及庙祭、家祭、墓祭、岁时节庆、人生礼仪和象征等的现象⑨;王健认为民间信仰是指与制度化宗教相比,没有系统的仪式、经典、组织与领导,以草根性为其基本特征,同时又有着内

---

① 李亦园,等. 文化的图像[M]. 台北:允晨文化实业股份有限公司,1992:180.
② 金泽. 能否和谐发展:民间信仰面临的挑战与选择[J]. 福建省社会主义学院学报,2006(1).
③ 戴康生,彭耀. 宗教社会学[M]. 北京:社会科学文献出版社,2000:220.
④ 王铭铭. 社会人类学与中国研究[M]. 北京:生活·读书·新知三联书店,1997:152-156.
⑤ 渡边欣雄. 汉族的民俗宗教:社会人类学的研究[M]. 周星,译. 天津:天津人民出版社,1998:18.
⑥ 乌丙安. 中国民俗学[M]. 沈阳:辽宁大学出版社,1999:278-299.
⑦ 乌丙安. 中国民俗学[M]. 沈阳:辽宁大学出版社,1999:271-274.
⑧ 朱海滨. 中国最重要的宗教传统:民间信仰[M]//复旦大学文史研究院. "民间"何在 谁之"信仰". 北京:中华书局,2009:44-56.
⑨ 周大鸣. 凤凰村的变迁:《华南的乡村生活》追踪研究[M]. 北京:社会科学文献出版社,2006:115.

在体系性与自身运作逻辑的一种信仰形态①。《辞海》也明确民间信仰不具有宗教性，民间信仰是民间流行的对某种精神观念、某种有形物体信奉敬仰的心理和行为，包括民间普遍的俗信以至一般的迷信。它不像宗教信仰有明确的传入、严格的教义、严密的组织等，也不像宗教信仰更多地强调自我修行，它的思想基础主要是万物有灵论②。

3. 基于研究需求的"拿来主义"

除了上述两种完全对立的观点以外，还有一种持中立态度的观点，即认为基于研究的需求，对民间信仰概念的外延界定可以扩大，正统宗教以外的都是可以拿进来，包括民间宗教、秘密教门、老百姓的习俗等③。

就如上文在讨论二郎神、文昌神在藏传佛教中"一身双像"现象的时候，其信仰是作为宗教信仰还是作为民间信仰在安多藏区部分地区传播，比较模糊。这一地域的民间信仰包含了藏传佛教的，同时又展示出地域性的本土文化。自古以来在安多藏区等多族群聚集地，民间信仰在小至一个村寨部落大至一个地域，发挥了宗教信仰的力量，起到族群内部体制约规行为，聚人心的作用，宗教信仰系统的重要组成部分就是民间信仰文化，它产生于民间，相对于宗教信仰来说，更加贴近民众的实际生活需求，其群体影响力是宗教信仰无法替代的。结合藏传佛教中道教神灵信仰现象的民间信仰影响作用，在多民族聚集地民间信仰与民间宗教以及纯粹的宗教信仰是存在差异的，符合民间信仰准宗教的身份。因此，笔者基本认同将民间信仰与制度性宗教及民间宗教相区别，而将其作为一种准宗教的观点。但需要注意的是，民间信仰并不等同于"庶民信仰"，在现实生活中民间信仰对精英阶层也产生影响。

所以，本书在研究民间信仰对藏传佛教道教神灵信仰产生何种影响的时候，将民间信仰的概念外延扩大为：中国古代各个历史时期各个社会阶层共同信仰的、具有普遍性的准宗教信仰，它以地域性神灵信仰为核心，包含了风俗习惯、社会生活、地域文化等方面的综合文化，反映了地域性的社会环境、生产力发展水平、乡村社会结构等。

民间信仰是以神灵为核心的，所以可以根据神灵的构成来研究民间信仰的内容体系。本书按照神灵的构成将民间信仰分为自然神信仰及自然崇拜、鬼神信仰、人物神崇拜三大部分。这三大部分有一定的交叉和重叠。自然神信仰中有人神化和拟人化的现象，鬼神信仰中的许多神灵直接来自自然界或是历史人物的虚化与神化。

4. 历史地理学视域中的民间信仰研究成果

本书对藏传佛教神灵体系中的道教神灵信仰现象的研究，研究对象是二郎神与文昌神，是将这两位神灵放置于历史地理学的角度，考察民间信仰对两位神灵的造型、祭祀

---

① 王健.近年来民间信仰问题研究的回顾与思考：社会史角度的考察[J].史学月刊,2005(1).
② 辞海编辑委员会.辞海[M].上海：上海辞书出版社,1999：5120.
③ 路遥.民间信仰与中国社会研究的若干学术视角[J].山东社会科学,2006(5).

仪轨等方面的影响。任何一个历史时期区域神灵的产生和发展都离不开特定的地理环境和社会环境。

安多藏区由于多民族聚集，其民间信仰的类型复杂多变，这是由于一定地区的信仰文化是出于一种空间变化和时间变化的函数关系中①。并且这种"一身双像"的现象出现在特定历史时期，所以要对特定历史时期的民间信仰有更加全面的考察，需要对这一区域内的民间信仰进行完整的复原，对其形成的规律过程、空间与时间上的特征进行研究，而这些与地理环境、地缘经济、地域文化息息相关。由此，采用历史地理学的研究方法去研究民间信仰的特质成为一个有效的路径，其解决地域性民间信仰的手段和方法为其他学科研究民间信仰提供了借鉴。

众多历史地理学的学者针对湖南、云南、福建等多个省的区域民间信仰展开研究，从历史地理的角度探讨民间信仰与地域社会文化的关联，例如依据湖南古代南岳朝香、杀人祭鬼习俗的分布与变迁探讨古代湖南民间信仰的区域差异②，对中国古代西南地区原始信仰、宗教信仰和民间信仰三者的区别开展研究③。再如通过陕西民间信仰区域差异现象研究民间信仰与自然环境及地域社会之间的关系；④ 研究所采用的方式为参考地方志，研究地域性的民间信仰特点等。

在运用历史地理学解读地域民间信仰的时候，地方志往往是最重要的材料，通过地方志可以还原特定历史时期该地域的文化状况。具有代表性的有：以明清时期山西通志和各县地方志中的祠祀情况，研究古代山西民间信仰的地域性分布特点和原因⑤；结合福建地方志中的"寺观"和"祠庙"记载，鉴定当地民间信仰与宗教信仰区别，对当地的宗教信仰世俗化倾向和民间信仰制度化倾向的互动，以及宗教信仰与民间信仰的共存现象等进行研究⑥；结合清代台湾中的寺庙记载研究明清时期台湾地区的宗教信仰⑦；结合祠庙称谓、分布、庙前石像、石兽的变化等对《水经注》记载的祠庙进行研究⑧。

民间信仰的出现还源于自然灾害的影响。中国古代历史上的自然灾害是民间信仰形成的外部环境之一，对民间信仰以及宗教信仰的地域文化形成起着尤为重要的作用，所以对某一时期的自然灾害情况的还原也是复原特定历史时期民间信仰的途径，例如二郎神治水神职的出现，对此类现象的研究有：明清时期江南地区的民间信仰与当地自然灾

---

① 蓝勇.西南历史文化地理[M].重庆:西南师范大学出版社,1997:175.
② 张伟然.湖南古代的民间信仰及其区域差异[J].中国历史地理论丛,1995(4).
③ 蓝勇.西南历史文化地理[M].重庆:西南师范大学出版社,1997:175-217.
④ 张晓虹.明清时期陕西民间信仰的区域差异[J].中国历史地理论丛,2000(1).
⑤ 张俊峰,董春燕.明清时期山西民间信仰的地域分布与差异性分析[J].中国地方志,2006(7).
⑥ 汪毅夫.从福建看民间信仰[J].东南学术,2005(5).
⑦ 连念.从方志的寺庙记载看明清时期台湾宗教信仰状况[J].中国地方志,2005(5).
⑧ 刘景纯.《水经注》祠庙研究[J].中国历史地理论丛,2000(4).

害的关联①；历史上福州地区的自然灾害对"瘟神"五帝信仰形成的影响②；晚清时期桂东南地区民间岁时节令习俗的出现③；湘江流域出现诸多水神信仰与当地水系丰富的关联④。

近些年伴随着区域历史地理研究的逐渐兴盛，区域民间信仰的研究成果也大量出现，例如从自然崇拜、祖先崇拜、道教崇拜、佛教崇拜这几个角度考察福建民间信仰的特征⑤；探讨明清时期福建地区同一区域内民间信仰的神明的关系⑥；研究自然灾害、经济发展、乡土意识、移民文化等对浙江地区地方神灵崇拜的影响⑦；结合历史地理学的相关研究方法对汉中地区的民俗信仰进行研究⑧；通过考察许真君与三山国王这两种神灵信仰的起源、原型、分布以及表征，分析客家信仰在客家文化圈中产生差异的地域原因⑨；研究清代河陇地区民间信仰的边塞特征⑩；结合浙江胡则信仰的不同表现形式，探讨民间信仰在行政区域、自然区域中不同的表征⑪。此外，日本等国的学者也纷纷运用历史地理学对民间信仰进行讨论与解读。⑫下文以清代四川文昌、二郎神为例对民间信仰进行研究。

四川地区的众多民间信仰神灵在中国民间信仰神灵体系中留存较多，受到学者的广泛关注，出现了不少研究成果，例如四川会馆神灵信仰的系列研究⑬，蓝勇《西南历史文化地理》一书中探讨了四川各个时代民间信仰地理特征⑭，段玉明在《西南寺庙文化》中指出宋元时期四川地区鬼魂崇拜有把当代名人贤达作为崇拜偶像的现象⑮，还有以祠

---

① 丁贤勇.明清灾害与民间信仰的形成：以江南市镇为例[J].社会科学辑刊，2002(2).
② 王振忠.历史自然灾害与民间信仰：以近600年来福州"五帝"信仰为例[J].复旦学报(社会科学版)，1996(2).
③ 高茂兵，刘色燕.略论晚清时期桂东南地区自然灾害与民间信仰[J].广西民族研究，2010(1).
④ 王元林，李娟.历史上湖南湘江流域水神信仰初探[J].求索，2009(1).
⑤ 林国平，彭文宇.福建民间信仰[M].福州：福建人民出版社，1993：27.
⑥ 林拓.体系化与分散化：明清福建民间信仰沿海与内陆的分异形态[M]//历史地理：第十七辑.上海：上海人民出版社，2001：111.
⑦ 朱海滨.浙江地方神信仰的区域差异[M]//历史地理：第十七辑.上海：上海人民出版社，2001：2.
⑧ 杨玉辉，韩琳.汉中地区的巫鬼遗风与民间信仰[J].重庆文理学院学报(社会科学版)，2000(6).
⑨ 周建新.客家民间信仰的地域分野：以许真君与三山国王为例[J].韶关学院学报(社会科学版)，2002(1).
⑩ 李智君.清代河陇民间信仰的地域格局与边塞特征[J].复旦学报(社会科学版)，2006(4).
⑪ 朱海滨.民间信仰的地域性：以浙江胡则神为例[J].社会科学研究，2009(4).
⑫ 滨岛敦俊.旧中国江南三角洲农村的聚落与社区[M]//历史地理：第十辑.上海：上海人民出版社，1992；Valerie Hansen. Changing Gods in Medieval China, 1127-1276[M]. Princeton, NJ: Princeton University Press, 1990(中译本：韩森.变迁之神：南宋时期的民间信仰[M].包伟民，译.杭州：浙江人民出版社，1999.
⑬ 如刘正刚的系列论文对四川的广东会馆、福建会馆进行了多角度的研究，同时也谈到了会馆神灵信仰，参见刘正刚.清代四川天后宫考述[J].汕头大学学报(人文科学版)，1997(5)；刘正刚.试论清代四川南华宫的社会活动[J].暨南学报(哲学社会科学)，1997(7).其他学者如王日根先生在《乡土之链：明清会馆与社会变迁》一书中有《论明清会馆神灵文化》一文，对明清时期全国各省会馆祭祀的具有代表性的神灵做了简要介绍，进而得出明清会馆神灵的文化内涵.
⑭ 蓝勇.西南历史文化地理[M].重庆：西南师范大学出版社，1997：175-211.
⑮ 段玉明.西南寺庙文化[M].昆明：云南教育出版社，1992.

庙为中心的宋代四川民间信仰研究①等。

近年来随着对四川民间信仰研究的深入，由四川地方性神灵梓潼神引发的文昌神信仰逐渐受到国内外关注，国内学者诸如卿希泰等对梓潼神起源、传播、演变的历史进行研究②；吴进等③、祝尚书④针对梓潼神从地区小神演化为科举守护神的过程进行研究。美国学者克里曼的《文昌祀的扩张》一文研究了梓潼神从巴蜀的地方守护神演变为道教文神的历史⑤；美国学者韩森的《中世纪中国神灵的变化》一书讨论了宋代地方神的区域化现象，涉及梓潼神⑥。

学术界对四川地区民间信仰神灵的研究的另一个焦点就是二郎神信仰，相对于文昌神信仰的研究成果来说，二郎神研究成果众多，涉及各个方面，大多数学者认为虽然民间信仰中的二郎神的原型人物呈多元化特征，有佛教密宗战神毗沙门天王及其子二郎独健、赵昱、李冰及其子李二郎、杨二郎杨戬，但是灌口二郎神是民间二郎神崇拜的源头。相关的研究成果有：探讨二郎神与杨二郎的关系，例如彭维斌⑦、焦杰⑧、李耀仙⑨等的研究；通过探讨二郎神与古蜀地四川的关系认为四川是二郎神出生地⑩；研究宋代前后四川二郎神崇拜现象⑪；二郎神原型是杨二郎的原因⑫；二郎神来自生殖崇拜⑬；二郎神与祆教神系信仰有关联⑭。此外，研究二郎神是戏神化身的相关文章也很多。二郎神是戏神化身的说法也引起学者们的关注，诸如刘群⑮、吴金夫⑯、黎国韬都撰文探讨此问题。

对四川地方民间信仰的研究还涉及其他地方性神灵信仰，例如三国时期著名人物诸葛亮、张飞以及民间传说中的神灵马头娘娘、天后、嫘祖等。对巴蜀地区诸葛亮的民间信仰现象的研究有多种内容，如研究民间信仰中诸葛亮造型演变过程与原因⑰，基于南

---

① 康文籍.宋代四川地区民间信仰研究：以祠庙为中心[D].重庆：西南大学，2009.
② 卿希泰，姜生.文昌帝君的信仰及其神仙思想的道德决定论[J].江西社会科学，1996(6).
③ 吴进，李永红，张彪，等.文昌信仰与中国古代科举的关系[J].社科纵横，2008(6).
④ 祝尚书.科举守护神"文昌梓潼帝君"及其社会文化意义[J].厦门大学学报（哲学社会科学版），2009(5).
⑤ Terry F. Kleeman.文昌祀的扩张[M]//唐宋宗教与社会.夏威夷：夏威夷大学出版社，1993.
⑥ 韩森.中世纪中国神灵的变化，1127—1276[M].普林斯顿：普林斯顿大学出版社，1990：256.
⑦ 彭维斌.四川二郎神信仰在闽台及东南亚地区的传播与嬗变[J].南方文物，2005(2).
⑧ 焦杰.灌口二郎神的演变[J].四川大学学报（哲学社会科学版），1998(3).
⑨ 李耀仙.二郎神考[J].四川师范学院学报（哲学社会科学版），1998(1).
⑩ 杜靖.二郎神与古蜀地四川的关系[J].创新，2007(4).
⑪ 胡小伟.宋代的二郎神崇拜[J].世界宗教研究，2003(2)；胡小伟.话说二郎神[J].淮海工学院学报（社会科学版），2007(1).
⑫ 干树德.也谈二郎神信仰的嬗变[J].宗教学研究，1996(2).
⑬ 康保成.二郎神信仰及其周边考察[J].文艺研究，1999(1).
⑭ 黎国韬.二郎神之祆教来源：兼论二郎神何以成为戏神[J].宗教学研究，2004(2).
⑮ 刘群.浅探二郎神形象在历代戏剧中的演变[J].戏剧文学，2007(5).
⑯ 吴金夫.戏曲祖师"老郎神""二郎神"辨析[J].汕头大学学报，1986(2).
⑰ 张谷良.诸葛亮民间造型之研究[D].花莲：台湾东华大学，2006.

征传说中的诸葛亮事迹而出现的崇拜现象研究①，分析古代蜀汉地区诸葛亮崇拜的原因以及造型特征②，探讨蜀地诸葛亮崇拜的文化心理③。

地域性的民间信仰的形成受到地域族群文化的影响，以四川藏区为例，其地域的民间信仰就受到汉族文化的影响，展示出多民族文化交融的特性与地域性文化融合的特点，藏区的民间信仰相关研究有：结合四川泸定岚安乡的哑吧灯民间信仰活动研究民间信仰在藏区的流变过程④，通过考察四川省贵琼藏族地区的羊年会形态探讨民间信仰与族群认同⑤，结合四川泸定岚安信仰民俗考察川藏民俗⑥，李臣玲和贾伟⑦、李加才让⑧等对藏安多藏区二郎神传播的历史、现象等进行研究，对松潘地区关帝信仰的起源、发展和现状的研究⑨等。

安多藏区民间信仰中的汉族道教神灵形象的出现是明清之际汉族移民活动带来的直接影响。族群的移民行为促使某一地域的民间信仰出现变化，进而影响到当地的社会生活，这在清代四川地区的民间信仰中反映得也很明显。"移民文化"对清初巴蜀地域文化的影响的研究成果丰富，研究覆盖入川的移民路线、分布、籍贯、数量等，并重点结合移民运动对巴蜀地区文化事象的影响现象进行文献的搜集和整理，关注移民入川后进行区域社会整合实现移民的本地化的路径。侧重移民社会层面的研究成果有探讨粤民家族组织以及意识在清初入川后的成熟过程⑩，探讨台湾移民在巴蜀地区这一不同地理环境下如何发展⑪、清初白莲教起义带来的移民在四川地域社会秩序中的整合⑫、清初政府层面对四川移民社会的多种整合方式⑬，结合清代四川移民在资源获取方面的史料说明清代巴蜀移民社会整合的难度⑭等。还有涉及神灵信仰对移民社会整合的研究如探讨

---

① 艾芳.诸葛亮南征传说中的崇拜现象和民间文化传统[J].消费导刊,2008(1).
② 马强.诸葛亮崇拜与古代蜀汉地区的民间信仰[J].成都大学学报(社会科学版),2002(2).
③ 雷勇.诸葛亮崇拜的文化心理透视[J].汉中师范学院学报(社会科学),2000(3).
④ 郭建勋.口传、记忆与书写:对民间信仰流变过程的又一解释:以四川泸定岚安乡的哑吧灯为例[J].民族艺术,2008(3).
⑤ 郭建勋.表述的民间信仰与族群认同:以四川贵琼藏族的羊年会为例[J].青海民族研究,2008(1).
⑥ 郭建勋.变迁中的信仰民俗:以四川泸定岚安信仰民俗为例[D].成都:四川大学,2006.
⑦ 贾伟,李臣玲.安多藏区的二郎神信仰[J].民族研究,2005(6);李臣玲,贾伟.二郎神信仰在安多藏区传播历史的考察[J].青海民族研究,2007(3).
⑧ 李加才让.安多热贡地区的民间宗教活动:对年都乎"於菟"节及其二郎神信仰的考察[J].西南民族大学学报(人文社科版),2009(5).
⑨ 潘显一,汪志斌.四川松潘的关帝信仰[J].世界宗教文化,2009(2).
⑩ 刘正刚.清代四川的粤民家族组织[J].岭南文史,1991(4).
⑪ 刘正刚,乔素玲.草根文化与移民社会整合:清代台湾与四川移民家庭比较[J].福建省社会主义学院学报,2001(4).
⑫ 山田贤.移民的秩序:清代四川地域社会史研究[M].曲建文,译.北京:中央编译出版社,2011:118.
⑬ 梁勇.清代四川客长制研究[J].史学月刊,2007(3).
⑭ 龚义龙.社会整合视角下的清代巴蜀移民群体研究[M].重庆:重庆出版社,2011:171.

移民会馆中的"乡神"崇拜在移民地域中的重构以及对移民的本地化影响①等。从以上研究成果可以看出,一方面清代是四川民间信仰和文化形成最重要的时期,有众多的个案可以进行研究,如川主信仰②、梓潼文昌与二郎神信仰、壁山神信仰、马头娘娘信仰、天后信仰等;但另一方面对这一时期的民间信仰的研究力度有待加强,特别是藏区等民族地区的民间信仰的研究成果较少。

清初移民运动对巴蜀地区民间信仰影响的系列研究,对研究明清之际安多地区藏传佛教中的道教神灵信仰有重要借鉴作用,他们所涉及的研究问题的实质是一样的,例如本土地域性民间信仰的变迁与移民民间信仰之间的关联是什么?是通过什么样的手段进行融合的?融合后的造像形态和宗教含义演化是怎样?民间信仰对这一时期安多藏区多族群经济文化起到什么样的作用?移民信仰文化与本土信仰文化融合后的民间信仰文化是否对安多藏区多族群之间的民族融合起到促进作用?多元一体的民间信仰文化对安多藏区宗教信仰文化以及当下的社会文化传承起到什么样的作用?对民间信仰的研究需要运用民俗学、历史学、人类学、宗教学、艺术学等多学科方法,就如上文所列举的研究个案,结合巴蜀地区民间祠庙、会馆的历史文献,在清初移民运动社会背景中对四川民间信仰的主要神灵"祠神"信仰进行整体式研究。

第二节 三川土族族群内部的文化共生维护

三川地区土族族群民间信仰深受藏传佛教文化影响,族群内部文化带有鲜明的藏文化痕迹,在这一氛围中,道教神灵进入藏传佛教神灵体系后出现了"一身双像"现象,也为三川地区土族所信奉,反映出三川地区土族内部的文化共生现象。

对于一个民族的族群文化维系来说,当地特有的地理环境以及基于这种地理环境所产生的文化氛围发挥着重要的作用。三川地区三面临山一面临河,这一特殊的地理环境以及在当下依然比较落后的交通状况,减缓了外界现代化进程的冲击,在一定程度上保留了当地土族的文化,特别是民间信仰、宗教信仰在固定的文化空间中保持了稳固性。与此同时,古代的三川地区是一个多重族群文化交汇的地带,不同风格的族群文化在此都有所体现,三大文化圈在此交汇,但却没有出现某一文化圈独占鳌头的情况,充其量只是占据主要影响地位,由于在传播影响上的力量均衡,所以出现

---

① 王东杰."乡神"的建构与重构:方志所见清代四川地区移民会馆崇祀中的地域认同[J].历史研究,2008(2).
② 干鸣丰.简论"川主"信仰及其历史影响[J].西南民族学院学报(哲学社会科学版),2003(5);王善生.杜主·土主·川主祠祀的演变[J].文史杂志,1987(6);等。

了地域文化上的统领空白，这也为三川土族自身文化发展的空间提供了可扩大的可能性。

明清之际的移民运动也为三川土族接触本民族以外的族群文化提供了机会，在不同族群交往交流中，生产方式、信仰文化等进行了族群内部整合，内化为自身的文化并建立了一套完整的信仰文化体系，正是这种基于文化共生的完善的文化体系成为三川土族吸纳外来文化元素的内在动力。从这一点上看，区位地理自然环境从内部环境以及外部环境两个方面对三川地区土族的文化共生给予了重要的维护。

除了地理环境因素的作用，本书研究的重点——族群信仰文化以及地域性族群的宗教活动也对三川土族族群的文化共生发挥着重要的作用，这两者作为一个民族的文化的重要组成部分，对族群内部成员的维系起着核心作用。三川土族民间信仰最显著的特色就是二郎神信仰，他或者是作为土族地域性保护神的身份出现，或者是以藏传佛教护法神的身份出现，但无论是哪一种，在三川土族聚集地中形成了二郎神信仰文化圈，小到一村一庙，大到城镇寺庙，覆盖了整个三川地区。其祭祀活动的代表形式——纳顿会，将有共同信仰的村寨人群紧密联合在一起，通过这一宗教形式，土族村落之间形成了稳定的联络，并且这一形式迄今依然对族群的维系发挥着作用。

三川土族群体通过以上的多种力量维系，从小的个体汇聚到整个民族群体，出现了家庭、村庄、国家[①]，这些维系力量使人们在心理上产生了一种亲和力和认同感。但需要注意的是，在族群内部整合的问题上，不同群体的维系力量来源是不一样的，族群内部成员发挥的作用也是有所区别的。[②] 因此在对某一民族族群得以维系的原因的讨论中，过于强调单一元素发挥的作用，比如地域原因、移民文化原因，是不合适的。最具有代表性的就是三川土族，其族群文化形成和发展是多种因素共同作用的结果，不同因素对族群文化共生现象发挥着不同的作用。可以结合社会心理学中的群体动力理论来看待这一问题。该理论的核心观点就是探讨族群群体形成和维持过程中的凝聚作用。群体动力学认为族群成员保持在群体内的合力，作为心理上的观念支撑，是否具有凝聚力是一项非常重要的指标，该理论更关注群体成员个体层面的因素对于群体维系的影响，比如群体领导者、个体成员的心理、群体目标等方面对于群体维系的影响[③]。但是用于解读多族群聚集地的族群维系因素就有一定的局限性，该理论关注的多为群体个体心理方面的元素，而非对某一族群整体的综合合力进行研究，所以该理论适用于具有共同目标的族群群体，但对于同一地域中不同族群交往所形成的新的群体文化来说有一定局限性。例如安多藏区、三川土族众多村寨中常见的不同族群混居的状态，即往往夫妻为不

---

① 王春栋,顾俭清.试论群体凝聚力的形成[J].商业经济,1999(3).
② 刘敬孝,杨晓莹,连铃丽.国外群体凝聚力研究评介[J].外国经济与管理,2006(3).
③ 舒杭,王帆.群体动力学视角下的MOOC本质及其教学转变[J].现代远距离教育,2016(1).

同族群，其家庭成员也有着不同的宗教信仰，这些群体由于个人经历、爱好、情感及其他一些方面的一致性而自发形成，它们一般没有共同目标，也没有明确的程序和正式的组织结构①，对于这类群体就无法使用这里的理论进行分析。

因此对于族群群体内部文化共生来说，其维系因素的研究应该是一个动态的研究，在研究的过程中要结合群体的多样性以及特殊性，包括族群群体内部成员在维系过程中所受到的自然环境因素、社会因素、心理变化的影响，是一个多种层面因素相互影响的产物。在面对研究个案时，可以从族群主体构成成分以及群体具体性质两个方面来进行研究。例如在针对群体内部主体进行研究时，可从个体和群体两个层面来分析，个体层面的影响因素有群体内部的文化相似性以及成员之间的相互需要等，群体层面主要是从群体内部杰出人物、群体规模以及群体自身的结构等方面进行考察。就群体性质而言分为正式群体和非正式群体两类。正式群体主要是群体成员为完成共同的群体目标或者任务而结成一个群体②，这一类群体维系的支撑力量主要是整体的目标以及相似的群体内部成员结构。非正式群体为情感性的维系，产生于群体成员的归属感和成员间的相互喜欢③，也就是民族族群成员内部之间的共同文化。

族群群体作为一个系统，文化共生对其发展的影响是通过群体内各种要素的相互作用，反映出群体内部面对外部环境不断适应演化的过程，作为群体对外表征最显著的维系文化也是一个不断发展的过程。所以要用一个动态的视角来考察维系因素对族群群体共生文化的影响。本节主要是从群体内部精英人员、共生文化载体、共生文化仪式三个层面来探讨对族群共生文化产生作用的表征。

一、族群群体共生文化维护的核心动力

不同地域的人组成了一个共同体，每一个人都是特定的社会群体中的一分子，如家族、部落、民族或国家等④。一个民族族群之所以能成为一个统一的共同体，起核心作用的就是群体自身的维系力，例如共同的宗教信仰文化等，它是随着生产力的发展以及时代的发展不断变化的，它不仅仅局限于某种行政或者道德上的约规力量，而是一种心理上的凝聚力，把不同的个体的人汇聚或维系在一起，形成了社会共同体⑤。基于这种凝聚力，在多民族聚集地域使得一个民族族群能够进行整体的整合，族群内部结构从混乱过渡到稳定协调，进而产生族群内部成员的共识。

---

① 方厚廉.群体凝聚力构成[J].佛山大学学报,1994(10).
② 王渊.国内外关于群体凝聚力研究的综述及发展[J].淮北职业技术学院学报,2002(4).
③ 刘敬孝,杨晓莹,连铃丽.国外群体凝聚力研究评介[J].外国经济与管理,2006(3).
④ 刘建军.不同的维系方式与东西方文学的发展[J].外国文学研究,2016,38(5).
⑤ 刘建军.不同的维系方式与东西方文学的发展[J].外国文学研究,2016,38(5).

民族族群维系的支撑是多方面的，有来自共同地域的原因，也有族群内部成员集体的民族记忆，还有共同的民族文化，除此以外，族群中的精英分子也是不可忽视的。例如共同地域的作用，民族群体的形成与地理环境密不可分，地理环境是民族群体得以维系的至关重要的因素[①]，共同地域所产生的族群共同意识在先天上就对地域性民族群体维系发挥着重要作用；而族群集体记忆的影响推动三川土族中二郎神信仰的形成就是最明显的案例，在其族群口述史中，其原型之一是土族先祖氐人英雄杨难当，这些集体记忆对于群体成员汇集成为一个共同体发挥着内在的吸引力[②]，这种族群集体记忆，为后面三川土族接受藏传佛教中的二郎神与文昌神信仰做了信仰上的铺垫。共同的地域文化以及族群集体记忆使得共有的民族文化产生，每个民族群体都有属于自身的独特的文化系统，共同的文化渊源是民族群体得以维系的基础。民族文化影响着一个民族的生活方式，聚拢着一个民族群体自我认同的凝聚力[③]。一个民族的传统文化凝聚着这个民族的智慧、情感、意志和追求[④]。在一个族群的民族文化稳固的情况下，民族群体中的精英分子所起到的作用是强化族群文化自我意识，通过自身的民族行为，实现地方认同和民族认同的融合，从而对地域性民族群体的维系产生强大力量[⑤]。下面从两个方面进行详细论述。

（一）统一性的地缘文化作用

对民族内部群体起维护作用的最基础因素是共同地域。作为一个民族长期共同生活居住的区域，它是一个民族赖以生存最基础的空间条件。没有共同地域，民族群体不可能形成，更无法维系[⑥]，并且，特定地域的地理位置分布也对该民族的分布及民族关系的形成起着重要的作用[⑦]。这一点从三川土族以及安多藏区族群互动所产生的藏传佛教道教神灵信仰现象中已经有所体现。

由生活在共同地域所产生的地域观念发挥着维系民族群体的最基础作用，人们的思想认识和价值观念自然充溢着浓厚的乡土气息[⑧]。相同的地域观念包含了一个族群在多民族地区所展示出来的本民族文化特质，这种共同地域文化可以对塑造本民族文化内涵起到影响作用，例如民族价值观、民族文化观等。三川土族所处的特殊地理环境对其族群的农业生产、风俗习惯、宗教信仰等产生巨大的影响，所产生的族群文化也对族群内

---

① 马燕.地理环境对民族文化形成及民族关系发展的影响：以青藏地区为例[J].青海民族大学学报（社会科学版），2012,38(4).
② 杜芳娟,朱竑.贵州仡佬族精英的民族身份认同及其建构[J].地理研究,2010,29(11).
③ 许广智.西藏传统文化与社会可持续发展（上）[M].北京：中国藏学出版社,2009：6.
④ 刘新利.大众传媒与少数民族的传统文化认同[J].新闻知识,2013(1).
⑤ 同②.
⑥ 何叔涛.共同地域的演化与民族形成和发展的历史渊源[J].黑龙江民族丛刊,2011(2).
⑦ 同①.
⑧ 华热·多杰.试论地域观念及其对藏族社会发展的影响[J].青海民族研究,1994(2).

部成员凝聚力起着维系作用,民族语言只能在地缘关系中出现,在共同地域的基础上产生,并成为民族群体维系的有力工具①。

(二) 口述史中的族群集体记忆

所谓的族群多来自本民族的传说故事中的共同祖先观念②,本族特有的生活习惯、宗教信仰等,都可能被固定下来,不断加工或者神话,成为本民族的象征,这种集体记忆的强化,会成为维持本族民众民族意识的重要手段③。人们从社会中得到记忆,也在社会中拾回、重组这些记忆。每一个社会群体皆有其对应的集体记忆,借此,该群体才得以凝聚和延续④。

一个族群的集体记忆不但为个体界定和认同自己提供了一种非常必要的意义背景或情境,同时也为后继一代提供了认同的基础⑤,并且,正是对于共同历史记忆的认同,培育了共同的族群认同意识⑥。通过族群集体记忆所产生的共同意识,使得族群内部成员对族群产生了归属感,族群得以延续,并且这种主观的集体意识在民族群体生成和维持的过程中持续发挥着作用⑦。

集体记忆通常被作为一种凝聚的策略用来加强人们对某个群体、社会、民族和国家的认同⑧。任何一个族群的形成都是基于共同的集体历史记忆,通过集体的历史记忆可以维系族群的凝聚力,增强民族意识。在这一强化群体危机的过程当中,群体成员在意识上搭建起现实与历史的跨时空对话,使群体内部互相增进了解,生成聚合力和认同感⑨。同时,共同的集体记忆还体现在对民族群体边界界定的作用方面,成为通过区分"他者"来凝聚相关边界内的人群⑩的一种手段,换言之,个体在历史记忆的影响下建构自己独有的集体记忆,并自主选择进入或者退出民族共同体,集体记忆通过对群体有关的知识进行储存,在某种程度上成了区分和界定"我们是谁"的重要依据和标准⑪。

---

① 熊锡元.地缘关系的确立是民族形成的基本前提[J].云南社会科学,1982(6).
② 哈依沙尔·卡德尔汗.集体记忆与民族认同:以新疆青河县哈萨克族克烈部分支阿巴克克烈部落为例[J].西北民族大学学报(哲学社会科学版),2018(2).
③ 马戎.民族与社会发展[M].北京:民族出版社,2001:137-138.
④ 王明珂.华夏边缘:历史记忆与族群认同[M].北京:社会科学文献出版社,2006:21-34.
⑤ James W Pennebaker, Dario Paez, Bernard Rimé. Collective Memory of Political Events[M]. Mahwah, NJ: Lawrence Erlbaum Associates, 1997: 1-19.
⑥ 江杰英.论历史记忆与族群认同[J].广州大学学报(社会科学版),2012,11(4).
⑦ 王明珂.华夏边缘:历史记忆与族群认同[M].北京:社会科学文献出版社,2006:21-34.
⑧ 张媛.凝聚共识:集体记忆的媒介建构与少数民族身份认同[J].内蒙古电大学刊,2015(3).
⑨ 同⑥.
⑩ 落桑东知.集体记忆与族群认同:一个边缘化藏族社区的山神体系对族群认同的功能[J].四川民族学院学报,2012,21(3).
⑪ 张媛.凝聚共识:集体记忆的媒介建构与少数民族身份认同[J].内蒙古电大学刊,2015(3).

1. 共同的民族文化

由共同地域以及集体记忆所引发的族群本民族文化是一个民族生存发展的核心。传统文化承载着一个民族的价值取向，影响着一个民族的生活方式，聚拢着一个民族自我认同的凝聚力。[①] 本书所探讨的藏传佛教道教神灵信仰现象就是在藏族、土族共同的民族文化大环境中所出现的。民族群体的聚、离实质上就是族群内部成员对本民族文化认同与否。作为民族文化的载体，族群成员在传承本民族文化过程中凝聚为一个整体，这包含对本民族宗教文化、风俗习惯、语言等方面的传承，以三川土族为例，三川土族通过参加本民族的节日，如二郎神纳顿节，承担起延续和发展本民族的重任。

在藏族以及土族民族文化形成的过程中，信仰文化在精神层面对民族族群的维系起着尤为重要的作用，特别是民族信仰，作为一个民族精神世界的重要支撑，引导和推动本民族在面对其他族群文化影响冲击的同时能够坚守本民族的自我性与独立性，每一个民族都有自己的信仰，民族信仰是民族得以凝聚的重要基石，是推动民族凝聚力发展壮大的动力[②]。

在民族信仰的重要组成部分中，宗教信仰对一个民族群体形成的早期起着重要的凝聚力作用。对宗教的信仰是人类社会在一定历史阶段产生的特殊文化现象，也是民族文化的内核[③]。结合我国多个族群宗教信仰对民族意识的凝聚作用的个案，可以得出一定条件下，宗教信仰强化民族意识，起到巩固和维系民族群体存续的作用，对于巩固民族整体、凝聚民族意识具有重要作用[④]的结论。

宗教通过它所具有的信仰体系、文化功能和社会生活方式，使民族这一在共同历史渊源和共同生产方式基础上所形成的共同体更加稳定和牢固，并以"文化意识"的形式渗透于民族其他要素之中[⑤]。通过宗教文化形成一个在民族内部稳定牢固的共有文化，将特定的人群逐渐凝聚为一个民族[⑥]，社会成员通过分享共同的价值或观念聚集在一起，共享某种神圣的宗教仪式，得以建构、维护一个有序的、有意义的文化共同体[⑦]，宗教活动能够激发群体成员某些心理状态，当信徒在参加宗教仪式时，看到许多与自己信仰相同的人用同样的姿势和程式朝拜相同的神灵，极容易产生群体的归属感、依赖感和认同感，这种宗教情感的产生，对于民族群体内部的团结起着重要作用[⑧]。

---

① 许广智.西藏传统文化与社会可持续发展的关系[J].西藏研究,2007(4).
② 彭时代.论民族信仰与民族凝聚力[J].理论前沿,2004(14).
③ 张畅.关于正确认识宗教在民族形成中作用的研究[J].长春师范学院学报(人文社会科学版),2010,29(5).
④ 杨政业.试论本主信仰对白族民族意识的凝聚作用[J].云南师范大学学报(哲学社会科学版),1990(3).
⑤ 张践.宗教在民族形成和发展过程中的重要作用[J].宗教与民族,2002(1).
⑥ 靳海波.宗教对民族形成和发展的影响:从宗教与民族各要素关系看[J].西藏发展论坛,2010(1).
⑦ 陈力丹,王晶.节日仪式传播:共同信仰的维系与嬗变:以广西罗城仫佬族依饭节的民族志调查为例[C]//中国少数民族地区信息传播与社会发展论丛.中国人民大学新闻学院,中国人民大学新闻与社会研究中心,2010:87-96.
⑧ 靳海波.宗教对民族形成和发展的影响:从宗教与民族各要素关系看[J].西藏发展论坛,2010(1).

同时，共同的宗教信仰所产生的宗教仪式还可以强化共同信仰文化的群体之间的相互联系。地处交通不便的三川土族通过周期性举行的宗教仪式，例如纳顿节，将散居在各个村落的土族群体聚集起来，这一时候共同的宗教文化成为人们之间交流感情的手段，共同遵守的宗教行为也增加了群体之间的认同感。这种建立在信仰之上的宗教仪式具有强大的整合力量，通过传播共同或相似的文化内容，缩减其中的差异，使群体成员在思想、感情与行为上变得相近[①]。强大的宗教信仰精神力量可以在族群内部产生强大的凝聚力，依据所产生的心理认同感，实现族群内部具有不同族群身份成员之间的融合，并能在特定历史时期凭借心理认同达到缓解民族矛盾的作用，对于虔诚的信徒来说，建立在信仰基础上的民族群体认同感是十分坚固的[②]。

除了宗教信仰，族群特有的节日也在民族传承中起着重要的作用，例如纳顿节、六月会等作为土族以及藏族祭祀二郎神与文昌神的独特文化符号，已经成为安多藏区民族文化的象征。民族节日往往透视出一个民族古老而深厚的文化传统，具有强化民族认同、维系民族情感的重要功能，并且对民族维系力的形成和发展有着不可忽视的促进作用[③]。宗教节日有利于联络族群成员之间的情感，强化民族认同感与民族凝聚力。尤其是那些历史悠久的传统节日，它能使民族成员基于对本民族文化的了解与认同，提升自己的文化自觉，激发对民族的热爱，增强本民族成员之间的亲密关系。[④]

再看族群所使用的语言。语言也是民族文化的重要组成部分，反映出族群的民族特征与民族意识，是一个民族边界的界定标准，它相对于宗教文化等意识形态更能充分展示出一个民族的自我意识。

一个民族的语言可以更加象征性地表现出这个民族的文化以及反映出该民族族群的思维习惯，因为一个民族的语言是在民族思维、习惯、风俗等因素基础上所建立起来的，例如藏文作为一个民族的语言包含了民族思想与民族意识，同时也体现了民族历史与民族记忆在族群形成过程中的遗存，也是构成民族族群最基本的要素和划分不同族群的主要标志之一。在学习本民族语言的过程中对本民族产生了认同感，这种认同感维护了民族成员共同的心理意识，使得群体成员内心产生了群体归属感，这也是维系民族群体凝聚力的重要因素。语言环境的同一性使群体成员紧密地联系在一起，形成身份和文化上的归属，产生群体聚合力[⑤]。

由此，维护民族族群共生文化的一条实施路径为：基于共同的地域环境首先产生一

---

① 陈力丹,王晶.节日仪式传播:共同信仰的维系与嬗变:以广西罗城仫佬族依饭节的民族志调查为例[C]//中国少数民族地区信息传播与社会发展论丛.中国人民大学新闻学院,中国人民大学新闻与社会研究中心,2010:87-96
② 张畅.关于正确认识宗教在民族形成中作用的研究[J].长春师范学院学报(人文社会科学版),2010,29(5).
③ 迟燕琼.少数民族传统节日的文化传承功能[J].民族艺术研究,2008(3).
④ 杨沛艳.以土族"纳顿"谈民族传统节日的凝聚功能[J].湖北民族学院学报(哲学社会科学版),2008(1).
⑤ 李秀华.语言·文化·民族:民族语言认同与民族共同体的建构[J].西北民族大学学报(哲学社会科学版),2018(2).

致的民族文化，共同的民族文化又催生了族群内部共同的民族心理，进而唤起了共同的民族自我意识，最终达到民族认同的目的。越是能够得到民族成员的认同，其凝聚民族成员的纽带就越坚韧，通过这种纽带，民族成员就越能保存民族整体的向心力[①]。

2. 族群内部精英分子的引导与强化作用

精英的含义有多种，例如特指人类活动中的佼佼者[②]或者是一个社会阶级[③]，也有人认为是民族群体中能够直接或间接影响群体整体发展的人[④]，相似观点还有：精英指的是那些具有特殊才能，在某一方面或某一活动领域具有杰出才能的社区成员，他们往往是在权力、声望和财富等方面占有较大优势的个人和群体。[⑤] 还有人认为是族群群体中具有较大影响力的人[⑥]。国外学者将"精英"进行社会层级的细致划分，社会划分为最上层、中间层和最底层，阐明了一个犹如金字塔状的权力结构[⑦]。所以对精英的认识，可以有以下几点，首先社会由于被分成了不同的层级，每个层级的人掌握着不同的资源，最顶层数量稀少的精英们掌握着最多的权力或者是资源；社会层级金字塔从最高层的精英阶层往下人数逐渐增多；同时精英内部也存在着分层，不同层级的精英由于他们所掌握的资源的多少和权力的大小不同，对族群群体的维系的作用也是不一样的。

族群中的精英分子促进族群维系的方式有多种，或者是以身示范，或者是通过号召族群内部成员凝聚到一起开展活动。具体来看主要是通过凝聚民族共识树立群体意识。民族精英利用自己所掌握的资源、知识，针对群体成员所拥有的共同集体记忆，通过强化这些集体记忆，使得族群内部成员对族群群体认同度增强。在一个有着浓厚的集体记忆的群体中，这些精英的行动逻辑是基于一种长久的历史文化积淀的无意识。[⑧] 民族精英们通过自身言行引导示范，将这种无意识转变为有意识地强化，从而吸引群体成员围绕一个共同目标，凝聚群体的共识。从这一点上说，民族精英的职能更多的是传承本民族的文化，增强群体内部成员对民族文化的认同，这一点在下文重点阐述的三川土族精英人物朱海山身上可以看出。从中国历史上的民族精英分子实际上可以看出，民族精英通常都是能够提升一个民族族群对自身文化重视程度的民族文化先觉分子，他们尤其在民族活动、民族文化传承及变迁中最为重要，起到强化群体凝聚力和向心力的重要作用[⑨]。所以也可以将这一类民族精英视为民族文化精英，其主要贡献是传承、维护本民

---

① 余群.仡佬族民间信仰与民族凝聚力的关系[J].传承,2016(1).
② 帕累托.普通社会学纲要[M].田时纲,译.北京：东方出版社,2007:39.
③ 米尔斯.权力精英[M].王崑,许荣,译.南京：南京大学出版社,2004:14.
④ 周星.民族政治学[M].北京：中国社会科学出版社,1993:104.
⑤ 李婵.农村社区精英研究综述[J].中共济南市委党校学报,2004(3).
⑥ 贺雪峰.村庄精英与社区记忆：理解村庄性质的二维框架[J].社会科学辑刊,2000(4).
⑦ 付晓燕.米尔斯权力精英论探析[D].苏州：苏州大学,2014.
⑧ 张世勇.积极分子动员下的村庄公共品供给：基于皖南胡村的社区透视[D].武汉：华中师范大学,2007.
⑨ 杜芳娟,朱竑.贵州仡佬族精英的民族身份认同及其建构[J].地理研究,2010,29(11).

族的传统文化的真实性、神圣性以及创新性。

民族文化精英的身份有多种，在中国古代社会一个族群的民族文化精英往往是萨满、巫师、宗教领袖、族群长老、宗族族长等，他们往往象征着一个民族的文化，或者是某一知识领域的专业人士，例如萨满、巫师、宗教领袖等神职人员，或者是一个族群文化秩序的解读者，例如族群长老等。传统民族文化精英，他们作为民族文化的传承与象征，被自然认可成为村落的权威者，依靠民族精神的内聚力而成为村落的自然领袖。他们属于传统性的非体制民族精英，本身不参与村庄正式权力组织，却通过掌握民族文化从而在文化传播过程中，唤醒村民们心中的民族身份认同感，通过个人威望以及对于自身民族文化的掌握，吸引民族群体成员围绕在其周围，形成群体内部的维系力量。①

作为民族精英，最重要的职能就是引导并参与族群活动，例如传承和宣传民族传统文化节日。独特的传统活动文化是一个民族对外展示形象的最佳途径，例如纳顿节。民族精英分子在这类民族独特的传统活动中组织、参与、号召本民族族群内部成员的参与，并且通过有意识的引导，将共同参与活动的群体凝聚在一起，加强群体成员之间的联系。从这一点上看，如果放大至整个国家与民族，民族精英的目标是本民族群体通过内部稳定的维系拥有凝聚力。

二、精英人物对传统文化的维系作用——以三川土族朱海山为例

民族族群维系的要素中，人为因素即民族精英起着重要的助推作用，由此，本部分结合三川土族的案例进行详细的阐述。

族群群体最终的维系是落实到群体中的个人，在这其中，人与人之间的联系以及成员内部族群文化共同性的认知是尤为重要的，基于这种民族文化的共识，零散的个人汇集成一个族群群体，族群中的民族精英在凝聚民族文化群体共识的时候分两类人群：一类在传统民间社会中，他们是时代的先行者，有着丰富的知识，有着对家乡的深厚情感，他们运用自身智慧和威望，将群体成员牢牢维系起来；他们又是积极活跃的文化人士，他们承担着保护民族文化的特殊角色，在民族文化传承和保护中发挥着凝聚人心的作用。② 另一类是村庄的行家里手，他们既有着丰富的农耕经验，又能恪守礼仪，村庄中的祭祀等仪式活动都由他们组织和管理，这些人在村庄中有着较高的威望，在村庄事务中发挥着核心的作用。③

---

① 方清云.民族精英与群体认同:当代畲族文化重构中民族精英角色的人类学考察[J].中南民族大学学报(人文社会科学版),2013(6).
② 毛巧晖.地方民俗文化精英与民族文化传统的保护:以湖北鹤峰山民歌的传承为例[J].广西民族师范学院学报,2012(5).
③ 刘红旭.功能分析与角色整合:村庄治理中的村庄精英:以甘肃定西市Z村为例[J].农村经济,2009(11).

文昌神、二郎神造像艺术特征的"多元化"研究

虽然一个民族群体的维系是族群内部成员互动的结果，但在其中，民族精英分子被族群成员认同也是重要的因素，他们通过自身的努力使得一个民族族群更加具有凝聚力，本民族的文化才能传承下来，他们在民族群体中担任着重要的核心角色，具有极大的号召力和示范作用，这一点在多族群聚集地中反映得更加明显。在多族群文化相互影响冲击中保持自己本民族的文化，民族精英分子在其中发挥着重要作用，三川土族代表性精英人物朱海山，即朱喇嘛的事迹，可以证明这一观点。

19世纪末期出生于民和县管亭镇的朱海山，年少时在朱家寺出家当了喇嘛，上师赐官号朱福南，字海山。由于家境贫穷，家中有多个孩子的，往往只留一个男孩在家中，其他的都送到寺院，所以贫穷家庭的孩子出家当喇嘛，是当时藏传佛教盛行的土族聚集地常见的一种现象。

经过在寺院的苦修，朱海山精通佛法，其事迹有文描述为：朱海山先生的僧侣生涯就像尊初绽的金莲，从一开始就发出熠熠生辉的光焰，朱家寺剃度，号称神童；崖寺修行，顿彻大悟；塔尔寺辩经，才惊四座；西藏深造，誉满雪域；蒙地游学，北国敬服……朱海山遂成民国时期的全国性名僧[①]。在其游历回来之后，看到自己家乡土族族群由于多族群混居，地域民族构成复杂，汉族、藏族、回族等民族文化的冲击加剧，加上当时政府管理有心无力，造成了土族民心涣散的现状，土族村落相互之间冲突不断，朱海山开始采取一系列举措用于凝聚三川土族群体共识，缓解族群内部矛盾，其中本民族二郎神信仰这一宗教文化的再次提倡成为一个有效的手段。

朱海山选择以"二郎神信仰"来打造三川土族族群内部凝聚力，其原因是二郎神寺庙在当时三川地区土族村落中都有修建，虽然二郎神在这些寺院中神职和风格有所区别，但是对二郎神的信仰是三川土族的共有信仰，并且二郎神的庙会活动依然还是正常举行。基于这一点特点，朱海山就召集了五大堡三川[②]的头人们开会，得到了头人们的支持。于是，由朱海山带头，头人们筹办，在中川乡光明村修建了二郎神宗庙（图14），这座二郎神的宗庙在整个三川地区具有极其崇高的地位，宗庙里面所供奉的二郎神（图15）在每年的青苗会都会被请出巡游三川各地。通过修建二郎神宗庙，二郎神再次被朱海山塑造成为三川土族民众信仰的最重要的神灵之一，迄今三川土族依然视二郎神为当地民间信仰守护神灵，其神格和神职远大于藏传佛教神灵体系中的二郎神。这一凝聚了族群内部民众民心、增强了当地土族族群各个村落之间认同感的举措，维系了民族群体。

---

① 辛存文.朱海山[J].中国土族,2006(夏季号增刊).
② 大堡是历史上的行政单位，是政府为了便于管理将三川及其周边地区划分为五堡，除了三川还包括周边的一些地区。

图 14 中川乡二郎宗庙

图 15 中川乡二郎神宗庙中供奉的二郎神

(图片来源：姚蓉《三川土族何以维系》，兰州大学硕士论文，2020年，第52页。)

朱海山作为土族精英分子，利用自己的声名威望说服土族头人们，选择以二郎神作为共同的信仰来增强三川土族的信仰共同体意识，使得在当时民心涣散的三川土族得以凝聚，利用强化信仰共同体意识这一手段，团结了土族的乡绅阶层，这是因为在中国传统社会，乡绅阶层在乡里族间具有文化和社会领袖的作用，往往成为促进基层民众维系的重要力量①。利用乡绅阶层在维护地方秩序方面的影响，共同促进了那一时期三川土族民族群体的心理以及行为两个层面的维系。

上文所写，在族群维系中民族精英起到重要的推手作用，这一点放在朱海山身上可以看得非常清晰。朱海山利用自身的威望来引领民众群体，通过对本民族宗教文化等的再度唤醒，达到实现民族自觉的目的，以及通过自身引导性的行为来强化三川土族内部联系，运用民族文化传播这一方式构建三川土族的社会共同性，提升族群成员对族群的身份认同感以及民主意识。在朱海山等人的努力下，二郎神宗庙已经成为三川土族族群各个村落之间共同的事务、情感的联络点，并且由这座宗庙所开展的二郎神巡游三川活动一直延续至今，对三川土族村落中的混居族群例如藏族、回族、汉族等产生文化影响，促进了土族与周边族群的交流与和谐共处。

朱海山的事迹可以作为本书论述观点的一个典型案例，即宗教信仰文化对族群融合以及稳定所产生的作用，朱海山通过二郎神信仰的再次唤醒，以及宗教活动纳顿节构建三川土族群体公共性文化，将身处多民族聚集地的三川土族稳固地维系在一起。朱海山以宗教文化为推手凝聚群体共识的详细举措如下，这些举措对当下增进民族凝聚力有借鉴意义。

首先，通过修建二郎神宗庙来强化民族共同体意识。利用三川土族在信仰二郎神方面的一致性发动修建二郎神庙活动，建立了当地土族村落公认的宗教活动场所，利用宗教文化将当时人心涣散的三川土族紧密联系在一起，依靠信仰层面的一致性强化了土族民众对自身民族的认知。在朱海山以二郎神信仰强化民族内部凝聚力的同时，三川土族对于二郎神的信仰也再一次得到强化，所出现的直接现象就是二郎神成为三川土族民间信仰中的最高神灵，并衍生出祭祀二郎神的宗教活动——纳顿节。

其次，运用固定的宗教活动达成民族群体共识。基于二郎神信仰所出现的三川土族特有的宗教活动纳顿节，成为朱海山运用宗教信仰来强化民族意识的又一举措。朱海山参考了当时三川土族所在村落的位置，对纳顿节的线路进行重新规划，使得下川到上川的整个三川土族村寨串联形成一个整体，一方面使得纳顿节这一三川土族传统宗教活动得以延续，另一方面通过宗教活动所联系起的三川土族群体在自身文化宗教活动中强化

---

① 翟风俭.地方文化精英对非遗保护的作用：以瑞安木活字印刷术的研究与保护为例[J].贵州大学学报(艺术版)，2019,33(4).

了民族意识。

由此，通过朱海山的努力，这一时期的三川土族结束了分散的状态，成为一个真正意义上的族群共同体。这也反映出爱国主义民族精英们的特征。作为凝聚以及热爱本民族传统文化的群体，他们在与族群成员交往互动中增加彼此的信任，通过一系列举措凝聚族群的共同意识，产生强大的凝聚力，进而强化了民族共同意识，加深了族群成员对群体概念的认知。

从古至今，任何国家或地区内的民族均有自己独特的文化，任何文化也都具有民族性。[①] 族群文化是维系固定区域族群内部稳定和发展的核心，它规范着族群成员的思想以及行为，通过一个民族族群的心理文化建设，维系族群成员的民族文化认同以及与他者族群的区分。中国古代多族群聚集地，例如三川地区，在当地土族族群中最具有文化特色和内涵的就是神灵信仰文化，它是最具有代表性的三川土族民族文化。作为族群中的精英分子，如何将独特的信仰体系转变为三川土族的共同文化，其具体举措是本部分的讨论重点。

三、三川土族二郎神信仰的信仰圈层

信仰文化作为人类历史发展最重要的要素之一，也是在人类文化发展史上历史最悠久最为普遍的的文化现象之一。虽然朝代更迭，但是信仰文化以其顽强的生命力和融合力，从古到今一直在影响着中华民族各个族群，对族群成员在各自族群中的社会生活发挥着重要的作用。民族特定的信仰文化渗透到一个民族群体的方方面面，它以固定的信仰空间、完善的信仰体系理论、定期开展的宗教活动来维系共同的族群信仰，并且贯穿一个民族从形成到发展的全过程，也是一个民族有别于其他民族的文化特征，体现出强烈的民族自我意识和族群认同感，也起着强化民族族群内部凝聚力的作用。以三川土族所在地域为例，该地以村庙、寺院相结合共同形成了一个信仰文化圈。

（一）以村庙文化为中心的信仰圈

作为一个民族族群开展信仰文化的活动场中的最小单位，村庙既是村民供奉神灵、祭祀地方神的场所，也是地方神的外化形式、象征，更是一个村落商议、处理一年公共事务的场所，是民间公共空间或者集体力量的象征[②]。

在三川土族众多村落中，几乎村村都有村庙，依据所在村寨的规模，村庙规模大小不一，供奉的都是自己村庄的地方保护神，其形象不一，例如有龙王、九天玄女娘娘

---

① 周伟洲,王曙明.西部大开发与现代西北少数民族多元文化的建构[J].陕西师范大学学报(哲学社会科学版),2009,38(4).
② 文忠祥.村庙在土族村落社会中的文化意义:以民和土族为例[J].青海民族大学学报(社会科学版),2012,38(4).

等，但其神格和神职都逊于二郎神，其共同特点为一庙多神或者是独立神庙，这些神灵都与村民们的日常生产生活息息相关。也有多个自然村会出现供奉同一位神灵的现象，其原因在于村庄规模的扩大出现了分庙。

古代三川地区的二郎神作为村庙一级所供奉的地方保护神灵，其神职的共性是掌管自然天气，农业丰收。但现在三川地区土族村寨中村庙所供奉的神灵的神职多为保佑平安，这反映出人们供奉的神灵的职能会随着社会的发展不断地变化。由于古代三川土族农业生产技术落后，而水利是古代农业生产中的重要条件，因此才会出现对龙王的信仰，这也不光是在三川土族中才出现的现象，古代中原内地也把龙视为掌管风调雨顺、五谷丰登的神灵。现在由于农业技术的进步，人们在物质层面和精神层面的需求发生了改变，村庙所供奉的神灵神职不再局限于保佑生产丰收，更多的是保佑平安，这种寄托着族群体精神需求的信仰文化是现代化进程中三川土族依然给予村庙崇高地位的原因。在三川土族村落中，每年特定日子会去烧香点灯祈福，在家中有人生病时也会去村庙祈求平安，并且在每月固定的日子还会在村庙中举办"嘛呢会"，村中如果有公共事务需要协商时，村民也会聚集在村庙进行讨论。依托村庙，村寨居民强化彼此间的联系，村庙作为村中民间最高信仰的象征，对村民们起着维系作用。

作为一个村寨信仰的维系力量，村庙一方面是受到固定地理位置环境的影响，另一方面也增加了族群内部的排他性。三川土族村庙多见于村庄的中心位置或者是高处，其命名一般采用这个村庄内最大的宗族"姓氏"，所以会常见到以姓氏冠名的村庙，作为固定的名称对外标识。村庙通常位置固定，很少出现变迁的情况，多以原址重建或修缮，因此村落中的土族族群通过长期的在固定场所开展的各项村落活动，强化了村民之间的联系。定期在固定位置村庙中开展的活动使得同村的村民拥有较为固定的宗教活动空间，将信众聚集到一起，不需要跑到其他村落中开展活动，形成了以村为核心的排他性以及凝聚力，成为全村人共同的精神载体，类似于祠堂，因此，村庙这种以民间信仰形式建构起来的村落权力中心，具有十分广泛的社会基础①。在三川土族村落中就形成以村庙为中心的信仰共同体，这种信仰共同体成为族群在面对宗教文化演变时的群众基础，也是二郎神能在三川土族信仰中扎根的原因之一。通过这种由村庙所产生的信仰共同体所形成的神缘纽带，加上血缘、地缘的多重作用，一个村寨中的村民们依托共同的信仰文化、共同的宗教活动场所形成了围绕村庙的信仰圈层，维护了村庄的秩序，使得村庄内的群体加强了凝聚力和向心力。

作为通过共同信仰所形成的基础信仰圈层，村庙在维系本村三川土族群体上发挥了力量，基于村庙供奉神灵认同性所形成的信仰共同体，演变为整个村庄信仰的文化共同体，

---

① 文忠祥.村庙在土族村落社会中的文化意义：以民和土族为例[J].青海民族大学学报（社会科学版），2012，38(4).

通过村庄内的共识性文化将民众凝聚在一起，为形成更大范围的信仰圈层奠定基础。

（二）以藏传佛教寺院为中心的信仰圈

三川土族群体信仰圈层另一种呈现样式是以当地藏传佛教寺院为中心而形成的信仰圈。三川土族深受藏传佛教文化影响，受到安多藏区藏文化圈的辐射，三川土族聚集地域建有众多的藏传佛教寺院，例如中川乡就建有近10座藏传佛教寺院，形成了"村庙—寺院"结合的双重信仰圈层，藏传佛教信仰在三川土族中基本全覆盖。

藏传佛教寺院的神圣性在三川土族族群心中和藏族一样，藏传佛教寺院对古代三川地区土族族群村落拥有最大的管辖权，明清之际由于政治原因和民族关系原因，三川这一地域与中央政权保持着若即若离的统治关系，当地的管理模式是通过藏传佛教寺院管理村庙，村庙作为村一级的最高管理机构管理村庄的宗族，宗族再管理同姓村户，所以宗族的管辖权具有神授的性质。在三川土族地域盛行藏传佛教的时期，兴建了大量的藏传佛教寺院，例如清代中后期兴建的中川乡华尖寺、光绪年间兴建的文家寺、雍正年间修缮的朱家寺等，这些寺院的称呼显示出当地的一个奇特现象，即姓氏作为寺院的称谓，如文家寺、朱家寺等，反映出当地藏传佛教寺院兴建或者修缮的出资主体是村落中的大姓宗族，也从侧面说明了三川土族对藏传佛教信仰的热衷。上述佛教寺院从建筑风格、名称、宗教活动上来看都是典型的藏传佛教寺院[①]。

以藏传佛教寺院形式出现的宗教信仰活动场所，在三川土族地区与族群村落中的村庙具有较一致的特点，即在特定区域以稳固性的表征体现。通常一个区域的藏传佛教寺院信众所在的村落较为固定，人们长期在一个固定的藏传佛教寺院中进行祈愿等宗教活动，将自己的保护神固定为某一个藏传佛教寺院中所供奉的神灵，通常一个自然村或者是几家家庭共同信仰同一座藏传佛教寺院，形成一个围绕藏传佛教寺院的信仰圈层，每座寺院所形成的信仰圈相互毗邻，覆盖了整个三川土族所在地域，结成了一个以藏传佛教信仰为核心的信仰共同体。相对于以村庙为中心的信仰圈层来说，以藏传佛教寺院为中心所形成的信仰圈层范围更大，巩固了三川地域上的土族族群的信仰，利用更大范围的信仰共同体从更广泛的层面上将三川土族族群凝聚在一起。

（三）三川土族双重信仰圈层中的二郎神信仰

二郎神作为三川土族所信仰的最高神灵，在当地的村庙以及藏传佛教寺院中被供奉。在三川，土族在二郎神地域崇拜的实践中，形成了信仰文化认同上的"一体性"。[②] 虽然在三川土族族群内部由于族群成员来源不一而导致不同村落之间存在着一

---

① 徐秀福.三川土族民俗文化大观[M].西宁:青海民族出版社,2014:20.
② 刘目斌.地方认同与族际关系的仪式表达:青海三川地区二郎神祭典仪式的考察[J].北方民族大学学报(哲学社会科学版),2016(5).

定的文化差异，例如有的土族村落汉族、藏族、土族、回族混居，而有的村落则是以藏族和土族为主，这就形成了村落文化特别是宗教信仰文化多元化。但在二郎神信仰这一点上，土族村落达成了一致的认同，例如在青苗节、纳顿节中土族村落全体参与，以共同的二郎神信仰形成了连接整个三川土族族群的纽带，在信仰空间上以二郎神宗庙为基点，构建了依托信仰共同性而形成的三川土族族群交流互动的基础。

这种信仰共同体稳固了分布在不同地域的土族族群在宗教信仰层面的联系，也使得当下的三川土族在人与社会文化联系方面更加紧密，使得三川土族始终可以通过文化的维系成为一个共同体。

作为二郎神在三川土族传播的宗教场所，村庙一级的信仰圈层维系村落群体的信仰共同体构建，以藏传佛教寺院为中心的信仰圈层，是在更大范围内将单个的村落信仰共同体整合为"地域性村落"为主体的藏传佛教寺院信仰共同体，在其中，二郎神信仰为两个信仰圈层中的核心信仰文化，形成以二郎神信仰为核心的三川土族地域共同体。

信仰圈层的形成对三川土族族群维系起着重要的作用，其中多重信仰圈层的共同作用将多元的族群文化、地域文化整合为三川土族文化，凭借村庙和藏传佛教寺院，三川土族信仰圈层涉及范围从自然村个体、自然村落到地区，形成了基于二郎神信仰为主的村落信仰文化共同体、藏传佛教寺院信仰文化共同体和三川地区土族信仰文化共同体，每一个信仰共同体都包含着若干个独立的信仰体，就如上文所说，信仰体系圈层的逐渐扩大将更多的三川土族族群以共同信仰的形式凝聚起来，强化了民族认同感。同时，以信仰文化圈层所形成的文化纽带贯穿了三川土族从形成到发展的各个历史阶段，全面覆盖了三川土族的文化空间，从这一点上说，在一定时期内宗教文化信仰成为三川土族维系的核心文化。

三川土族的信仰文化圈层在具体的信仰文化方面有所区别，这主要是由于该族群的多元文化影响，但反言之，相对于某种单一的信仰文化来说，身处在多元文化地带的族群其凝聚力反而更强，多元一体使得三川土族在接受多类型信仰文化时更加注重维系本民族群体的凝聚力。

四、文化仪式强化群体维系

在宗教信仰文化中，仪式是宗教含义外显的最直接表达方式，三川土族族群维系所依托的宗教信仰依靠的就是文化仪式认同。关于文化仪式有诸多学者进行研究，其观点有——宗教分为两个范畴：信仰、仪式。信仰属于主张和见解，仪式则属于信仰的物质形式和行为模式，仪式是社会群体定期重新巩固自身的手段。[①] 仪式，通常被界定为象

---

① 涂尔干.宗教生活的基本形式[M].渠东,汲喆,译.上海：上海人民出版社,1999:42.

征性的、表演性的、由文化传统所规定的一整套行为方式。它可以是神圣的仪式凡俗活动，这类活动经常被功能性地解释为在特定群体或文化中沟通（人与人之间、人与神之间）、过渡（社会类别的、地域的、生命周期的）、强化秩序及整合社会的方式。[①] 仪式是一个确定的时间、地点、器具、规章、程序以及一个特定的人群网络的人际关系的"公共空间"[②]。

作为文化仪式，它整合了一个民族族群在特定地域的宗教信仰、社会风俗等，成为传承其文化的最直接方式，从这个意义上看文化仪式等同于族群文化，这一观点可以在三川土族宗教活动中得到印证。

多民族聚集使得三川地区保存了多族群文化仪式，具有代表性的就是三川土族基于二郎神信仰所产生的青苗会、纳顿节仪式。一套完整的文化仪式使得二郎神信仰在三川土族中被强化，族群的集体意识也随之得到强化，通过纳顿节仪式整合了地缘和族群文化，形成了相对一致的民族群体认同。在纳顿节仪式中参与者通过自身的行为构建出信仰空间以及情境，并通过这种情境得到心理上的慰藉和精神满足。具体来看，文化仪式对族群维系的强化影响有以下4个方面：

1. 基本功能——民族文化的传承

每种仪式都具有文化濡化的作用，是指一个民族将采借过来的文化元素，放在本民族文化中进行磨合，乃至改造，使之与本土文化协调起来，融为一体的过程[③]。这句话中的"文化濡化"指对族群文化的滋润化育作用，这一点在三川土族纳顿节仪式中体现得非常明显。

三川土族纳顿节仪式是在依托土族本民族传统文化基础上，吸收了其他民族的仪式文化，集宗教信仰与民间信仰于一身，仪式文化的包容性使其在更大范围内吸纳不同的个体融入其中，产生共有的群体意识，三川土族族群成员通过仪式活动唤醒了本民族过去的历史集体记忆，从而维持了内部的稳定，例如在三川纳顿节中参与者穿上土族特有的白色长袍等民族服装，具体的表演以家庭户的形式代代相传。三川土族的民族文化通过纳顿节仪式传承给不同年龄不同层次的土族群体，在潜移默化中影响着族群对文化的认同。

2. 强化群体宗教信仰共同体

三川土族信仰活动中的典型就是纳顿节，虽然是民间信仰所产生的仪式，但是也反映出一定的宗教性，因为有法拉参加仪式，通过法拉的仪式活动沟通了人与二郎神之间的联系，使得人对神的感觉更加现实化，增强了群体成员的宗教情感。在举行跳神仪式

---

① 郭于华.仪式与社会变迁[M].北京:社会科学文献出版社,2000:1-2.
② 彭兆荣.人类学仪式研究评述[J].民族研究,2002(2).
③ 罗惠翾.从人类学视野看宗教仪式的社会功能[J].新疆师范大学学报(哲学社会科学版),2009,30(1).

时，法拉通过运用带有复杂性、神秘性的民间祭祀仪式强化了信众对宗教情感的内在体验，体现了仪式可以将信仰者引导进入族群群体相同认知的宗教情境中，并由此出现了规范化的宗教活动行为。因此通过仪式文化来强化神灵信仰，是强化族群信仰共同体内在结构的最有效手段。

族群信仰仪式体现了一个族群产生以后总体的思想方式和行为方式，能够维系或者激发群体中的族群认同心理。当有着共同信仰的信众在同一个场所采用同样的膜拜姿势和宗教仪式流程参加共同的宗教仪式活动时，会产生一种群体的归属感和认同感，在心理上产生依赖。相对于宗教典籍的文字，定期举行的宗教仪式活动是信众们相互交流感情更合适的方式，三川土族纳顿节的宗教仪式正是发挥着族群群体认同的作用，从而使得三川土族群体的向心力和凝聚力增强。

3. 触发信仰群体的主体意识

信众们在参加公共性的群体宗教仪式活动中所展现出来的主体参与意识本身就是一种凝聚力。三川土族信众对于纳顿节持有着高度的参与度，该节在三川地区成为土族的传统节日，并在信众群体内部形成了约定俗成的规范行为。从每年农历七月开始，三川各个土族村子开始纳顿节的相关准备，纳顿节举办的过程中，村民都有明确分工，在活动中打破了行政观念中的等级和地位界限，男女老少不分地位与身份高低，共同融入这项集体活动中，平等的主体意识促进了三川土族的维系。

4. 强化族群成员心理认同

作为族群群体内部成员情感的最直接连接形式，文化仪式包含了两个方面，一是对共有历史记忆所产生的感情的一种再现，二是必须有带有主动参与态度的行为。崇拜活动在其对"思想感情的重复"和"正确态度的演练"中，也就体现并增强了群体的团结[1]。由于人们的态度具有共同的仪式表达形式，所以人们不但凭此形式来表示自己的态度，而且还转而强化这些态度。仪式可以使态度上升到一种高度自觉的状态，还会进一步通过这些态度来强化这个精神共同体[2]。

三川土族的宗教信仰仪式活动或者是民俗文化活动，反映了三川土族成员通过共同的仪式活动使得社会群体中的个体联系在一起这一现象。通过仪式表达了人们祈求生活顺利、身体健康等众多愿望，是否共同参与一个仪式活动从心理层面上成为区分本族与他族的一个标准，当一个族群成员表示归属于某一个族群时，就必须遵守族群共守的文化约规，而且必须是主动而不是被动地遵守，这样才能被这个群体接纳成为其中一员，族群由此才表现出较高的共同性。

---

[1] 罗惠翾. 从人类学视野看宗教仪式的社会功能[J]. 新疆师范大学学报(哲学社会科学版),2009,30(1).
[2] 阿隆. 社会学主要思潮[M]. 葛智强,等译. 北京:华夏出版社,2000:350.

五、多种形式的文化纽带

通过对三川土族族群文化共生维护方式的解读,结合三川土族特有的"村庙→佛教寺院"信仰圈层的构成以及依据二郎神信仰而开展的仪式文化行为活动,可以看到基于共同的地域文化所产生的民族文化对于族群群体维系所产生的重要作用,就三川土族而言,民族文化中宗教文化的信仰仪式活动展示了强大的功能作用。

从文化圈层和信仰观念上看,三川土族的信仰圈层从村庙扩大到藏传佛教寺院,使得族群信仰共同体从小范围逐渐扩大到整个三川地域土族,围绕二郎神的信仰形成了地域信仰共同体,不同信仰圈层结构中的信仰一致性强化了三川土族群体的凝聚性和一致性;而具有典型性的文化仪式行为——纳顿节,即具有凝聚力的组织方式也为土族族群维系发挥了作用,纳顿节的仪式行为将三川地区的土族村落串联起来,使它们成为具有共同文化认同的族群整体;而参加文化仪式中作为个体性的人,通过强化彼此的联系一同创造能为彼此所接受的共识性文化资源,借助宗教信仰仪式的文化传承功能从不同方面强化族群的维系力量。

当今民族地区在逐渐步入现代化的同时,传统固有的民族文化生存空间面临转变,在适应现代化进程过程中,部分民族传统文化丧失是不可避免的,在这一过程中,族群如何保持自我性、共同性是需要考虑的一个问题。三川土族在当下维系群体的方式表明了,在民族融合大背景中,族群群体的自我性是多方面因素综合作用的结果。一方面是地域的独特性延缓了现代化进程对这一地域的冲击,另一方面就是民族文化在民族精英分子的领导下发挥了文化纽带的作用。

——第三节——
民间信仰传统在文化共生中的作用
——以宋代巴蜀地区民间祠神信仰为例

从三川土族纳顿节的活动仪式以及信仰观念中可以看到民间信仰传统在民族族群文化共生中起着重要的维系作用,本节以宋代巴蜀地区民间祠神信仰为研究对象,借助梓潼神、二郎神的民间信仰现象,讨论在不同级别的文化传统视域下民间信仰的演化。

宋代士大夫阶层与普通民众对于民间信仰——祠神存在信仰观念方面的差异,并且这种差异反映出统治阶层与被统治阶层在信仰方面的差异化,这种差异化主要表现为上层士大夫所信奉的儒家文化与民间广泛流行的多种祠神信仰文化内涵在文化层面有着很大的不同,但这并不妨碍普通民众以当时的通俗文化形式接纳儒家思想的传播与影响。所以在当时出现了一种奇特的现象,正统地位的儒家文化作为精英文化出现在当时宋代的士大夫阶层中，具有崇高的文化地位，但在具体向民众传播时却是以民俗化的样式出现。国外学者认为不应该割裂地将中国文化明显分为上层文化与下层文化，它们其实是作为社会文化统一体（即使有部分区分）的两个领域，也就是人类学所提出的人类文化分为大、小两个传统。所谓大传统就是精英文化，小传统就是通俗文化，两者相互交流互动但是也存在着相对独立性。自汉代起随着社会阶层的分类，文化传统也逐渐趋向大小两种形式，文化知识体系与宗教文化出现了分层格局，作为在民间流行的民间信仰则属于民间自发的没有接受过正统文化教育熏陶的小传统，但是它是最能反映出中国古代社会大众阶层的文化知识结构，例如从巴蜀地区梓潼神、二郎神信仰文化就可以看出它在当时中国整体社会文化中的地位。因此民间的祠神信仰文化以其自身带有的广泛影响与中国儒释道文化并列，凭借相互联系又有独立性的文化体系，一同构成了中国多样性的传统文化。

就民间宗教中的主流形式——民间祠神信仰而言，相对于上层士大夫阶层社会来说，它是广大民众在民间信仰的一种宗教形式，相对于儒释道来说是更加能够迎合民众心理需求的一种信仰体系。古代中国民间信仰谱系混乱，神灵形象多样，在不同时期不同地域有不同的特点，随着社会的发展，民众所崇拜的类型也出现多样化。在四川，宋代民间神灵数量递增，但民间信众主要信奉的神灵日益集中化，即为梓潼神和二郎神，在民间信仰中他们时而与其他神灵如文昌神合为一体，时而又是分开独立的，就如朱熹在《朱子语类》一书中所说："梓潼与灌口二郎两个神，几乎割据了两川。"[①] 下文就巴蜀地区宋代的梓潼神和二郎神信仰，通过阐述其在民间信仰中的思想文化，说明他们在大、小传统相互影响中对族群文化共生的影响。

一、梓潼神—文昌神的儒道思想文化演化

在道教神灵谱系中出现的梓潼神与"文昌神"合二为一，其神职是主管仕禄、文运。其在宋代受到当时新生文风的社会环境影响，成为宋代巴蜀地区宫观庙宇中膜拜民众最多、在民间影响力最大的神灵，因此，对于这一历史现象清代赵翼才会说："显灵于科目，盖自宋始，亦自宋之蜀地始。"[②] 但是文昌神、梓潼神其实原本为二神，在前文的阐述中，文昌神原型为古人所定星系中隶属紫微宫的文昌星，这是早期民间信仰中对自然星辰的信仰。

文昌一词来自北斗之星，北斗上的六星合称为文昌宫殿，据《史记·天官书》记载："斗魁戴匡六星曰文昌宫：一曰上将，二曰次将，三曰贵相，四曰司命，五曰司中，六

---

① 黎靖德.朱子语类：卷3[M].王星贤,点校.北京：中华书局,1986：54.
② 赵翼.陔余丛考[M].石家庄：河北人民出版社,2007：248.

曰司禄。"① 其神职依据《春秋元命苞》中所言："上将建威武，次将正左右，贵相理文绪，司禄赏功进士，司命主老幼，司灾主灾咎也。"② 所以，文昌神汇集了文绪、仕进、寿命、灾咎等众多功能，成为民间信仰神灵中的一位大神。

至于梓潼神，民间传说他原为氐族时期氐羌人的龙蛇图腾，后化为人神而被崇拜，其人神的出现与传说中仕晋而战死的张亚子有关，他在巴蜀地区被民间信众视为地方保护神，他与梓潼神形象的合二为一是在唐朝。据说安史之乱时唐玄宗赴蜀避难，路遇张亚子祠神庙进行祭拜，有感于张亚子的英雄事迹封张亚子为左丞相，后唐僖宗避难来到四川又赠送佩剑，封张亚子为济顺王。这段民间传闻在《太平广记》有记载："僖宗幸蜀日，其神自庙出十余里。列伏迎驾。白雾之中，仿佛见其形，因解佩剑赐之。祝令效顺，指期贼平，驾回。广赠珍玩，人莫敢窥。"③ 随僖宗入蜀避难的进士王铎也有一诗《谒梓潼张恶子庙》："盛唐圣主解青萍，欲振新封济顺名。夜雨龙抛三尺匣，春云凤入九重城。剑门喜气随雷动，玉垒韶光待贼平。惟报关东诸将相，柱天功业赖阴兵。"④ 说明古代人在面临灾难的时候会不自觉地向神灵祈愿，表达自己的诉求。从功能的角度看，宗教对于个体所能提供的就是心理慰藉，也就是一种"幻想补偿功能"。⑤ 对这种心理慰藉现象可以理解为，当个体的人有意识或者无意识地接受了某种宗教观念，遇到现实困境的时候会把解决的方式寄托于所祭拜的神灵身上，从而获得某种心灵上的安慰，虽然这种摆脱困境的操作是建立在虚幻的基础上，但信众通过宗教行为仪式实现了与神灵的沟通，在心理上展现了一种愿望达成的喜悦，所祭拜的神灵也通过信众们的需求被塑造成无所不能的大神。例如梓潼崇拜的社会心理功能就是如此，其神迹在《文献通考》中有记载："梓潼神遣我来。九月二十日城陷，你辈悉当夷灭。贼射之，倏不见。及期果克城。"⑥ 这种神灵显灵的传说就是因对其崇拜而带来的心理慰藉。这种心理的慰藉也成为统治者巩固政权的一种手段，唐玄宗、唐僖宗在蜀避难途中利用当地对梓潼神信仰的现象，通过神灵显灵庇佑的神迹，说明"神赋君权"，以此来巩固自己的政治地位，维护其统治。作为梓潼神来说，通过皇帝的加封，其神格从一个地方保护神上升为得到统治阶层认可的大神，并在全国普及。后宋朝沿用这一做法，对于叛乱者，一方面是武力镇压，另一方面是宣扬梓潼神是统治阶层的守护神，惩治叛乱，例如在宋真宗咸平三年（1000年）的王均叛乱中，宋政权称梓潼神显灵惩治叛乱，因此加封此时被视为梓潼神原型的张亚子为英显王。

---

① 司马迁.史记：第4册.卷27[M].北京：中华书局，1982：1293.
② 司马迁.史记：第4册.卷27[M].北京：中华书局，1982：1294.
③ 李昉，等.太平广记：卷312.第7册[M].北京：中华书局，1961：2467.
④ 季振宜.全唐诗：卷557.第7册[M].北京：中华书局，1960：6461.
⑤ 爱乌格里诺维奇.宗教心理学[M].北京：社会科学文献出版社，1989：109.
⑥ 马端临.文献通考[M].北京：中华书局，1986：823.

文昌神、二郎神造像艺术特征的"多元化"研究

宋代的中国社会发生了一些重要的变化，吕徵先生描述为：一方面是社会与国家的分离，一方面是中央对地方的控制，地方全能守护神的出现并得到朝廷的认可赐爵应是上述两种倾向相互妥协的产物。① 梓潼神神格的提升就是在这一社会背景中出现的，在宋朝政府有意识的宣传与拔高下，梓潼神从民间信仰的神灵逐渐转变为以维护宋政府政权统治、宣扬教化为神职的全国信仰的大神。由于宋朝统治阶层的提倡，梓潼神信仰广泛流传于宋代士大夫阶层，在传播过程中不可避免地带上了儒家文化的痕迹，例如忠孝道德伦理内容的融入。文天祥就曾在《文山集》中云："神生为忠臣孝子，殁为天皇真人。"② 由于儒家文化赋予梓潼神"忠孝"的形象，宋代统治者又大力推崇梓潼神的信仰在民间传播，"梓潼神君之所予者，忠也，孝也。为人子而孝，为人臣而忠，非士君子职分之所当尽乎"③，所以民间信仰神明——梓潼神在宋代最具有特点的就是被赋予了浓厚的忠孝色彩，打上了儒家伦理道德的印记，这也为他与文昌神合二为一做了铺垫。

宋代梓潼神信仰的另一大特点就是道教文化印迹深刻。众所周知，儒、道文化是宋代文化中的代表，宋代皇室崇道之风盛行，例如宋徽宗。所以南宋时期梓潼神信仰夹杂了道教成分，从民间信仰小神而列入道教神灵体系，可以从这一时期对梓潼神的称号看出，梓潼神被称为梓潼帝君，而帝君则是道教的重要神灵才能有的称谓，是元皇真君大帝的简称，宋代对梓潼神的"天封圣号"长达二百一十八字，文天祥《文山集》"殁为元皇真人"中道教色彩浓厚的"真人"字眼也可以反映这一文化现象。

作为巴蜀地区民间信仰中的小神，由于唐至宋统治者的多次加封，梓潼神信仰迅速在全国传播，并且以夹杂儒家文化的道教神灵身份出现，其形象从民间小神变为正统神灵，这反映出宋代社会中儒家文艺思潮的影响，梓潼神具备了儒家文化、道家文化以及市井文化的内涵。唐末五代战乱不断，使得儒家倡导的社会秩序和道德观念受破坏，所以宋初的"兴文教、抑武事"的政策一方面是为了防止武人叛乱颠覆政权，另一方面就是为了复兴儒家传统价值观与权威性，重新确立社会秩序的伦理纲常。后期宋代理学的出现将儒学转化为宋代的文人精神，成为当时宋代社会的思潮。梓潼信仰的扩大化就是产生于这样的时代背景之中，在宋代士大夫追求道德完善的人生价值取向的引导下，文人所信仰的梓潼被赋予"忠孝"特性，被塑造成合乎儒家正统观念的祠神，在官方有意识的推广下，被民众广泛接纳。

如此，宋代梓潼神的信仰演化过程其实是一种文化从民间信仰过渡到政府承认的官

---

① 吕徵.隐喻世界的来访者:中国民间财神信仰[M].北京:学苑出版社,2001:72.
② 文天祥.龙泉县太霄观梓潼祠记[M]//四川大学古籍整理研究室.宋集珍本丛刊:第八十九册.北京:线装书局,2004:360.
③ 姚勉.雪坡舍人集:卷33[M]//宋集珍本丛刊:第八十六册.北京:线装书局,2004:411.

方文化的过程，这与北宋中后期市井通俗文化的传播有密切关联。宋代尚文之风的大行其道，再加上宋代商品经济的发展使得城市繁荣，因此在文化推广方面，市民阶层的新兴文艺形式不断涌现，例如话本、南戏、小说等，从另一个方面也推动了梓潼神信仰在民间的发展，为其打上了民间文化的烙印，进而从某种程度上影响了当时统治阶层与士大夫阶层的文化观念。从这一点上看，被社会文化"大传统"改造的民间信仰"小传统"也会反过来影响到"大传统"。总而言之，被儒家价值观念重塑的梓潼神崇拜作为一种民间宗教形态，先是被渗入了当时的精英文化而发生了神职以及信仰文化方面的改变，随后在宋代政府对被演化过后的梓潼信仰的大力推广下，又对民间信仰产生了影响。

二、二郎神形象演化过程中的文化意义

从前文所述中可知二郎神信仰的原型人物起源于外来神灵——二郎独健，其为佛教毗沙门天王的眷属神灵之一，起初在民间传说中是以战神的形象出现，在唐代由于毗沙门天王信仰的盛行也广泛传播，至五代时期，巴蜀地区灌口地域的佛寺中已经出现其专门的造像，被人们所供奉。例如在《十国春秋》中记述前蜀王衍事时就有对其形象的描述："帝被金甲，冠珠帽，执戈矢而行，旌旗戈甲，连亘百余里不绝，百姓望之，谓为灌口祆神。"①

在这一时期被人们称为"灌口祆神"的其实就是二郎独健，说明在五代时期二郎独健就已经作为二郎神的原型传播到道教圣地青城山附近，因此也引起了当地道教的不满，道教徒们不能容忍一个异域宗教神灵信仰在本土传播。于是乎，道教徒选择了当地民间信仰中的"赵昱"，塑造了一个新的二郎神形象。宋人王铚托名柳宗元所著的《龙城录》中对"赵昱"生平有详记："赵昱字仲明，与兄冕俱隐青城山，后事道士李珏，隋末炀帝知其贤，拜嘉州太守。郡河内有犍为老蛟为害。昱乃持刀入水，左手持蛟首，右手持刀，奋波而出州人事为神。太宗文皇帝赐封神勇大将军，庙食灌江口。上皇幸蜀，加封赤城王，又封显应侯。……"②从这段文字可知，二郎神赵昱原本为道教徒，后因在嘉州为官时为民除蛟而被当地人视为神灵，续在唐太宗时期被赐封庙食灌口，其身份比二郎独健作为外来神灵毗沙门天王的眷属神灵之一且在佛寺中"别院安置"的身份来说要提升了，并且以道教徒的形象出现，更容易被巴蜀浓厚道教气氛中的民众所接纳。

但无论是外来神灵"二郎独健"还是道教所塑造的"赵昱"，都带有明显的官方色

---

① 吴任臣.十国春秋:卷37[M].徐敏霞,周莹,点校.北京:中华书局,1983:534.
② 陶宗仪.说郛·赵昱斩蛟[M]//景印文渊阁四库全书:第877册.台北:台湾商务印书馆,1983:463.

彩，巴蜀地区民众却有自己所认定的来自民间的神灵——李冰二子。李冰其人是历史上确实存在过的人物，其治水事迹的真实性深入民心，远非传说人物赵昱所能相比，因为二郎神中带有"二郎"字样，所以巴蜀地区信众塑造了李冰二子这么一个人物形象，作为民间信仰的二郎神形象的原型人物。最早提到李冰二子这一人物事迹的是《宋会要辑稿》卷1237"郎君神祠"："永康崇德庙广祐英惠王次子，仁宗嘉祐八年八月诏：永康军广济王庙郎君神特封灵惠侯，差官祭告。神即李冰次子，川人号护国灵应王，开宝七年命去王号。至是军民上言神尝赞助其父除水患，故有是命。政和八年八月，改封昭惠灵显真人。"① 在民间信仰中，巴蜀民众认为李冰二子实为当地的山神，也就是地方保护神，《宋会要辑稿》卷1206中对这一信仰现象云："宋太祖乾德三年平蜀，诏增饰导江县应圣灵感王李冰庙，开宝五年庙成，七年改号，岁一祀。庙旁有显灵王庙，盖丹景山神，诏去其伪号。……冰秦孝文王时为蜀郡守……历代以来蜀人德之，缋祀不绝，伪蜀封大安王，孟昶又号应圣灵感王，仁宗嘉祐八年封灵应侯，神即冰次子，川人号护国灵应王，哲宗元祐二年七月封应感公。"② 可见，百姓认为李冰第二个儿子就是丹景山神，为了赋予它正统的神圣地位，五代十国时期的蜀国皇帝孟昶赐封其"应圣灵感王"的称号，宋仁宗在嘉祐八年（1063年）封"灵应侯"，官方承认该神灵就是李冰的第二个儿子，在宋哲宗元祐二年（1087年）七月又加封"应感公"。张政烺先生认为宋仁宗官方承认李冰二子，用其来代替赵昱，是建立在巴蜀民间信众对李冰二子认同度的基础上，这也是为了缓解当时佛道之争的矛盾。李冰二子作为二郎神形象在北宋中后期大为盛行，有众多的历史文献对其来源与神迹进行记载。例如高承在《事物纪原》中记载："元丰时，国城之西，民立灌口二郎神祠。云神永康导江县广济王子，王即秦李冰也。《会要》所谓冰次子郎君神也。"③ 洪迈《夷坚丙志》一书中"二郎庙"词条云："政和七年，京师市中一小儿，骑猎犬扬言于众曰：'哥哥遣我来，昨日申时，灌口庙为火所焚，欲于此地建立。'儿方七岁，问其乡及姓名，皆不答，至晚神降于都门，凭人以言，如儿所欲者。有司以闻，遂为修神保观。都人素畏事之。自春及夏，倾城男女，负上助役，名曰：'献上'。至饰为鬼使巡门，催纳上者，往来憧憧，或谤于通衢曰：'某人献上'，识者以为不祥，旋有旨禁绝。既而蜀中奏，永康神庙火，其日正同。"④ 同书"灵显真人"词条云："建炎四年张浚在川，以秦中失利，阴祷于阆州灵显庙，梦神对真人之封不满，遂奏朝廷改封，'自是灵响如初，俗谓二郎者是也'。"⑤ 朱熹也在《朱子语类·鬼神篇》

---

① 徐松.宋会要辑稿：卷1237[M].北京：中华书局，1957：835.
② 徐松.宋会要辑稿：卷1206[M].北京：中华书局，1957：776.
③ 高承.事物纪原：卷7[M].金圆，许沛藻，点校.北京：中华书局，1989：378.
④ 洪迈.夷坚丙志：卷9[M].何卓，点校.北京：中华书局，1981：439.
⑤ 洪迈.夷坚丙志：卷9[M].何卓，点校.北京：中华书局，1981：509.

中有云:"蜀中灌口二郎庙,当初是李冰因开离堆有功,立庙。今来现许多灵怪,乃是他第二儿子出来。初间封为王,后来徽宗好道,谓他是甚么真君,遂改封为真君。向张魏公用兵祷于其庙,夜梦神语云:'我向来封为王,有血食之奉,故威福用得行。今号为真君,虽尊,凡祭我以素食,无血食之养,故无威福之灵。今须复我封为王,当有威灵。'魏公遂乞复其封。不知魏公是有此梦,还复一时用兵,托为此说。"[①] 至此,至南宋初年,历经多次上层政权的加封,以李冰次子为原型的二郎神形象从民间信仰神灵逐渐演化为在全国均有影响力的神灵,这种现象和上文的"梓潼神"具有同样性质,反映了作为民族族群文化中的大、小传统相互影响。

三、"民间祠神信仰"的文化意义

在上文对梓潼神和二郎神信仰演变历程的简单回顾基础上,再重新审视本章节的研究重点"民间信仰"对族群文化共生的影响。梓潼神与二郎神从民间信仰的地域性神灵在一定历史时期演化为具有全国影响力的神灵,其中虽然是由于上层政权对其的推崇从而使得两位神灵的信仰中夹杂着儒、释、道文化元素,但其根本依然是民间信仰中的市井文化,其信仰文化非儒非道非佛,"三教合一"文化概念并不能完全套用在民间信仰文化上,因为其宗教体系的根本并非诞生于儒释道三教中的某一宗教,所夹杂的多种宗教派别文化只是为了满足在不同群体中传播的需要。这也反映出作为民间信仰在中国传统社会的民间文化观念体系中,一方面社会主流意识形态以及主流文化对其的影响确实可以将这种文化观念从市井文化上升到社会主流文化,但另一方面某一时期的主流意识形态和主流文化并不能完全取代民间市井文化的核心地位,这是因为民间百姓的市井文化与上层阶层的主流文化需求有着本质的区别,这也是民间信仰的民间文化形态赖以生存的本质原因。

在两宋时期,其社会文化中的宗教文化的最大特点就是"三教合一",所以这一时期民间信仰发展的一个特点就是儒释道文化在一个文化空间内共生,并且对各族群的文化影响从表象上看趋于一致,一致性表现为在民间大众举办的各种宗教活动中,三教合一的文化融为一体。在上层士大夫的观念中佛教文化、道教文化以及儒家文化作为精英文化可以将民间信仰文化的内涵提升到自身阶层所能接受的理念境界,反映出崇高的人生境界和生活情趣可以对人格修养产生影响,对于民间大众来说佛教的水陆道场、道教的宗教仪式等又可以满足出于实用目的的自身需求,两者相得益彰。

梓潼神与二郎神为代表的民间宗教其诞生非官方化,代表着市井阶层的精神需求,虽然在它的发展与改造中,儒家文化、道家文化、佛教文化在一定时期作为社会的主流

---

① 黎靖德.朱子语类:卷3[M].王星贤,点校.北京:中华书局,1986:54.

文昌神、二郎神造像艺术特征的"多元化"研究

意识形态和主导性的宗教深入其中，但更多的是依靠民众的信仰观念，在表现形式上侧重于信仰活动行为的实践。民间信仰缺乏官方正式的文本记载，多以口头传承为主，它的传播是立足于社会民众的日常生活需求，但是对于民间信仰神灵特别是祠神来说，形象的转变与主流意识形态和宗教类型的渗入有很大关联，甚至受其控制。所以中国宗教史中祠神信仰的研究可以反映出某一特定时期社会文化特别是宗教文化的发展状况，宋代民间祠神信仰与主流文化相互融合又有所区别，反映出民间信仰文化的民众性、多元性、地域性等特点。因此祠神信仰是中国传统文化的重要组成部分，依靠对民间信仰的共识，地域性族群得到共生发展，特别是多民族地域依靠共同的民间信仰促进了多民族族群之间的融合。

对于如何利民间祠神信仰开展中国民间信仰研究，梁启超先生认为，"做中国宗教史，依我看来应该这样做：某地方供祀某种神最多，可以研究各地方的心理；某时代供祀某种神最多，可以研究各时代的心理，这部分的叙述才是宗教史最主要的。至于外来宗教的输入及其流传，只可作为附属品。此种宗教史做好以后，把国民心理的真相可以多看出一点，比较很泛肤的叙述各教源流，一定好得多"[①]。古代民间信仰中的重要形式——祠神信仰将社会各阶层群体、民族族群、社会主导意识、民间风俗等融合在一起，形成一个整体的社会文化共同体。

唐宋时期以梓潼神和二郎神为代表的"祠神"信仰现象说明当时已经出现"神、灵越界"的现象，地域性的民间信仰对象"灵"在当时统治阶层的推动下成为全国性信仰的"神"，其神职与神格都发生了根本性的改变，反映了民间大众草根文化与士大夫阶层的精英文化之间的互动。一方面梓潼神、二郎神被当时的儒学等精英文化改进，结合民众需求，在大、小两个文化传统的双重引导下被不同阶层的人所接纳，由此也成为巴蜀地区最重要的祠神，成为巴蜀地区族群精神世界中的主要宗教文化信仰。另一方面宋代三教合一文化趋势对民间祠神的信仰改造并不能改变其稳定性、多元文化复合性、信仰地域性、民间性的特征。

古人云，"明则有礼乐，幽则有鬼神"[②]，这说明了民间信仰中的鬼神思想与现实世界的关系。以梓潼神和文昌神为代表的"祠神"信仰是宋代各个社会群体阶层所共有的文化意识观念，上至上层统治阶层下至平民百姓，虽然祈神的内容各有不同，但都承认神灵信仰会帮助自己在日常行为生活中解决实际遇到的困难，这样就实现了精神层面的观念世界与现实世界的沟通。

宋代地方性的祠神文化出现还与其地域特点有关联，特殊的地域环境会产生特殊的

---

① 梁启超.中国历史研究法[M].上海：上海古籍出版社，2000：287-288.
② 阮元.十三经注疏[M].北京：中华书局，1980：1530.

文化现象，宋代巴蜀地区是一个相对封闭的地方，并且多民族聚集，因此，多族群的文化信仰与当时统治阶层所提倡的主流意识形态、政局变化、社会整体环境相结合，就出现了上文所说的有独特文化的地域性神灵信仰，这一现象在安多藏区二郎神信仰、文昌神信仰中也出现过。下文将针对安多藏区的二郎神信仰和文昌神信仰"一身双像"所展示出的族群心理认同、族群边界认定进行阐述。

第四节
安多藏区多民族群体对二郎神信仰的心理认同

一、三川土族族群对二郎神信仰认知的差异

安多藏区是我国中原地区西北邻接的少数民族聚集区，地域包括甘肃南部、河西走廊、青海高原及四川西北地区。[①] 地域族群结构以藏族为主，还有汉族、土族、回族、蒙古族等多个少数民族。以二郎神信仰为主的族群主要是藏族、土族以及汉族，其中土族是信仰的主体，二郎神在当地土族族群中的信仰分布主要是在海南州的贵德县与黄南州的司仁县、尖扎县。

关于土族的形成，相关史料认为约形成于明朝后期，主要分布于青海湟水、隆务河一带。对于其族源，学术界现多支持来源于建立在羌、氐基础上的吐谷浑的说法。唐朝时，吐谷浑政权被吐蕃所灭，族群分成两支，其中一支留在故土被藏族和蒙古族同化后，成为新的族群——土族。所以土族文化中聚集了羌氐文化、藏传佛教文化、苯教文化、萨满教文化，其族群文化特别是宗教信仰文化显现出多民族族群文化的特征，主要表现在宗教信仰以"萨满"宗教为主体，与道教、苯教相融汇而形成以两者为内容和形式的混合性宗教，同时信仰佛教，以藏传佛教与汉传佛教共举并存。[②] 但从具体所展示出的生活习俗等文化特征来看，安多藏区土族族群存在差异，例如湟水一带的互助县土族族群和民和县土族族群，与隆务河流域的黄南州同仁县土族族群有差异。前者受蒙古族文化和汉族文化影响较深，语言上以土语和汉族语言为主，常见的服饰为绣花长袍、坎肩、彩色腰带及花鞋；后者则是受到藏族文化影响，使用语言多为藏语和土语，他们身着藏族服装，装扮与当地藏民相似。

由于所受到的族群文化影响不同，互助县土族族群和民和县土族族群在对二郎神信

[①] 王继光.安多藏区土司家族谱辑录研究[M].北京:民族出版社,2000(1).
[②] 曹婧.土族对二郎神崇拜的原因分析[J].新余高专学报,2009,14(4).

仰上与同仁县土族族群产生差异。民和地区土族民众认为二郎神信仰传入安多藏区的三川地区时间较晚，大约在清代嘉庆年间，现流传此地祭祀二郎神的赞颂文大致内容为："万天通意，灵显高真，关州洪城都为宗，旦山千日定太平，折草良亭，护众生，青面红光显为灵花果山下，降猴精……清源妙道护国业宁真君，川蜀大帝威灵显化天尊。"① 从赞颂文中提到了"花果山""猴精""清源妙道护国业宁真君"可见在当时受通俗小说《西游记》的影响，二郎神已经成为灌口二郎杨戬的形象，不再作为民间信仰神灵而是作为正统的道教神灵出现，但二郎神信仰在本民族中出现却是在其传入三川地区之前。而黄南州同仁地区土族由于受到藏传佛教影响，其族群对二郎神祭祀的方式以及身份赋予新的含义，于是二郎神在当地属于藏传佛教护法神系列或者是民间信仰中的地域保护神、战神、山神等，这从称呼也可以看出，当地称呼二郎神为"阿米牟洪"，意为山神等，其仪式色彩偏向原始宗教或密教。同仁地区土族对于二郎神信仰产生的缘由的认识和民和地区土族相似，都是认为其在本民族的信仰早已有之，即作为中原汉族道教神灵经由藏传佛教高僧大德引导在土族聚居地担任地方保护神，因此与二郎神相关的地方传说也都与当地的山神、土地神以及藏传佛教发生关联而非汉族道教的民间传说。虽然三川地区土族二郎神信仰有地区差异，但是民和地区土族和同仁地区土族达成共识的是：二郎神信仰是夹杂着汉族道教、藏族苯教与藏传佛教等多族群宗教信仰而形成的文化共同体，显现了土族族群英雄崇拜以及自然崇拜的心理。

  三川地区自古以来就是汉藏两族为主体的多族群聚集地，其民族构成历史最早可以上溯到西汉时期，据史料记载，为实现"北却匈奴、西逐诸羌"的战略，汉军曾经占领过湟水流域地区，同时大量迁徙汉人至此并开置公田②。之后，随着历代民族迁移与融合的发展历程，北方游牧民族与汉族不断发生互动并进行迁移，明清之际掀起了高潮，大批汉族军民为了边疆稳定向河湟等多民族聚集地区屯兵或者是移民，汉族逐渐成为青海地区的主要民族之一。汉族文化随着汉族移民进入青海当地族群，原本以自然崇拜和巫术为主的宗教观念以及宗教行为发生了改变，同时生产方式改变，即由游牧业向农牧业发展，中原汉族在农牧业发展过程中崇拜的土地爷、水神等掌管农业生产的神灵被游牧民族所崇拜，而游牧民族原本崇拜的自然之神也被赋予指导农业生产、水利等新的神职。西晋时期（约311年），原驻辽东地区的鲜卑族慕容氏的一支西迁，自枹罕（今甘肃临夏市）逐渐占据甘南、青海黄南等地区，并逐渐向青海海南、河湟一带和四川西北地区扩展，这使得青海地区的民族文化交融再次走向鼎盛阶段。③ 而吐谷浑这支西迁族群所到达的这一地域正是现安多藏区二郎神崇拜集中的地域，吐谷浑信仰的萨满教在这一

---

① 马婧杰.试析道教对青海地方文化的影响：以乐都、民和两县为例[D].北京：中央民族大学，2007.
② 崔永红，张得祖，杜常顺.青海通史[M].西宁：青海人民出版社，1999：41-46.
③ 崔永红，张得祖，杜常顺.青海通史[M].西宁：青海人民出版社，1999：113-115.

时期就与当地的宗教信仰文化产生了密切的接触，再加上佛教此时已经传入吐谷浑，因此该地区宗教文化的复杂多元化自古就已存在。

隋唐时期这一地域多民族文化并存的现象发生了变化，藏文化在这一领域起到了主导作用。自隋末薛举、李轨占据青海东部，至武德二年（619 年），唐朝中央设鄯（今乐都区）、廓（今化隆县）二州，多民族聚居的青海地区成为唐蕃征战的主要区域。① 由于唐朝与吐蕃王国在公元 7 世纪初的交战，吐蕃占领河湟地区在这里长期镇守，与唐军对峙，因此藏族族群与当地的羌人族群、吐谷浑族群混居，由于当时吐蕃在政治、经济、文化等各方面都远超于汉族以外的其他民族，所以逐渐形成后世安多藏区的核心地区。藏族苯教与藏传佛教对当地的多民族宗教文化产生影响，出现了藏文化圈的雏形，该地域族群的宗教文化观念日趋多元化，再加上这一时期战火不断的社会背景以及各族生活方式、本族群宗教观念的差异化，形成了安多藏区多重信仰的文化态势，这一文化态势中的宗教文化具有多元化的特征，并且具有独特的发展进程：

（秦汉时期）

羌、氐等民族——游牧社会——山川、河流、日月星辰等自然崇拜与祖先崇拜

↓

（西汉—魏晋南北朝时期）

汉族——农牧业社会——土地爷、河神、灶神等农业神崇拜

↓

（吐谷浑时期）

吐谷浑——畜牧业社会为主——萨满、巫术崇拜，佛教信仰

↓

（隋唐时期）

藏族——亦农亦牧社会——苯教、佛教信仰

正是由于多族群多种宗教文化相互影响，所以在安多藏区宗教信仰文化中，各个族群对二郎神的信仰认知是不一样的，羌、氐等古老民族在吐蕃王朝推行的政令法规、语言文字的情境下，吸收了吐谷浑民族及蕃人而逐渐形成了现在的安多藏族。② 因此，安多藏区土族等族群在发展过程中，其生活习俗、宗教信仰、宗教仪式在维系原有民族文化的基础上，对汉、藏民族宗教信仰文化进行整合，保留了羌氐文化中的核心文化巫术仪式，并与道教、苯教、藏传佛教、萨满教宗教仪式的某些祭祀行为融合，呈现多元文化的色彩。安多藏区二郎神信仰文化以及祭祀仪式的特征，其中部分内容就表现出这些

---

① 崔永红,张得祖,杜常顺.青海通史[M].西宁:青海人民出版社,1999:172-173.
② 同仁县志编纂委员会.同仁县志(下)[M].西安:三秦出版社,2001:908.

宗教的早期文化遗存。因此多藏区的汉族文化一方面保留了汉族文化的原生性，另一方面在多元文化圈中必然受到其他民族文化的影响，所以产生了独特的文化。安多藏区汉族对于二郎神的原型认知包含了三种，即治水的李冰二子李二郎、道教神灵杨戬、藏传佛教护法神。依据安多藏区各村落中汉文化发达的程度，可以区分为藏传佛教护法神和李二郎（或者杨戬）两类，前者分布在藏文化为主的黄南州同仁县隆务镇一带，后者则分布在海南州贵德县一带。这种现象一方面说明了安多藏区二郎神信仰的多重宗教文化内涵，另一方面也说明了各个族群在多元文化中依据本民族文化需要做出的信仰文化选择。

由于各族群对二郎神信仰的认知存在差异，二郎神的神格和神职也在除汉族以外的族群中发生变化。例如安多藏区民众对于二郎神原型的认知是藏传佛教神灵体系中的护法神、战神、格萨尔王化身或者是村落的地域保护神——山神等，安多地区的藏族有着很完善的宗教文化主体，即以藏传佛教和苯教为核心，形成了稳固的民族文化、宗教信仰、语言等方面的民族共同体，因此在对待汉族的二郎神信仰文化如何融入这一问题上，表现为兼容并包。但在安多藏区不同的藏族自治州中，二郎神的神格与神职是有差异的，海南与黄南的藏族民众认为汉族道教神明经过藏传佛教高僧大德的引导出现在藏区，转化为战神或者是守护神保佑当地民众平安，还有一部分藏族人则认为二郎神是藏族传说中的英雄人物"格萨尔王"的化身，它的出现是因为安多地区自古处于边疆地区，各个族群之间冲突不断，二郎神被视为保佑战事顺利的战神。因此，安多藏区的二郎神信仰大致可以分为两类：一类是由青海土著羌、氐族群或者是汉族道教所传入的战神形象，它是以外族神灵身份出现后被吸纳到藏族宗教信仰体系当中；还有一类是从藏族格萨尔王形象中演化出的，是作为藏传佛教护法神体系中的一员或者是苯教地方守护神之一，可视为藏族自身文化所产生出的神灵信仰文化。所以，安多藏区二郎神的信仰传播与发展特点，在不同区域、不同民族、不同的历史时期都有差异，不能简单归纳为汉族道教文化的影响。

安多地区的二郎神信仰是中国古代历史上羌、氐、藏、土等民族与汉族文化融合的产物，结合安多藏区民族结构以及分布特点，通过分析不同民族对二郎神信仰宗教文化认知的区别，借助二郎神在藏传佛教神灵体系中出现的"一身双像"现象，反映出宗教文化在民族融合中所发生的变化以及反向推动作用。汉族道教神灵体系中的二郎神在中原内地具有崇高的神格，既有治水神职也有战神神职，他频繁地出现在汉族的各种传说故事以及民间信仰中，传播至安多藏区以后，由于地域原因、族群文化原因，二郎神成为藏族、土族等民族共同信奉的具有多种神职的神灵，反映了安多藏区佛、道信仰从冲突走向融合。汉族道教文化在安多地区民族融合过程中与当地族群原始宗教、藏传佛教、苯教等结合，被赋予了新的民族文化内涵，成为安多地区的宗教文化特色。当地的民众在二郎神信仰的祭祀仪式中将藏传佛教神灵祭拜仪式、苯教和道教的仪轨通过原始的"跳神"宗教行为表现出来，在这个过程中显现了二郎神信仰的多元宗教文化与民众互动，这也是下文继续深入讨论的重点。作为安多藏区多个民族生活聚集地信仰的二郎神信仰已经成为当地族群社会生活的重要组成部分，藏族与土族民众通过二郎神信仰以及相关的仪式来增强族群内部协调，并将这种内部协调扩展到与安多地区其他族群的社会交往中，实现了积极的社会功能以及在民族融合中的作用。

二、族群互动中的二郎神信仰多元宗教文化因素分析

上文所说二郎神信仰在安多地区的传播展示了多元宗教文化下汉族二郎神信仰文化的地域性演化特点，下面针对民族融合进程中安多藏区多元宗教文化对二郎神信仰进行分述。

安多藏区二郎神信仰的重镇——同仁县、尖扎县、贵德县，从地域文化特征上看，自古以来就是中原内地与边疆多族群交往互动的接壤之地，作为民族走廊之一，是汉文化与其他族群文化交流融汇的重要区域。汉朝时随着汉政府对青海地区的多次军事活动，通过军屯与民屯，大量中原内地汉族迁入河湟地区，将儒家文化与道家文化传入此地，使得居住在此地的羌、氐族群文化融入了汉族文化因素。到了魏晋南北朝时期，更多的民族族群迁徙至青海，原住民在往青海其他地域的迁移过程中与这些族群发生互动，民族融合过程中的混居现象使得族群内部成员结构发生了变化，地域性的多元文化现象开始显现。隋唐时期，唐朝与吐蕃的战争与文化经济往来推动了这一地域多民族文化的继续发展，例如吐谷浑族群的分支迁移至此带来了萨满教文化，吐蕃军队的驻扎带来了佛教文化，为青海地区族群文化注入了新的文化血液。至明清时期，随着明政府"文化化边"国策的推行，中原汉族道教在青海地区进一步传播，也就是在这一时期，二郎神信仰体系在各种族群文化中扎根，道教的信仰体系以及仪轨仪式在不同程度上影响了当地的多元宗教文化，特别是渗透到藏族、土族的民间信仰层面。

以安多地区的"二郎神"信仰为例，虽然二郎神在中原内地是作为道教神灵体系中的一员出现，但在安多地区却不能将其视为道教神灵，在多元宗教文化的影响下，其形象已经发生了多元性演化。安多地区的二郎神的原型之一在其原住民信仰中就已经出现，即青海古代原住民氐先民所崇拜的"三目神"的化身，其原始宗教文化巫傩文化被后期迁移至此地的藏族、土族吸纳融入本民族的宗教文化中，尤其是地域保护神的信仰文化，直接和藏族苯教神灵神职发生融合现象，其祭祀行为也被继承。由此，当汉族道教二郎神传播到藏传佛教与苯教为文化主导的安多藏区时，具有先天信仰元素的二郎神就自然而然被转化为民间信仰神灵或者藏传佛教中的护法神的一员。这种特殊的宗教信仰文化现象只能出现于特定的地理环境、社会习俗、宗教文化中。安多藏区的藏族与土

族民众在举办祭祀二郎神的宗教活动过程中，有的采用藏传佛教僧侣念经的形式，有的采用苯教"荦、素祭"的形式，可见，安多藏区的二郎神信仰作为藏传佛教文化、苯教文化、原始宗教文化的统一体，是安多藏区多元宗教文化共同铸造的结果。

但是安多藏区的二郎神信仰依然保留了道教神灵的某些文化元素，这些文化元素可以视为二郎神在此地被信仰的基础，即从神格崇高的道教神灵一员回归到原初出现的本型，即民间信仰中的地方保护灵。其由"灵"进入"神"归功于道教早期创始人张道陵，相传他在巴蜀地区著书弘道的时候，将当地氏族的原始宗教信仰神灵和祭祀行为进行整合，在这一过程中，当地氏族原始宗教信仰中的神灵"三目神"形象被纳入早期道教神灵体系中，成为后世二郎神的基本形象。后又将蜀地修建都江堰的李冰及其二子、青城山道士赵昱的传说与其结合，如此，二郎神就具有了司水的神职，在历代君王赐封的过程中，结合《西游记》等小说话本中的人物塑造，最终变成了现今道教神灵体系中的杨戬杨二郎这一共识形象。当以杨二郎为原型的二郎神的事迹传播至安多藏区时，在主流文化——藏文化的改造下，又变成了地方性的保护神。

总之，信仰二郎神的安多藏区族群达成的共识是：安多藏区的二郎神集合了道教神灵、民族地方守护神、藏传佛教护法三种身份为一体，采用了原始宗教的祭祀方法供养神灵。说明安多藏区族群在接受二郎神信仰时，都是在主流信仰即藏传佛教文化中，结合本民族的民间宗教信仰文化对道教神灵二郎神信仰文化进行解读，再在本民族信仰需求的基础上进行全新的诠释。在这一过程中二郎神的神格与神职发生了转变，安多藏区各族群的多元宗教文化构成了当地的二郎神信仰文化，并且适应了不同族群的宗教信仰需求，体现出中华民族各族群在民族文化交流融合过程中的创新。

民族文化发生演化的前提是不同族群之间的互动，一个民族族群的文化是在族群发展的历史中对自身信仰文化、生产方式、制度等的凝聚，体现了本民族对世界的认知，既包含了物质层面，也包含了精神层面。作为民族文化的重要载体，宗教信仰文化在中国古代的多民族发展过程中，对族群精神世界的塑造以及族群内部关系的维系起着重要的作用，影响着中国古代族群文化形成、发展的方方面面。一个民族的宗教文化在族群的发展过程中融合了多种族群的宗教文化，民族互动的重要性凸显。

安多藏区的二郎神信仰有古代氏族的原始宗教文化基因，随着该民族的迁移活动，"三目神"信仰文化被传播到周边族群，当时的藏族、鲜卑族、羌族等族群在接受该信仰的时候，依据本民族的文化对神灵的神职与形象重新进行了的改造，在这一过程中多民族聚集地的二郎神信仰出现了地域性的本族化现象，二郎神在四川地区是"川主"或者道教神灵的形象，在安多藏区被转化为藏传佛教护法神或者是村寨的守护神，其祭拜方式和行为也发生了相应的改变。

二郎神信仰在安多地区传播最为广泛的就是同仁县，该地域在历史上曾是汉族统治区，后又成为吐谷浑王国统治辖区。元朝时随着藏传佛教在当地的兴盛以及政教一体的推行，藏传佛教文化成为当地的主导文化，这一时期所出现的"他族"神灵都打上了藏文化的烙印，宗教行为也都受藏传佛教仪式文化影响。由于信仰藏传佛教的族群群体在地域族群结构中占据主导，二郎神也逐渐转化为藏传佛教的守护神。而毗邻的贵德县，由于藏传佛教影响较小，其他族群文化在这一地域依然保持存在，所以在二郎神信仰的祭祀仪式方面展现出汉族文化的影响，例如贵德县的二郎神请神仪式中藏传佛教仪式与汉族道教仪式会同时举行，"请神"所用的"神轿"上既有藏传佛教的哈达等物品，也有汉族道教的符箓贴在上面，该地域民众认为二郎神是来自道教神灵体系。这些现象说明了宗教信仰文化核心内容会向主流社会文化靠拢，在这样一种宗教文化不断分化、整合的过程中，安多藏区的二郎神信仰与藏传佛教以及道教文化发生互动，在调和中趋于整合成为一个整体。

虽然安多藏区二郎神信仰在当下依然传承，并且作为当地的一项重要旅游资源成为族群或者村寨文化对外展示的名片，但伴随着现代化的进程，安多地区族群的生活方式发生了根本性的转变，民众对民间宗教信仰的精神依赖逐渐衰退，信仰功利性正在增强。现今当地供奉二郎神的村民数量大大减少，但另一方面群体性的祭祀活动如青苗会、纳顿节依然保持一定的举办规模，这说明无论个体对信仰观念的看法如何，要获得族群的认可必须参加村落集体的祭祀活动，这样才不会受到排斥，这也是二郎神信仰依然在当代安多藏区族群中存在的缘由，即族群观念，个体在参加纳顿节这类集体祭祀活动时会被其仪式的神圣性氛围所感染，在一定程度上恢复了个体对二郎神的崇拜之心，使得原本可有可无的信仰因为集体宗教情怀的感染得到增强。

三、二郎神信仰社会功能的转型

当前安多地区二郎神信仰的社会功能已经发生根本性转变。所谓社会功能，指某一社会子系统或社会现象在维持社会秩序、保护社会系统正常运作方面所具有的影响力。① 安多藏区的二郎神祭祀活动是多民族聚集区域社会形态的重要组成部分，从古至今，该地域的各个族群通过对其的宗教信仰以及祭祀行为来协调族群群体内部关系，成员个体也以此融入整个集体社会系统当中，即使是科学技术发达的现今，宗教信仰文化依然是安多藏区信仰群体日常生活中不可缺少的组成部分。中国古代的二郎神信仰对安多地区的各个民族族群主要是起着精神慰藉、协调社会关系的功能，古人由于对未知世界的认知有限，依靠对神灵的信仰来协调人与未知世界的关系，从而获得心理慰藉，凭借对神的敬畏对集体或个人进行约规，巫师、法拉等神职人员所得到的神谕成为村落或

---

① 戴康生,彭耀.宗教社会学[M].2版.北京:社会科学文献出版社,2007:129.

者是族群成员的行为准则,社会行为的开展是在"神的旨意"下进行的。安多藏区的二郎神信仰在今天已经失去了历史上的很多社会功能,但又被赋予了新的功能,表现为族群认同功能、文化整合功能、民族交往功能三个方面。

族群认同功能。安多地区的众多民族族群都信奉二郎神,其在藏族、土族、汉族的宗教文化中具有多重神职,并且作为藏传佛教神灵体系中的护法神,通过信仰文化和祭祀活动在各个族群中建立起共同的文化观念,在当地多族群聚集的社会群体中保持了本民族的自我性。各地区之间的村落也通过共同的信仰将同一种族群以血缘或者是地缘关系再次进行整合,扩大了传统的群体观念,以宗教信仰文化的共识性成为族群群体聚合的标准,这是一种新的群体观念。来自不同族群或者是不同村落的成员凭借共同的宗教信仰文化融入群体当中,感受到族群内部的归属感,从而产生依赖感。在祭祀仪式上神职人员所进行的诵经等行为在向信众传达已经披上"神圣"外衣的中国社会传统伦理道德以及社会美德观念,在族群群体内部形成统一的思想行为准则,个人遵循这些准则,由此人与神之间的关系转变为人与人之间的社会关系。

文化整合功能。宗教的文化功能是宗教展示给社会各界的最具正面形象的性能,也是其他文化最易于吸收、借鉴的地方。① 安多地区的二郎神信仰作为民间信仰的一种,吸收了藏族、土族、汉族的宗教信仰文化,在民族交往过程中融合并形成了安多藏区多民族共同信仰的二郎神信仰文化以及祭祀仪式。其实质是主流宗教与民间宗教的协调,促成精英文化与世俗文化协调,表现为多个民族在维持自身民族宗教文化核心的基础上,吸收他族宗教文化而具有宗教信仰文化趋同性,所以安多藏区多元的宗教文化影响下所形成的二郎神信仰对该地域多民族群体通过相同的宗教文化信仰与行为整合的统一体具有维系作用,某种角度看也是保护了各民族的传统文化。

民族交往功能。二郎神作为安多藏区众多村落所共同信仰的神灵,在藏族、土族中广泛传播,通过其宗教祭祀仪式行为促进了人与人之间、族群与族群之间、村落与村落之间的交流。例如在纳顿节、六月会中,村庄中的藏族、土族、汉族都会来参加仪式活动,这为民众之间的相互交流提供了一个平台,减少了族群之间的隔阂,各个村落中的民众由于拥有共同的信仰文化而产生了地域的认同感和亲近感,当有困难的时候信众们相互帮忙,共同的信仰成了一种社会交往的桥梁,具有维护民族团结、增进民族交往的功能,在藏文化占据主导的安多地区推动了汉藏文化的交往。

发端于中国古代少数民族的原始宗教信仰融合了藏传佛教、道教以及苯教等多民族文化后,最终形成了安多藏区的二郎神信仰及其祭祀活动,它体现了多元宗教文化与多族群的互动。安多地区自古便是多民族文化交流的聚集地,由于聚集了众多的民族族

---

① 牟钟鉴.宗教社会论[M]//西北宗教论丛(第3辑).兰州:甘肃人民出版社,2013:14.

群，在协调整合后形成了开放多元的藏文化圈，藏传佛教等宗教的教义与仪轨在这里趋向民间世俗化。各个族群的信众根据本民族的物质以及精神需求供奉神灵，形成了具有地方特色的多元宗教文化，可见安多藏区作为藏文化圈的重要组成部分，民间信仰在其中起着举足轻重的作用。特别是在当下，作为一个族群精神世界以及群体活动的重要参照物，纳顿节等民间信仰祭祀活动的内容与功能已经发生了改变，不仅仅是一种宗教文化，更重要的是作为地方族群的一种民俗文化，促进了多民族文化在当下的深入融合，所展现的族群文化特征也成为中华民族传统文化的重要组成部分。

四、藏族"八月会"与土族"纳顿节"构成的"多元一体"文化表达

在三川地区的各族群二郎神祭祀仪式中，与土族"纳顿节"齐名的还有藏族的"八月会"，从前文所述可知，虽然安多藏区二郎神信仰文化是将汉族二郎神信仰以藏传佛教信仰为思想内涵进行改造，成为安多藏区多民族信仰的神灵，但地域文化差异、族群结构差异使得藏族与土族对二郎神信仰文化的认知存在差异，因此，两者的祭祀仪式也存在着明显的差异，具体表现为土族在纳顿节是以"跳神""巡游"等作为酬神庆典的主要信仰活动行为，藏族则是采用"汉藏合一"的神灵献祭仪式开展信仰活动，其规模超过了"纳顿节"。

在对三川地区二郎神祭祀仪式所展示出的多元文化因素探究基础上，结合当地多种围绕二郎神信仰展开的宗教行为活动种类，如土族春季"青苗会"、秋季"纳顿节"以及藏族"八月会"，通过对同一神灵不同的献祭文化表达方式，反映出三川地区不同民族族族族在坚守各自族群文化传统的同时，在一定时期内依托宗教文化信仰的共同性结成同一性族际关系的现象，这也是中国古代边疆地区族群在长期的族群交流过程中所形成的多元一体、维系共生的真实写照。这一地区二郎神信仰活动的多样性成为传达三川地区多民族族际关系文化表达图式的载体。

在多民族聚集地，各族群文化的生命力维系最重要的环节就是多元文化中的文化认同体形成，表现为既具有不同族群文化差异又有一致性认同，这种"和而不同"就构建了费孝通所提出的中华民族多元一体格局[①]。这一点在三川地区多元文化并存的族群文化中可以很鲜明地通过一系列具象的表征看出。在古代的安多地区三川地域族群社会中，存在的藏族、土族、汉族等多元民族文化因素通过二郎神崇拜信仰行为表现出宗教信仰文化与民俗信仰文化的一致性认同，通过二郎神祭典仪式所形成的不同民族之间的地域性认同，从日常生活行为实践层面诠释了族际社会民俗文化多元一体的具体举措，

---

① 费孝通.中华民族多元一体格局[M].北京:中央民族大学出版社,2003:119.

也就是人类学者所指称的一体多元的族群关系①，这种族群与族群之间的族际关系互动形成了一个文化外圈，将有共同信仰文化的族群圈划其中。既然存在了文化外圈，那必然也有文化内圈，这种文化内圈指代的是个体信仰仪式或者风俗上的差异。例如来自山西洪洞县大柳树庄的汉族移民后裔河沿村郭家人有社火文化习俗，从青海黄南藏族自治州同仁县迁来的藏族后裔官亭鲍家人以"跳来宝"为民俗活动的仪式，兰州汉族后裔光辉村的邓姓人会举行家神庙会，回民后裔中川上马家人祭祖时不用猪肉，蒙古人后裔赵木川村安家人忌讳"纳顿"等等。

以上这些土族族群村落中所传承下来的民俗文化反映出不同祖籍族群的文化标识，成为三川土族群体内部的个性化文化表征，在二郎神信仰的外圈影响下又在内部展示出一致性的认同，即绝大部分土著村落都会进行二郎神的娱神仪式，只不过其中的个别宗教行为环节有细微的差异。通过对二郎神宗教信仰的地域性崇拜以及民间信仰活动的开展，族群之间和族群内部之间，在不同的圈层形成了地域与社会文化认同，并且不同层级的认同形成的"和而不同"的族群文化从具体实践角度阐释了族际之间的文化交流。

三川地区文化特征的形成是由于特殊的地理环境，即地处河湟流域多元文化交汇地区，以及多元的民族文化，即以藏族、土族文化为主体，反映了一种不同人群的相处之道②。对于这一现象，费孝通先生的观点是："用中华民族多元一体格局"这个概念来解释中国民族研究中的历史和文化特征，有助于我们认识民族与民族之间、文化与文化之间的那种"和而不同"的关系，"和而不同"是世界上成功的文明体系的主要特征③。三川地区土族、藏族、汉族所共有的二郎神崇拜就是这么一种成功的文明体系，因为它造就了一种具有很大包容性的"和而不同"的仪式文化传统，并且充分体现出多民族在社会交往过程中所建立起来的"文化自觉"④。

信仰仪式在一个民族多种民族文化形式中就是一条族群边界，它不仅仅像一张入场券，只有获得"门票"的人才能够入场；而且，它也在进行着"群"（我群/他群）的划分。⑤ 安多藏区民和县三川地区土族、藏族、汉族等族群民众共同参与的，以二郎神及其他地方性神灵为祭典对象的仪式活动，一方面对外划分"我群""他群"的边界，另一方面成为基于共同神灵信仰的不同文化表征，这是多民族聚集地区各民族在历史发展中互动与整合的结果。虽然文化差别、文化隔膜乃至文化敌视一直都存在于不同族群甚

---

① 赵旭东.一体多元的族群关系论要:基于费孝通"中华民族多元一体格局"构想的再思考[J].社会科学,2012(4).
② 梁永佳.地域的等级:一个大理村镇的仪式与文化[M].北京:社会科学文献出版社,2005:77.
③ 费孝通.文化自觉和而不同:在"二十一世纪人类的生存与发展国际人类学学术研讨会"上的演讲[J].民俗研究,2000(3).
④ 费孝通.百年中国社会变迁与全球化过程中的"文化自觉"[J].厦门大学学报,2000(4).
⑤ 彭兆荣.人类学仪式的理论与实践[M].北京:民族出版社,2007:109.

至不同群体行业之间①，但在三川地区的族际社会交流中，不同族群文化的差别并没有影响多民族民众对二郎神的崇拜，在每年的春季"青苗会"、秋季"纳顿会"以及"八月会"的祭典仪式中，土族、藏族、汉族、回族等民众踊跃参与，以各种形式来表达他们的虔诚之心。

古代三川地区二郎神的崇拜文化起着维系地方族群之间关系和谐的重要作用，面对同一信仰神灵——二郎神，土族、藏族、汉族民众通过不同的信仰仪式行为表达文化多样性体现了人类的差异性，而正是这些多样性的差异共同构成了人类社会的文化生态②。这种建立在各民族族群文化自觉基础上的"多元一体"文化特征正是当时特定历史时期的产物，稳定了当时的边疆局势，促进了民族融合，实现了不同族群之间文化交流以及安多藏区地域的整体协调发展，并成为当下探究这一地区不同族群文化特征与生活风俗的重要遗产。

第五节
多元信仰互动下的族群边界重构与认同

一、藏传佛教"佛道一体"现象的文化基础

（一）相近性的信仰文化基础

藏传佛教中吸纳了藏族原始宗教苯教的众多信仰文化，特别是在祭祀仪轨方面，而苯教的祭祀仪轨与汉族道教文昌神的祭祀习俗从形式上看有类似之处，因此这也为藏传佛教接纳文昌信仰提供了前提。

众所周知，藏族苯教的祭祀习俗，"牲祭"和"烟祭"占据重要地位，这一习俗后被藏传佛教所继承。关于这两种祭祀方式，在多种文献中都有明确的记载。

首先，汉族道教文昌神的"牲祭"和"烟祭"。咸丰《梓潼县志》中记载："祭品：……俎实（纯黑牛、羊、猪一头）……宰牲：前祭一日，承祭官俱蟒袍，补助监宰牲，并埋毛血于东北偶坎内。"③ 由此可知，清代巴蜀地区民间文昌神祭拜仪式就已经采用"牲祭"。至于文昌神烟祭的习俗则是历史更为悠久，可上溯到周代祭祀星辰的仪式，在《周礼·大宗伯》中就已经出现了"燔柴祭"一词，即用"烟祭"仪式来祭拜文昌

---

① 岳永逸.灵验·磕头·传说:民众信仰的阴面与阳面[M].北京:生活·读书·新知三联书店,2010:117.
② 郝时远.社会主义和谐社会的重要观念:尊重差异、包容多样[M]//周大鸣,何星亮.文化多样性与当代世界.北京:民族出版社,2008:11.
③ 王兴平,黄枝生,耿薰.中华文昌文化[M].成都:巴蜀书社,2004:605.

星，古人认为烟可以将自己的愿望传达给上天，这一形式延续至今，至今在梓潼文昌帝君出巡时，民间仍有"煨柏桠"实行"烟祭"的习俗①。

其次，西藏原始宗教苯教中的"牲祭"和"烟祭"。作为藏族本土原始宗教，苯教的作用是"上祀天神，中兴人宅，下镇鬼怪"②。牲祭和烟祭是当时苯教祭祀仪轨形式之一，其出现是否受到中原内地文化的影响有待考察。关于"牲祭"进行时的场景，桑木旦·噶尔梅在《概述苯教的历史及教义》一文中有描述，苯教每年秋天要举行"鹿角祭"，杀死许多公鹿，取血肉献祭，冬天要各杀死三千只（头）绵羊、山羊、牦牛等公畜献祭苯教神祇，春天要举行名叫肢解无角母鹿的祭祀，将四只无角母鹿四蹄折断，以血肉献祭，夏天要举行苯教祖师祭，以各种树木和粮食煨桑祭祀，在人有病痛时，要施舍赎命，视个人经济情况从最多杀公畜母畜各三千到杀公畜母畜各一头献祭神祇，人死以后为了制伏鬼魂，也要像上述那样杀牲祭祀。此外，还有祈福、送鬼、赎替、卜算、预测生死等仪式内容③。这一祭祀形式在苯教宗教文化被吸纳至藏传佛教中后，逐渐被弱化或者取消；而"烟祭"这一形式被藏传佛教宗教行为所继承，苯教对"烟祭"的观点是，人们认为焚烧植物，特别是焚烧柏树所产生的烟雾能净化人所遭受的各种污秽。去病免灾有两种方式。"桑"可以免除病痛，而祸灾要用烟雾（煨桑）加以净化。净化仪式焚烧柏树所产生的香气是专门敬给山神的一种最普遍的贡品。但供奉所使用的词"桑"与净化仪式使用的词是相同的。"煨桑"是净化之意。供奉"桑"的仪式在以后几百年中在苯教中得到了很大的发展④。

由此，可以说"牲祭"和"烟祭"在道教文昌信仰和苯教信仰仪式中所展现的类似性宗教文化观念，为后期汉族道教文昌神信仰进入藏传佛教神灵体系进行了思想文化上互通的铺垫。

最后，藏传佛教对苯教"牲祭"和"烟祭"祭祀形式的吸纳。佛教传入西藏后，经历了"佛苯之争"，逐渐在雪域高原传播，在这一过程中，一方面抵制"牲祭"，另一方面为了尽快融入藏族社会，吸纳了苯教的部分文化，形成了藏传佛教，佛苯文化的整合反映出佛教在西藏的本土化演进。在这种态势中，藏传佛教通过有选择性地吸纳牲祭和烟祭的习俗，将它们融入自身的宗教行为之中，其中，烟祭完全转型为藏传佛教仪式中必有的一项固定仪式，由此，道教文昌信仰通过仪式文化的共通性被藏族族群接受。

藏传佛教中的文昌信仰反映了典型的"佛道一体"现象，文昌神作为道教神灵进入

---

① 黄枝生.文昌祖庭探秘[M].北京：中国三峡出版社，2003：141.
② 丹珠昂奔.藏族文化发展史[M].兰州：甘肃教育出版社，2001：438.
③ 班班多杰.藏传佛教思想史纲[M].上海：生活·读书·新知三联书店上海分店，1992：56.
④ 桑木旦·噶尔梅.概述苯教的历史及教义[M]//向红茄，译.国外藏学研究译文集：第十一辑.拉萨：西藏人民出版社，1994.

藏传佛教神灵体系中，吸收了他者宗教文化的因子，应该说是多种信仰文化的糅合体，融民间信仰、佛教文化、道教文化于一身，其中佛教的文化元素起着重要作用，这从以下几个方面可以显现。其一，佛教色彩的封号。佛教为了与道教争夺信众群体，吸纳部分道教神灵进入其神灵体系并封号，其中文昌神作为道教的大神在历代受到统治阶层和民众的追捧，成为道教推崇的重点神灵之一。佛教也不甘落后，也说梓潼帝君张亚子广行阴骘，以忠孝为本，利人利物为心，三十功满，证果天仙，后因凤翥，自蜀归依如来，被如来授记为"证果定慧王菩萨"，后来又授记"梵镇如来"和"证安乐不动地游戏三昧王菩萨""释迦梵证如来位"。① 其二，藏传佛教高僧所翻译的劝善书是明显的佛教理论，这一代表就是上文所提及的蒙译藏版《文昌帝君阴骘文》。该文虽然是以道教神灵为名，但实质是佛教思想为主要思想，文中出现了生死轮回、因果报应的文字，如"拜佛念经""近报则在自己，远报则在儿孙"等，还有佛教所提倡的慈悲为怀等理念的字句。其三，佛道共存的宗教场所布局。无论是道教的文昌神殿堂还是藏传佛教的文昌神供奉之地，文昌神殿内还有佛教人物，如释迦牟尼像、观音像等。以三点例证说明了藏传佛教文昌信仰佛道一体的宗教信仰文化，借助藏传佛教的信仰文化推行道教神灵信仰，使得藏传佛教信众们从心理上接纳文昌信仰，消除了族群之间以及不同宗教之间的隔阂。

当一种新的文化在异地传播时，有两个方面显著特征，一方面得力于信众原本固有的文化，并且这种文化与传播至此的新文化有一定共同的文化元素，就如上文所说的"牲祭""烟祭"共同出现在汉族道教文昌神祭祀仪式和藏族苯教祭祀仪式的现象，当有了这种文化的共识当地信众才能去接纳新的文化；另一方面，民众对所接纳的新文化有着改进。无论是藏传佛教对苯教文化的吸纳现象，还是明清之际对道教神灵文昌神的吸纳现象都说明了这一点。班班多杰先生认为：人们总是特别注意选择那些同自己的兴趣有关、与自己的固有观念一致、和自己的信仰吻合并支持自己的价值观念的信息。② 因此，藏传佛教文昌信仰的心理基础就通过祭祀仪式等文化共性形成。

（二）明代安多藏区藏传佛教高僧的推动

如前文所述，明代为了边疆稳定，采取"文化化边"策略，通过军屯和移民的方式将汉族迁移至青海一带，道教文昌信仰也随之传播至这一地域，具有典型性的有贵德等地区。明代河州地区的汉族移民迁入贵德地区后，在当时的贵德城入驻，他们在修建城池的时候也修建了贵德文昌宫、玉皇阁，就此，贵德地区出现了文昌神信仰，但文昌神信仰只是在汉族中流传，并未传入藏传佛教神灵体系。其进入藏传佛教神灵体系得力于

---

① 黄枝生.文昌祖庭探秘[M].北京:中国三峡出版社,2003:17.
② 班班多杰.藏传佛教思想史纲[M].上海:生活·读书·新知三联书店上海分店,1992:57.

当时藏传佛教高僧们的推动。

如果说牲祭与烟祭在仪式文化上的互通是内因，那么安多藏区藏传佛教高僧们所宣扬的"佛道一体"则是外因。藏传佛教高僧们将文昌神塑造为地方保护神，并通过翻译劝善书、口述史的形式宣扬，成功地将文昌神是由藏传佛教大师们迎请到安多藏区的这一事实传播至民间，例如塔尔寺阿嘉活佛翻译文昌神劝善书、化隆地区文昌神对夏琼寺色康巴·洛桑丹增嘉措大师的庇佑故事等。如此，道教文昌神就被披上了藏传佛教外衣，逐渐推广到藏传佛教信徒中。这也从侧面反映了口述史虽然具有不确定性，但从一个民族文化传统以及地域性文化知识构成方面来说，口述史的形式呈现了当地的历史记忆。

文昌神信仰在贵德地区传播以后，由于藏传佛教高僧们的推动，当地的土族、藏族民众接受了对此神的信仰，贵德地区成了安多藏区文昌信仰的重镇之一，并且作为发源地，以此为中心向周边的化隆、热贡等地区传播，形成了一个藏传佛教文昌神信仰的宗教文化圈。

安多藏区藏传佛教高僧们的这一做法，某种程度上说也是希冀借助宗教信仰文化的力量缓解当时族群之间的民族矛盾，作为多民族聚集地，安多地区居住着汉族、土族、藏族、回族等人民，他们不同的宗教信仰使得当时民族矛盾冲突产生，因此塑造一位能被多方认同的神灵是一种行之有效的方法。最终选择文昌神，将其吸纳至藏传佛教神灵体系当中，主要是出于对神职的认知。文昌神在道教神灵中是一位地位崇高的大神，依照《历代神仙通鉴》中所说："文昌帝君上主三十三天仙籍，中主人间寿夭祸福，下主十八地狱轮回。"① 可见他在当时的文人心中是主管功名利禄、寿夭祸福的重要神灵。在安多藏区，通过藏传佛教高僧们的引导，人们将其视为文殊菩萨化身之一的黑文殊，其作为地域保护神，同样也是具有较高神职的大神，因为文殊菩萨在藏传佛教中是智慧之神，主管教化，藏传佛教认为：整个汉地是文殊菩萨的教化之地，汉地文教之发达也与文殊菩萨有关。而在藏传佛教中文殊菩萨有白文殊、黑文殊等。② 那么将汉族道教文昌神视为藏传佛教文殊菩萨的化身，为什么会选择"黑"色呢？可能是与藏族历史中对汉地的称谓"嘉纳"有关。"嘉纳"一词在《藏汉大词典》中的解读为："汉地，内地，主要指我国内地汉族聚居的地方。字面意谓幅员辽阔，衣着以深色为主者。"③ 可见，历史上藏族对汉族的认知是汉族人衣着的颜色通常是深色，那么文昌神也应该是身着深色衣服，并且无论是在藏传佛教还是汉族道教中文昌神都是以教化之神的形象出现。服饰与神职的相似，使得在藏传佛教高僧推广文昌信仰的过程中，藏族人将文昌神与黑文殊菩

---

① 黄枝生.文昌帝君[M].成都：巴蜀书社，2000：319.
② 才让.藏传佛教信仰与民俗[M].北京：民族出版社，1999：33.
③ 张怡荪.藏汉大辞典[M].北京：民族出版社，1993：532.

萨等同，文昌神便成了黑文殊菩萨的化身，这样就更利于藏传佛教信众接受，再加上藏传佛教信众本身就对文殊菩萨很尊崇，文昌神在安多藏区迅速传播。

具有相似文化的群体，由于有相似的文化特质和文化丛体，比较容易互相适应，文化的互相借用数量更大。① 这反映出不同族群之间相同的宗教信仰功能对不同宗教文化的传播所起到的推动作用。

（三）藏传佛教神灵体系发展的文化传统

佛教传入西藏后吸纳当地原始宗教苯教文化元素形成了藏传佛教，所以对不同文化的整合是其发展的重要推力。在三次大型的佛苯之争中，藏传佛教吸纳了苯教的诸多神灵并进行了改造，部分苯教神灵成为藏传佛教的护法神，并且苯教神灵结构的多样性特点也被藏传佛教吸取。

苯教神殿聚集着为数众多的神灵，它们可能分别起源于象雄、印度、汉地，还有一些起源于波斯和西藏本土。② 苯教海纳百川的神灵体系结构对藏传佛教产生了借鉴作用，因此藏传佛教在神灵体系的发展过程中，结合"本地化"信仰需求，吸收了非藏地的很多神灵，所以出现了复杂的神灵结构体系，藏传佛教中出现印度、中原汉族以及其他族群的神灵形象，造成了藏传佛教在不同传播地域中出现当地民间保护神与藏传佛教大神并列供奉的宗教信仰格局，因此，藏传佛教认为万物皆有灵，皆可成为保护神，这也是藏区宗教信仰氛围浓厚的原因之一。介于此文化根源，道教文昌神、二郎神等在安多藏区得到各族群藏传佛教信众们的崇信也就不足为奇，这也是藏传佛教文化兼容并包的最直接体现，另一方面也说明安多藏区藏传佛教信仰从"神圣"逐渐向"世俗化"转变。

（四）安多藏区的地缘文化影响

地域环境对外来文化的本土化进程也起着重要的作用，因为文化传播的范围或借用的程度决定于两个民族之间接触的持续时间与密切程度③，从这一点上看，地理环境决定着不同族群文化交流的密切程度，安多藏区的文昌神信仰以及二郎神信仰的出现就说明了这一点。

作为汉藏民族的密切接触地区和藏文化辐射区，安多藏区历史上曾进行过大的人口迁移，从而形成了以藏族为主的多民族杂居的民族居住格局，汉藏杂居尤为明显，在此基础上形成了宗教多元、文化多元的区域文化圈，是多民族聚集、多元文化共存、多种

---

① 夏建中.文化人类学理论学派:文化研究的历史[M].北京:中国人民大学出版社,1997:214.
② 桑木旦·噶尔梅.概述苯教的历史及教义[M]//向红茄,译.国外藏学研究译文集:第十一辑.拉萨:西藏人民出版社,1994.
③ 夏建中.文化人类学理论学派:文化研究的历史[M].北京:中国人民大学出版社,1997:214.

宗教信仰共生的地带。① 正是安多藏区独特的地理位置，即民族走廊，使得该地区多民族族群与汉族文化长期持续变为可能，也正是这种可以与他族文化密切接触的地理环境，为汉族文昌神在安多藏区传播提供了条件。

安多藏区文昌神信仰作为多民族文化交融后出现的一种宗教文化现象，对缓解特定历史时期族群之间的矛盾冲突起着心理认同的作用。在安多藏区，文昌神是藏传佛教守护神以及地域保护神这一点已经是这一地区汉族、藏族、土族等民族所公认的文化认知，他们对文昌神的传入赋予各种民间传说，他们将道教文昌神与本民族的宗教神话相嫁接，对文昌神的祭拜也成为他们宗教行为的重要组成部分。

二、信仰文化对族群边界的重构

何为族群？族群并不是在地域、经济和社会隔绝状态下形成的文化承载和区分单位，而是一种人们在社会交往互动中生成的社会关系和组织。② 族群之间的边界并不是以地理边界作为完全的衡量标准，往往跨越地域的概念，是一个范围更广的群体，族群的边界不能完全以地理的边界作为判断标准，它只是可供参考的一个因素。而族群边界的主要内涵是其"社会边界"，造成这种社会边界的主要因素是语言、文化、血缘和宗教等内涵。③

不同族群之间的凝聚核心就是族群的文化认同，两者相辅相成。基于地缘因素所产生的族群互动使得不同族群之间的文化认同组建成型，这种不同族群之间的文化认同有两个重要的内涵。其一，必须是在多个不同族群之间的互动中产生；其二，文化认同并不是一方的文化被消亡，不存在你死我活的斗争，而是一种不同族群的"文化共生"。在与世隔绝的孤立群体中，是不会产生族群认同的，至少族群认同是在族群间互动的基础上发展起来的，从未接触过异质的文化，那么认同就无从产生，首先必须存在一种差异的对比，才会产生将自己归类、划界的认同感。④ 不同族群文化在相互交流中产生了差异，这种差异使得不同族群将本民族的文化进行改造，从而达到族群内部文化认同的目的。

通过对安多地区多族群文化聚集现象的考察，会发现这样一种现象：族群边界明显的地区往往是多个族群互动最频繁的地区，在频繁的互动中，各族群的文化以及族群认同出现了"求同去异"。在中国古代历史上，各个族群在互动中最容易出现变动的就是本族群的宗教文化。因此安多地区作为多元信仰的典型地区，这一现象更为明显。

---

① 刘夏蓓.安多藏区族际关系与区域文化研究[M].北京：民族出版社，2003：5.
② 巴斯.族群与边界(序言)[J].高崇，译；周大鸣，校；李远龙，复校.广西民族学院学报(哲学社会科学版)，1999(1).
③ 徐大慰.巴特的族群理论述评[J].贵州民族研究，2007(6).
④ 孙九霞.试论族群与族群认同[J].中山大学学报(社会科学版)，1998(2).

第四章
安多藏区"佛道一体"信仰现象的诠释与延展

在多元信仰地区,一方面宗教信仰的认同成为维护族群的边界,另一方面共同的宗教信仰认知也成为族群之间沟通的桥梁。因此从族际互动以及多元信仰文化产生变化的缘由入手,通过对不同变量因子在互动中的演化和影响的解读,可以对藏传佛教文昌神信仰在安多藏区多民族聚集地域的族群边界和族群认同所产生的影响有更加清晰的认知。

历史上的安多地区是一个多民族混杂地区,因此各个民族在生存与发展中的互动是必不可少的,在这种互动中出现了宗教文化的交融与碰撞,各个民族都在巩固本民族历史文化和民族记忆的基础上,吸收他族的文化基因,一方面保持自己的民族特色,另一方面扩大了族群的边界,在这一过程中,民族"历史记忆"的作用以及族际变动的方式值得关注。

首先,观察"历史记忆"对族群的作用。所谓族群,国外学者的观点是,如果那些人类的群体对他们的共同的世系抱有一种信念,或者是因为体质类型、文化的相似,或者是因为对殖民和移民的历史有共同的记忆,而这种信念对于非亲属社区关系的延续是至关重要的,那么,这种群体就被称为族群[1]。由此可见,族群边界和认同的关键在于拥有族群内部共同的历史记忆。

关于历史记忆与民族认同作用的研究,台湾学者王明珂所提出的"华夏边缘理论"为研究民族认同提供了一个理论思路。在王明珂看来,族群与族群之间的界定边界并不是作为一个族群存在的核心而是族群互动的最前沿。族群记忆按照载体规模从小到大可分为三类——集体记忆、社会记忆、历史记忆,分别对应的主体是群体、社会以及民族族群。其中最重要的是"历史记忆",它包含了其余两种记忆。所谓历史记忆就是对族群起源、发展历史的追溯,它对多族群"多元一体"信仰文化的出现起着心理思想上的奠基作用,例如土族信仰"二郎神"的现象,其缘由之一就是土族族群在"历史记忆"的追溯过程中认为自己是羌氏后人,而二郎神三目携犬而行的形象恰是先祖氏人的形象,因此在接纳汉族二郎神信仰时没有出现抵触现象。与此同时,通过历史记忆来追溯族群历史的方法,也是解读不同族群之间出现认同与冲突的方式之一。历史记忆的内涵不仅包括记忆的对象是历史事件,同时记忆本身也是一个历史,是一个不断传承、延续的过程,这个过程本身也构成历史[2]。历史文献与口述史是获得一个民族历史记忆最常用的方式,虽然历史文献和各民族口述史的记录并不能够完全展示当时一个族群文化的全部面貌,但通过这两种方式可以从不同角度理清族群的变迁与发展脉络,并通过对一个民族历史记忆的追溯还原当时民族融合的情景,反映出文化涵化、民族认同的过程,

---

[1] 袁同凯. 广西融水苗人族源探析:兼论族群主观认同、族属客观标示与族群认同变迁[J]. 广西民族研究,2007(1).
[2] 赵世瑜. 传说·历史·记忆:从20世纪的新史学到后现代史学[J]. 中国社会科学,2003(2).

借助历史某一阶段中族群文化之间的融合现象,例如明清之际安多藏区藏传佛教中的道教神灵信仰,勾勒出族群文化融合后所构建的族群边界。

如此,基于各民族历史记忆所构筑起的同一族群边界成为族群认同的主要因素之一。

其次,影响族群边界的"动态"因素。虽然基于民族认同所形成的民族边界相对稳定,但它的边界界定是动态的,随着各个民族族群在不同历史时期互动程度的变化,族群之间的边界呈现变动。王明珂先生认为人群的主观认同及族群的产生和存在的不同过程,是由对族群边界的界定和族群边界的维持来完成的。族群边界则是多重的、可变的、可被利用的。[①] 依据其族群边界变化对不同族群关系影响的相关观点[②],族群最边缘的文化交流是影响族群边界的最直接因素。

对族群边界动态变化影响的因素探讨是解读族群形成本质与族群文化融合的关键,其方式有多种,但在安多地区这样一块多族群聚集地,面对多元民族文化和宗教信仰文化,族群边界变动的因素更多地体现在"信仰文化"边界的构成。

族群交往在日常生活中最常见的三种互动方式为不同族群之间的通婚、混居等,这些传统因素直接影响着族群交往以及相互之间的认可。

首先,不同族群之间的通婚影响。

只有当两个族群群体中的大多数成员存在着十分广泛而普遍的社会交往,彼此之间在政治、经济、文化、语言、宗教和风俗习惯等各个方面达到相互一致或者高度和谐,两族之间才可能出现较大数量的通婚现象。[③] 不同族群之间的通婚带来的是个体背后的族群文化融合,这一点在安多藏区体现得更为明显,一个大家族往往汉族、土族、藏族都有,在这样一种情形下,民族之间的相互认同对一个家族的凝聚力来说尤为重要,这种跨族的通婚是否和谐反映了两个族群的互动关系以及不同族群文化融合的程度。通婚所带来的就是不同民族对他者民族文化的接受态度,最终的目的就是接纳不同民族的文化,例如安多地区藏族"文昌神"信仰、土族的"二郎神"信仰以及土族对藏传佛教的信仰。不同民族文化通过不同民族之间的通婚实现融合从而达到族群内部平等的目的,进而辐射到整个村寨、城镇不同民族之间的社会关系,使得民族族群之间的边界变得模糊,因此作为促进族群间文化边界变动的举措加速了不同民族之间宗教文化的融合。

其次,混居格局的影响。

一个多族群国家或一个多族群省份里,如果各个族群的成员比较均布地混杂居住在

---

① 王明珂.华夏边缘:历史记忆与族群认同[M].台北:允晨文化实业公司,1997:77.
② 王明珂.华夏边缘:历史记忆与族群认同[M].台北:允晨文化实业公司,1997:78.
③ 马戎.民族社会学:社会学的族群关系研究[M].北京:北京大学出版社,2004:437.

地理区域的各个部分，这可以被称为"混杂居住模式"。① 安多藏区的城镇与村落中，除了不同民族之间的通婚，不同民族的混居也是促进族群边界变动的因素之一，从社会关系微观层面上说，混居是最直接的交往方式之一。族群混居使得不同族群成员在一定范围内产生接触与互动，促使不同民族文化接触，为民族认同、族群边界的扩大提供条件。

通过上述多种方式，不同民族、族群之间的宗教信仰文化出现接触与演化，其目的在不同历史时期有着区别，但其实质依然是，宗教文化的认同使得民族认同成为多民族聚集地区的"主旋律"，在这一过程中，族群边界发生了重构。

族群认同是一套特定文化同价值标准相结合的，不同的环境会有不同的行为，文化边界就是通过不同的行为而得以维持。② 族是由族群边界维持，造成族群边界的是一群人主观上对外的异己感，以及对内的基本情感联系。③ 可见族群边界维持和构成的心理基础就是族群内部成员对族群文化的自我认同以及对他族文化的抵御。通过上文通婚、混居等形式，安多地区民族之间的互动加强，在这一过程中族群边界的清晰感被弱化，但这并不是逐渐消失而是一种"动态化"的扩大。

族群边界建立的基础是不同族群之间社会交往过程中的文化差异，对于成为共同体的族群而言，其存在的保障就是边界，在社会关系互动中，民族特征并没有消失，反而随着族群内部成员的文化多样性得到增强，使得扩大后的族群内部成员对族群认同感加深，从这一点来说族群的边界在重构后得到了稳定，本书研究的安多藏区文昌神信仰和二郎神信仰对多民族认同的作用就说明了这一点。

不同民族区分的最直观外显方式就是民族文化特色，历史上的安多地区作为多民族聚集区，其日常生活中的宗教文化作为区分不同民族的符号，成为民族边界的标签，其形成或是民族成员内部自认定的，例如安多地区不同地域的土族族群，他们都有各自细微的族群文化差异，或是他族赋予，如藏族、土族、回族。所以在讨论族群边界的时候，这些标志着不同民族族群边界的文化标签是查看族际互动行为的重要参照。文化标签是在不同族群群体互动中形成的，包含了语言、文字、习俗、宗教信仰等，这些固定的文化因素成为族群内部自我意识稳固的基础，随着族群边界的"动态"变化越发对本民族文化特征起维持作用，也是族群存在发展的基础。以语言为例，语言作为一个民族文化最显著的特征，是区分民族最直接的符号，也是最具有独特性和唯一性的文化符号。在多民族聚集地区，语言作为族群内部交流的工具，在避免本民族文化被他族同化中起着防护的作用。

---

① 马戎.民族社会学：社会学的族群关系研究[M].北京：北京大学出版社，2004：397.
② 巴斯.族群与边界（序言）[J].高崇，译；周大鸣，校；李远龙，复校.广西民族学院学报（哲学社会科学版），1999（1）.
③ 王明珂.华夏边缘：历史记忆与族群认同[M].台北：允晨文化实业公司，1997：77.

文昌神、二郎神造像艺术特征的"多元化"研究

如果说语言、文字、习俗等都是族群边界的构成要素，那么信仰文化就是核心，对这些要素起着整合作用，尤其是在安多藏区等信仰文化多元地区，信仰文化作为族群对外展示的文化符号，对建立以及重构族群边界发挥着双向互动作用。下文从信仰文化对族群边界构成、重构所起到的影响两个方面来论述。

第一，差异化族群信仰文化的构建作用。

安多地区各个民族交往形成了"社交网络"，这类社会网络的交往，具有很大的随意性和不稳定性，同时这种自发性的非正式社交网络，又被人们十分看重。人们的这种日常自由交往，代表了居民日常生活交往的重要组成部分。[①] 在多民族聚集地域，这种在日常活动互动中所产生的社交网络又体现出多元文化的族群互动关系，在这其中，信仰文化交织成为常态，差异化的信仰文化如果在沟通中不能调和，那么它就成了族群边界产生的直接原因。从这一角度看，不同民族的宗教活动差异化行为不仅不能推动族群认同，反而成为各民族交往之间的壁垒，这也是多民族地区容易出现民族冲突对立的缘由。

第二，群体性信仰行为的重构作用。

在安多地区群体性信仰活动是最常见的一种社会互动形式，例如"六月会""青苗会"等。一方面这种群体性活动缺乏官方的组织，是一种自愿形式；另一方面又受到信仰文化的规约，因此出现了群体性信仰行为的特征，特别是在得到族群认同的宗教神灵信仰仪式中，这种特征反映得更加明显。在进行群体性宗教活动的时候，当人们面对共同的神灵进行共同的祭拜行为时，族群边界的认定不再是依靠民族种类，而是依靠共同的信仰从而实现了民族认同，在这期间，民族边界发生了重构。从这一点上说，越是孤立的族群，其与外界所形成的族群边界越是稳定，反之，如安多地区这类多民族混居地域，各民族长期碰撞与接触反而使族群的边界变得波动，族群的自我认同与对他族的认同存在动态认知现象。因此，民族之间的边界呈现两个特点：其一，作为一个民族自身特性的维护者；其二，族际交往过程中，基于多元文化所形成的族群边界始终处于"稳固"与"重构"中。

民族特色的出现得力于族群边界的存在，一方面它成为识别不同族群的标志，另一方面也是族群内部成员和平共处的保证。一个处于"多元一体"环境中的族群的边界，虽然随着族际交往存在波动现象，但这并不能使边界消亡，它在模糊的过程中也在扩大范围，扩大范围是建立在包容其他民族文化的基础上，也是建立在对其他民族文化认同的基础上，这就是安多地区虽然多民族聚集，但多元文化面貌反而没有被某一民族文化统一的缘由。各民族在这一地域依赖族群边界，在维持本民族特征的同时与他民族形成

---

① 马戎.民族社会学：社会学的族群关系研究[M].北京：北京大学出版社，2004：403.

和谐共生的族际关系，并随着族群边界的动态变化进行重构，重构后的族群边界既保留了族群的原有特征，又被赋予了新的时代文化特点，保证了多民族地区民族关系的和谐稳定。

三、族际互动中的宗教认同和族群认同

"认同"一词属于心理学和社会学术语，指帮助个体在个体自身生活中产生秩序，并帮助个体置身于群体之中或卷入与集体的认同。① 安多地区的藏族"文昌信仰"、土族的"二郎神信仰"现象反映出多民族地区族际互动中的宗教认同以及基于宗教文化认同最终实现的族群认同。

在我国无论是哪一个历史时期，族群认同对于中华民族共同体的维护都发挥着重要作用，其中，族群起源、历史文化传承、世系延续都对族群认知以及他族文化认知产生影响，成为一个族群对外展示的标签。对族群认同文化有一点需要注意的是，并不是共有文化形成了族群，恰恰相反，是在民族交往互动中产生了文化认同现象，例如宗教信仰文化、风俗习惯等，族群之间壁垒的形成就是基于这种文化认同，出现了标注本族群成员以及其他族群成员的文化符号。中国与西方学者以往对于族群认同研究载体的关注点有所差异，西方学者关注族群内部成员的个人认同，而中国学者更多是关注族群成员群体的族群社会归属情感建立，但中、西方学者都承认族群的认同是"动态"变化的，体现出包容性。现今对族群认同的认知逐渐统一化，"一是族群成员认为自己拥有共同的祖先和相同的文化，这种认同可以是客观事实，也可以是基于虚拟的存在；二是群体共用祖先和文化，进而有意识地与其他群体相区分，形成内部的统一和外部的差异"②。族群认同形成后，一方面对族群内部成员的身份起着约规作用，一方面通过本族群与其他族群的差异性文化认知生成较为稳固的族群内部凝聚力，在这个过程中，族群内部成员对待他族文化的态度起着关键作用，历史上有成功的案例，例如藏传佛教文昌神信仰、土族的二郎神信仰等，确实对历史时期某一阶段的民族认同起着积极作用，但也有失败的案例，例如禅宗文化进入西藏后，在"渐悟"与"顿悟"的争论选择中未被藏族接受。

综上所述，族群成员对内认同本民族的文化，包括历史、文化、社会风俗等，使得族群内部凝聚力持续性稳固，才能在面对他族文化入侵时坚守自己的民族性，其中还涉及对待他族文化时的态度，是完全抵制还是兼容并包，这也决定了民族之间交往的态度和本族群未来发展的趋势。

下面针对族群认同中的关键要素，从个体身份转变与族群认同、宗教信仰认同与文

---

① 郝瑞.民族、族群和族性[J].中国人类学学会通讯,1996:196.
② 郝瑞.民族、族群和族性[J].中国人类学学会通讯,1996:196.

化认同等多层角度来分析这些要素对族群认同的影响。

1. 个体身份转变与族群认同

个体在家庭、社会中对待他族文化的态度是建立民族认同的一个重要考量标准,尤其是在安多地区等多民族聚集地域,往往会出现不同民族身份的个体融入一个家庭,这时,个体在协调本族群文化与他族文化中起着"自我认同"的作用。自我认同并不是个体所拥有的特质或一种特质的组合,它是个人依据其个人经历所形成的作为反思性理解的"自我"。可以说,现代性条件下的自我认同既是一个自我形塑的过程,又是一个自我型塑的结果。① 但个体行为存在个性化因素,所以存在不确定,不同历史时期、不同民族、不同地域的个体都有着不同的自我认同,它会随着外界因素的变动而变化。

在族际互动中的个体通过自我认同以及对群体的认同找到在群体中的身份与归属感,个体自我认知行为构成了多民族地区社会关系与丰富的信仰文化类型,族群边界也发生了"动态"变化,所以个体自我认知到群体性认同,是决定族群之间接触互动是否采取积极举措的关键。

个体在族际交往中所产生的自我认同以及他族认同是基于日常生活场景中的切身感受,当个体脱离原本生存的社会环境时,个体所扮演的社会角色通常会出现两个方面的心理变化。一方面是本族群意识的淡化,为尽快融入新环境,个体在与他族交往中会无意识地淡化在原生活环境产生的族群边界;另一方面又加深了个体再返回原生活场景后对本族群的认同,这也是现在少数民族乡村特有文化吸引个体返乡的有效方式。生活在陌生生活场景的个体对当地族群的认同,并非与本族群的认同那样,是出于利益需求而产生的某种文化认同,它在一定程度上淡化了新环境中不同族群文化差异所带来的隔阂,个体对不同群体的文化和风俗习惯进行整合,丰富了自身对不同民族文化形态的认知,就个体而言,实现了文化观念上的"多元一体",对差异性的民族历史记忆以及信仰文化等采取兼容并包的态度。

个体对群体认知所采取的积极态度是族群认同的关键。作为族群认知构成最基本的构成单位,随着个体在社会生活中角色的变化,族群认同也随之变化。人处于社会场景中,面对不同的文化观和价值观及认同标准,结合自身在社会生活中的身份与地位,会对社会文化产生不同的接受态度,这一点在多民族聚集社会更为明显。

个体身份的改变有主动也有被动,原因有多种,例如战争、社会变革,中国古代最常见的是随着战争的出现被征服民族被动地改变民族身份。在当下,个体身份的转变则更多是面对利益的主观性选择,出于国家民族优惠政策的利益驱使,部分个体民族身份的转变并没有反映出族群的认同,只是自身谋求利益的一种需要。鉴于这一类情况所产

---

① 吉登斯.现代性与自我认同[M].赵旭东,方文,译.北京:生活·读书·新知三联书店,1998:5.

生的临时性族群认同稳定性欠缺,带有功利色彩,但这也是当下不能回避的一种现象,因此人们现今在选择身份时除了传统因素语言、宗教信仰文化等以外,又多了一项因素,这也是时代的特性。从这一点说,王明珂先生的观点和它吻合,王明珂曾说:有时候我们不得不承认,真正的过去已经永远失落了,我们所记得的过去,是为了现实所重建的过去。① 但在多民族聚集地域,身份认同的基础依然是宗教信仰文化的"多元一体",对于安多地区民众而言,宗教信仰依然是身份认同最重要的因素,不同民族的宗教信仰文化成为族群内部成员身份认同的重要参照,信仰氛围浓厚的民族现今依然是以信仰文化认同作为族群边界的壁垒。对于"族群边界",王明珂先生在其著作《华夏边缘》一书中有独特的观点:"我强调族群边界的形成与维持,是人们在特定的资源竞争关系中,为了维护共同资源而产生……在这一点上,我赞同'工具论者'的立场:族群认同是人类资源竞争的工具。"② 在其看来,族群认同是人类在资源竞争时的工具,族群个体因为改变其历史记忆而造成了族群边界和族群认同的变迁。③ 国外学者们也有类似的观点,如在今天的社会中族群成员的共同实际利益逐渐成为族群冲突中实现社会动员并具有决定性作用的因素。④

当下随着社会科学技术的进步,地球村的形成越来越成为可能性,全球一体化的趋势中,群体之间的接触互动速度超过了以往历史上的任何一个时期,这种频繁的族群之间的互动使得相对稳定的族群边界产生波动,这也是国际上民族冲突加剧的原因之一。族群成员自我认同以及对他族认同对于稳定民族关系有非常重要的作用,族群内部成员凝聚力的强弱、国家民族政策倾向都会影响到个体对族群身份的认定以及族群认同的形成。

2. 宗教信仰认同、文化认同的作用

任何族群离开文化都不能存在,族群认同总是通过一系列的文化要素表现出来,族群认同是以文化认同为基础的,因此这些文化要素基本上等同于族群构成中的客观因素。⑤

抽象的族群认同概念具象化为一个民族的历史记忆、宗教文化、语言等,这些文化符号称为表现族群差异的外显特征,因此对这些文化符号的强化也是维持族群认同、促进族群内部成员互动的重要举措之一。

在安多等多民族聚居地域,不同民族身份的成员混居是常态,在这样一种模式下,不同民族之间的交往机会增多,族群之间的互动也更加频繁,在对彼此文化认同的基础

---

① 王明珂.华夏边缘:历史记忆与族群认同[M].台北:允晨文化实业公司,1997:21-31.
② 王明珂.华夏边缘:历史记忆与族群认同[M].台北:允晨文化实业公司,1997:25-30.
③ 廖杨.族群与社会文化互动论[J].贵州民族研究,2004(1).
④ 马戎.民族社会学:社会学的族群关系研究[M].北京:北京大学出版社,2004:471.
⑤ 周大鸣.多元与共融:族群研究的理论与实践[M].北京:商务印书馆,2011:30.

上，各民族之间的文化双向融合加速，在这一背景下，民族认同就显得格外重要。在中国历史上，随着民族多种形式的迁移，一方面汉族文化元素对中国其他民族产生影响，例如明清之际青海地区藏传佛教神灵体系对汉族道教关公、文昌神、二郎神等神灵的吸纳现象；另一方面，汉族移民迁移到多民族聚集地域，面对当地民族族群文化，也会出现反向影响的案例，例如安多藏区村寨中的汉族在社会习俗上吸收了藏族文化元素，这种现象在中国古代的各个历史时期，在多民族聚集以及宗教氛围地域都有出现，这也成为这些地域的重要文化特征。

在不同族群交往过程中，随着文化互动加剧，此时族群的分类不仅仅是按照传统的民族身份、地域等因素，文化认同也成为族群形成与认同的重要因素，中华民族共同体正是基于这种文化认同而形成。同时，民族是一种想象的政治共同体，并且，它是被想象为本质上有限的，同时也享有主权的共同体。① 个体认知在民族构建中发挥主体作用，并且这种个体认知所形成的个体对群体的认同是"动态"的，在一定时期内的特定环境中不稳定，这种不稳定使得民族认同呈现不稳定性，其中的"文化认同"相对于动态的其他认同特征来说，作为多民族地区族群边界的标志，更具有稳定性、广泛性和潜移默化的特点，虽然对于个体而言，由于身份、文化程度的差异，对族群文化的认知也会出现差异，但在整体族群认同这一点没有改变。

在信仰文化氛围浓厚地域的民族认同中，宗教信仰文化认同是决定性因素。从个体角度来说，宗教文化的获得依赖两种方式，其一，例如藏族等，自出生到成长，个人的宗教信仰文化就受到家庭环境和周边社会环境影响；其二，在不同民族交往过程中出于某种精神慰藉或者利益上的需求，主动或被动地去信奉某一宗教。由于两种方式产生的背景不同，所以在族群认同方面就存在稳定与非稳定两种结果。前者由于出生家庭以及周边环境的宗教文化氛围，被动地被授予了所在民族宗教文化接收者的身份，在其成长过程中通过社会交往实现了对本族群宗教文化认同，而后者是主动先接受了族群认同的宗教信仰文化，随后被族群所接纳才被赋予了族群成员身份，体现出主动性。西方学者认为人类个体在宗教信仰的生成过程中，一种是一生下来就能够使宗教观念和宗教群体的实践内在化，另一种则是要在生命的某个时期经受一种皈依的过程才能实现宗教信仰的内在化。② 当下，在中国信仰文化浓厚地域的民族群体中，前者也就是以家庭为单位所产生的本民族宗教文化认同占多数。

对于藏族、土族等民族来说，宗教信仰文化是民族文化的重要组成部分，两者交织在一起。对于人人信教的民族来说，宗教信仰文化既是"名片"，也是民族认同产生的

---

① 安德森.想象的共同体：民族主义的起源与散布[M].吴叡人，译.上海：上海人民出版社，2005：6.
② 约翰斯通.社会中的宗教：一种宗教社会学[M].尹今黎，张蕾，译.成都：四川人民出版社，1991：75.

基础，纵观历史中曾经出现过的民族，有的民族因为信仰而产生分裂引发了冲突最后导致战争，有的民族因为共同的信仰整合成了一个更为庞大的族群，因此宗教文化信仰认同是族群认同的重要组成部分。

宗教信仰文化所形成的族群边界构建了民族认同，信仰文化的仪式使得信众通过宗教身份的认同而得以凝聚。吕建福先生认为：宗教的认同观念具有双重含义，除了通常所指的个人对宗教群体的认同、归属、情感及其态度之外，还特指信仰个体对神的强烈的归属感和情感依赖、神秘体验，以及对宗教创始人、先知先觉、圣人圣徒、高僧大德的情感归属和神秘体验。宗教的这种特殊的认同感作用于宗教的群体认同，使宗教的群体认同感比之民族认同更为强烈和牢固。[①] 相对于民族、族群、个体的其他文化特征来说，宗教信仰文化由于是产生于思想最深处的认知，因此它对于信教族群来说是更为重要的，基于宗教认同会形成族群认同，并且这种族群认同最为牢固。

通过上文的探讨可知，民族认同构建路径中宗教认同是一种重要的方式，它能够增强民族以及族群认同。对于宗教认同，何其敏先生认为：宗教认同不仅涉及社会、群体、个体身份边界的建构，而且涉及社会认可的身份内涵与个体认同的主观选择之间的张力。[②] 但仅仅只有宗教认同并不能完全对多民族社会和谐做出推动，因为宗教认同会形成族群边界，在一定时期会阻碍民族与民族之间的和谐交往，这时就要认识到宗教只是附加在个人身上诸多身份和认同中的一种，多元认同才是构成社会和谐的最有效的选择。[③] 这一点在安多地区显得更为重要。

安多地区有着复杂的民族关系及多元的信仰文化，因此该地区的核心文化是宗教信仰文化，土族的原始宗教、蒙古族的萨满教、藏族的苯教和藏传佛教、地域性的民间信仰、汉族的道教信仰等宗教信仰文化共存，该地区的族群互动紧紧围绕信仰文化开展，因此会出现"六月会""青苗会"等宗教活动。"多元一体"的宗教认同成为族群认同、族群边界的构建基础，与族源认同等一起形成了安多地区对外展示的文化符号，展示了安多地区多民族社会族群认同现象。

第六节
民族融合视野中的"仪式观"

上文提及安多藏区宗教信仰仪式对民族以及族群凝聚力的作用，因此，本节对于

[①] 吕建福.论宗教与民族认同[J].陕西师范大学学报(哲学社会科学版),2006,35(5).
[②] 何其敏.宗教认同的边界建构与互动[J].西北民族大学学报(哲学社科版),2013(2).
[③] 何其敏.在多种身份中看待宗教认同[J].中国宗教,2012(8).

"仪式"这一安多地区宗教行为的最显著外征进行分析,从仪式对信众心理、行为的约规以及凝聚力两个方面来探讨。

一、仪式的约规功能

从安多藏区的"纳顿节""六月会""青苗会"等宗教信仰活动仪式来看(图16),它们已经成为藏族、土族族群的本民族节日,日常生活融合在一起,因此对于人人信教民族来说,例如藏族等,宗教信仰文化中的节日、日常生活中的禁忌都与宗教信仰有关,其中涉及治病、农业丰收、婚丧嫁娶等,英国学者特纳认为仪式就是人们在不运用技术程序,而求助于神秘物质或神秘力量的信仰的场合时的规定性行为。①

一个民族的宗教的内容本质上可以说就是信仰文化与仪式,信仰文化是思想核心,仪式是信仰文化的外显,两者结合在一起构建了宗教文化。对于宗教信仰者来说,整个世界被划分为两大领域,一个领域包括所有神圣的事物,另一个领域包括所有凡俗的事物。作为宗教构成因素的仪式,属于神圣事物,如果仪式不具有一定程度的神圣性,它就不可能存在。②结合中国各民族的信仰仪式案例,宗教仪式可定义为:出于某种带有神圣性的目的和需求,在信众公认的场合所举办的带有群体性活动性质的行为过程,并通过这种特定行为达到族群内部凝聚、民族认同的作用。

图16　2016年隆务寺正月法会,寺内

(图片来源:李姝睿《热贡多元宗教的社会功能研究》,兰州大学博士论文,2016年,第124页)

---

① 特纳.象征之林:恩登布人仪式散论[M].赵玉燕,欧阳敏,徐洪峰,译.北京:商务印书馆,2006:19.
② 薛艺兵.对仪式现象的人类学解释[J].广西民族研究,2003(3).

第四章 安多藏区"佛道一体"信仰现象的诠释与延展

宗教固然是抽象的思想文化观念,所有的宗教语言都是象征语言和神话语言①。但宗教仪式为理解宗教文化提供了有效的途径,因此在研究一个民族或者族群宗教文化时,仪式行为的表象过程是重要的研究载体。各民族的多种宗教仪式所展示的是本民族宗教文化特色,对仪式的研究有利于我们对抽象的宗教象征意义更为深入理解并通过精神实质的内涵探究一个民族宗教文化形成过程中的历史记忆、民族文化、社会经济情况、认知变化等,所以对于宗教仪式的研究可以放在多学科的研究语境下进行,宗教学、艺术学、民族学等都可以找到研究的话题。例如安多地区的藏族文昌神信仰、二郎神信仰,其仪式活动将抽象的信仰文化具象化,反映出一定历史时期同一地域不同民族政治地位、文化影响等方面的情况,也反映了仪式带有世俗性的特征。纵观现存的各民族宗教信仰文化,无不体现出神圣与世俗化的交织,宗教信仰的神圣与仪式行为的世俗化共同构成了一个民族对所信仰宗教的敬畏,并且仪式在其中成了一个民族宗教信仰的文化符号体系。帕森斯进一步提出,宗教仪式的符号就是一个社会共同的终极价值关怀。②下文针对仪式的概念、功能以及涵化现象进行解读。

首先,"仪式"的实质究竟是什么?按照英国学者特纳的观点:"死亡等重大时刻所举行的仪式是'个人生命转折仪式'……集体的纪念活动,如新年、节日等是'历年再现仪式'。通过这些仪式,社会被复制,个人在不改变社会结构的情况下,获得新的社会身份。他(特纳)将这些仪式统称为'过渡仪式',并将过渡仪式分为分离、阈限和过渡或重新整合三个阶段。"③在他看来,人类的精神状态可以分为两类,即日常生活状态和仪式行为状态,而仪式又可分为三个阶段。当人们在日常生活状态下,由于人在社会中的地位身份、职业处于较为稳固的状态,因此人们的社会关系也保持着相对稳定的模式,使得人们在社会关系中的情感保持稳定;但仪式行为状态则是一种非稳定性的状态,在仪式前、后的精神状态是稳定的,但通过仪式行为开展的一系列过程,将仪式前后的精神状态进行转换,从而出现了波动,国外学者将其称为称作"阐限期"①。这种仪式前后精神状态的换位所展示的抽象象征含义,成为仪式活动的特性,通过仪式活动的开展,参与其中的信众的精神状态由平缓逐渐转变为激动,宗教信仰文化的内涵通过仪式行为传达给信众,可以说宗教文化信仰的仪式是两种不同精神状态转换的桥梁。

从藏传佛教文昌神祭祀仪式、二郎神祭祀仪式,以及安多藏区传统的山神祭祀仪式等种种仪式活动行为可以看出上述状态的转变。例如热贡地区的山神祭祀仪式,一方面继承了藏族原始宗教苯教的信仰文化内涵,另一方面在该地区族群历史发展过程中,多民族聚

---

① 尼特.宗教对话模式[M].北京:中国人民大学出版社,2004:206.
② 薛艺兵.对仪式现象的人类学解释[J].广西民族研究,2003(3).
③ 李姝睿.热贡多元宗教的社会功能研究[D].兰州:兰州大学,2016:122.
④ 薛艺兵.对仪式现象的人类学解释[J].广西民族研究,2003(3).

集的态势为山神祭祀仪式注入了多元民族文化，丰富了其仪式行为表达，并且通过"多元一体"的宗教信仰文化在现代多民族生活聚居地发挥了族群认同的作用，其多元并包的宗教文化特征使得安多地区展示出浓厚的多元文化特质。仪式的过程按照西方学者观点，为一种带有文化符号的表演，例如，"格兰姆斯根据仪式的用途将仪式划分为以下六种类型：(1)仪式化指非实用性的、具有象征意义的动作或姿态。(2)礼仪指个人间的、形式化的，用于社交活动的行为。(3)典礼指群体性的、政治性的互动行为。(4)巫术指运用超凡力量，期望达成某种结果的行为。(5)礼拜，一种期待神圣力量的精神实践，通过冥想、默念来实行。(6)庆典，玩耍性的、戏剧性的和审美性的"[1]。通过仪式的表演形式将抽象的宗教文化观念具象化，在表演过程中使信众产生精神情感共鸣，增强信众们的凝聚力，引导信众们对某一种宗教信仰更加虔诚，所以宗教仪式文化简而言之为：社会活动中具有文化象征意义的特殊行为过程，并通过过程将仪式前后的精神状态"方位"进行转换，在这一过程中宗教信仰文化被传达，影响信众们的心理情绪，所以该过程又带有鲜明的目的性与世俗性，它可以满足社会的某种需求。

其次，宗教仪式对族群的约规功能。按照格兰姆斯对仪式功能的分类，在日常生活状态当中仪式出现在方方面面，不同场合的仪式所带来的功能是有所区别的，仪式在某种程度上可以消除人与人之间的隔阂和对立，缓解陌生环境中紧张的情绪气氛，营造出和谐共处的社会氛围，这也是宗教仪式行为在民族认同以及族群认同中所起到的积极作用。作为宗教仪式参与者，通过仪式行为对个体情感、社会秩序、社会结构等方面进行约规，建立了一个和谐稳定的社会正常秩序。在西方学者看来仪式更多的是体现在某一特定历史时期，社会群体构建某种和谐的社会秩序所采用的一种手段，在多民族聚集的安多地区，宗教仪式则是通过其多元的民族文化内涵，对混居在一起的多民族族群对内凝聚群体向心力，对外维护和谐的社会秩序，缓解民族矛盾。

最后，仪式文化的"涵化"影响。影响文化"涵化"的因素有多种，"涵化有许多可变因素，包括文化差别程度；接触环境、强度、频率以及友好程度；接触的代理人的相对地位；何者处于服从地，流动的性质是双方相互的还是单方面的"[2]。

在社会文化形态当中，仪式文化的涵化涉及个体与群体的方方面面，例如对个体来说表现为个体价值观、族群认同观念的改变，对群体来说则表现为社会形态文化层面的改变。仪式文化的涵化通常表现为整合、同化或者是边缘化甚至是完全隔离。按照字面含义来理解，所谓整合，是将族群原有文化与在族群发展中所受到的主流文化相结合，诞生出一种新的族群文化；而同化则是完全跟随主流文化放弃本民族的文化；至于边缘

---

① 薛艺兵.对仪式现象的人类学解释[J].广西民族研究，2003(3).
② William A Haviland. Cultural Anthropology [M]. New York：Harcourt Brace College Pub，1999：764.

化或者是隔离则是对主流文化采取消极的抵制态度，或者是维持本民族文化不变，或者是漠视本民族文化与主流文化的互动结果。涂尔干认为文化涵化的多维模型包括多元文化、熔炉、种族隔离和排斥。主流文化对其他文化采取整合态度，整个区域的文化就是多元化的；主流文化对原有文化采取同化态度，就会导致熔炉现象；当主流文化群体采取分离态度时，种族隔离就会发生；主流文化群体对其他文化的边缘化会在社会上造成排斥。[1]

以安多地区为典型对象，安多地区由于多民族长期共同生活，他们一方面各自拥有本民族的宗教信仰文化，另一方面这些宗教文化随着族群的迁移而发展，出现了文化涵化现象。在族群所处地理环境、族群周边文化等综合因素影响下，宗教信仰仪式逐渐丰富，不同民族的仪式文化相互交织整合，例如汉藏文化的结合、汉土文化的结合，这些宗教信仰仪式对增强民族凝聚力起着重要的作用。

二、信仰文化仪式的凝聚力

宗教仪式为何会对族群产生凝聚力？不管宗教仪式的重要性是多么小，它都能使群体诉诸行动，能使群体集合起来，举行仪式。所以说，宗教仪典的首要作用就是使个体聚集起来，加强个体之间的关系，使彼此更加亲密。[2] 具有相同宗教信仰的民众在进行共同的宗教行为仪式行为时，通过仪式所营造出的具有神圣感的场域氛围，获得情感上的满足和心理上的共鸣，个体通过相同的宗教信仰凝聚在一起，成为一个族群或者是一个民族。

安多地区宗教信仰氛围浓厚，各民族依靠信仰的差异所形成的族群边界与周边民族开展互动，在这一过程中仪式凝聚力的作用发挥明显，使得不同信仰群体能够坚持本民族文化意识，避免同化。在这一地域中举办的各类日常宗教节日和仪式中，参与群体可分为藏传佛教群体、汉族群体、穆斯林群体等，其中藏传佛教群体又包含了部分蒙古族和土族，在当地形成了藏文化圈即安多藏区，在藏文化圈中无论是藏族还是土族或者是汉族等，他们通过混居的生活方式聚集在一起，在藏文化的辐射下形成了共同的宗教文化信仰和仪式观，在他们身上出现了多元宗教信仰混合的现象。例如安多藏区的地域性土族族群，一方面他们更认同自己的藏族身份，另一方面在其宗教信仰中又混杂着土族的信仰文化，居住在此的汉族也是如此，所以当地的藏传佛教文昌神信仰仪式、土族二郎神信仰仪式、山神祭祀仪式等带有鲜明的多民族信仰文化元素，这使得多个民族族群通过共构的宗教信仰文化具有了族群认同感。因此信仰文化的外部传播途径——仪式，其功能在于对社会个体的协调，通过凝聚等行为的控制达到整合的目的，对不同类型的

---

[1] J W Berry. Acculturation as Varieties of Adapation[M]//A Padilla. Acculturation: Theory, Models and Findings. Bolder: Westview, 1980: 9-25.
[2] 涂尔干. 宗教生活的基本形式[M]. 渠东, 汲喆, 译. 上海: 上海人民出版社, 1999: 29.

文化进行一系列充分的研究，而在每一项研究中，必须把仪式或神话作为一个整体，并与文化结合起来进行考虑①。在这过程中仪式并不是作为一个孤立的"功能性"工具来实现族群凝聚的需求，而是体现了多元文化中的共同点，要把那些大量的宗教和宗教崇拜与它们各自的社会联系起来加以研究。如果不把宗教放到它与其他社会制度的关系中考察，我们就不能很好地理解宗教②。基于这一种理解，再重新去看安多地区的各个民族文化，特别是安多藏区的汉族与土族，会发现虽然他们依然保留着本民族的文化特征，例如庆典节日、语言、信仰文化等，但在日常生活中发生了文化整合的现象，以适应在安多藏区藏文化占主体的社会文化形态。具有典型性的就是在藏族村寨中的土族群体的生活习俗已经逐渐藏化，从他们所使用的语言到所穿服饰、日常生活习惯都显现出了藏文化的特征，语言上也是以藏语为主，这就与民和以及互助地区的土族族群具有很大的差异，这也是汉族道教神灵二郎神、文昌神在安多地区各地域出现不同程度的"一身双像"信仰的原因之一。

仪式对族群凝聚力打造的最佳的方式就是在特定的日期、特定的场所举行的节日庆典，每一个民族的节日特别是涉及宗教信仰方面的庆典节日，都是在漫长的民族发展过程中形成的，反映了不同历史时期民族的文化内涵，反映了一个民族的民俗传统。就安多藏区来说，由于藏传佛教信仰群体为主导，因此形成了藏文化圈在安多地区占据主要信仰文化的态势，藏族是一个基本人人信教的民族，所以其民族节日文化中带有大量宗教文化成分，并且作为民间信仰被广大信众接受。相对于官方所提出的宗教信仰而言，民间信仰由于更多的是来自社会个体之间的认同，成了一个民族的集体历史记忆，反映了个体对民族历史、族群归属等的认知，它是在民间信仰文化行为进行中形成的共知性行为。

对于信仰行为仪式来说，参加仪式的信众们基于共有的民族记忆，所产生的仪式本身具有非文本化特征，它的传承多依赖行为的传袭，虽然活动中的仪式也有明确的经文文本等，但对于信众来说其含义可以忽略，更多的是通过仪式所产生的氛围对自身的文化思想以及行为进行规约。同时宗教信仰文化中的仪式表现也可以看作是一种表演艺术，在表演过程中，程式化的表演要素对信众进行情感的渗透，将非理性的情感进行宗教信仰层面的引导从而产生凝聚力。

综上所述，信仰文化中的仪式通过文本传承、口述史记录、表演形式符号构建了族群的历史记忆和信仰文化，并在这一过程中，根据族群发展的需要，有目的性地甄选地域性文化、周边民族文化来改造本民族族群的认知，以显示地域性族群的某种需

---

① 布朗.安达曼岛人[M].梁粤,译.桂林:广西师范大学出版社,2005:1-3.
② 布朗.原始社会的结构与功能[M].潘蛟,等译.北京:中央民族大学出版社,1999:180.

求。在安多地区，多民族的多元宗教信仰文化和谐共存，各族群的民间信仰对维护民族认同发挥了重要的作用，藏族、土族通过二郎神与文昌神信仰现象进行重新诠释，结合自己本民族的宗教文化信仰，对他者民族宗教神灵信仰进入本民族信奉神灵体系后所产生的神职、神格、称谓进行新的定义。虽然由于受到地域文化以及族群文化历史记忆的影响，同一神灵信仰文化可能在不同地域的同一民族中出现局部差异，但都反映了信仰文化整合对民族融合的协调功能，信仰神灵原型所存在的多元一体信仰文化的交集，在稳固原有民族的族群身份认同的基础上，结合一定历史时期的政治需求以及族群内部发展的自我需求，通过对民族边界扩大化的塑造，在多民族聚集地域塑造了新的族群身份认同标准，扩大后的族群内部成员凭借新的身份认同，在特定地域中开展交流活动，在仪式活动中形成强有力的民族和族群凝聚力。当然这种凝聚力必须是积极的，符合中华民族和谐共生的民族关系发展宗旨，对于利用宗教文化仪式组织信众破坏中华民族整体凝聚力的行为要坚决抵制，所以对于宗教信仰文化需要甄选。

第七节 西藏宗教文化与汉族文化关联

藏传佛教文昌神、二郎神、关帝等汉族道教信仰现象出现的原因是多方面的，是多种因素共同运作的结果，其中，西藏宗教文化与汉族道教、儒家文化各历史时期的交流成为信仰文化出现的重要推力，本节针对藏族原始苯教创始人与道教老子关联的观点进行探讨，并对明末清初藏传佛教与汉族儒家思想的交流进行解读。

一、西藏苯教创始人与道教老子为同一人现象辨析

卿希泰教授认为早期道教派别之一的五斗米道也就是"天师道"，就已经具有多民族文化因素，五斗米道不仅是汉民族的宗教，它也吸收了西南少数民族宗教的成分，并同样吸收少数民族入道，因而也是西南少数民族信仰的宗教之一[①]。而藏族原始宗教苯教与五斗米道基本同时出现于汉代，所以作为西南少数民族原始宗教之一，早期的苯教与道教就已经产生了互动。

在苯教的相关研究中，众多学者对于两者自古以来的互动现象持肯定态度，在苯教的相关文件中也曾出现过汉族苯教徒在传播汉藏文化过程中的事迹，虽然真实性有待考证，但反映出藏族文化与汉族文化的互动早在西汉就已经出现了。因此在汉藏部分文献

---

① 卿希泰. 道教在巴蜀初探（上）[J]. 社会科学研究，2004(5).

中出现了西藏苯教创始人敦巴辛饶与道教创始人老子为同一人的记载。但依据对古代文献中老子称谓的还原，会发现其实两者并没有关联。这一记载的背后更多的是显示了汉藏文化交流的需要。苯教作为藏族本民族的原始宗教，其出现远早于现今的藏传佛教，它是最能反映出藏族本民族文化特征的信仰文化，同时道教文化又是中国古代汉族文化的重要体现，汉藏两族早期宗教的创始人同为一人，这一现象的诠释对研究中国古代特定时期汉藏文化关系有着重要意义。因此，早期汉藏宗教文化的融会也是安多藏区藏传佛教二郎神信仰现象出现的根源之一，可以得出结论，安多藏区道教二郎神多元形象之一的保护神"山神"，其来源就是苯教的"万物有灵"信仰文化。

1. 苯教创始人敦巴辛饶身份的考证

藏族苯教的创始人敦巴辛饶在藏族宗教历史上是一个谜，其出现的准确时间和真实身份都模糊不清，因此为了汉藏文化交流的需要，部分藏学研究者将其与道教老子的身份等同，认为是同一人物，例如土观·罗桑却季尼玛在其《宗教流派镜史》一书中这么认为："老君与苯教主辛饶为一人，汉语神仙（bran-shed）之仙藏语读音错讹，逐呼为辛也。"[①] 但通过对敦巴辛饶氏系家谱的研究，可以确定其在藏族历史上真实出现过。

首先，依据现存的敦巴辛饶家谱和苯教大圆满传承史中的文字记载，敦巴辛饶确有其人。

以敦巴辛饶氏族家谱中的历代名册为例，敦巴辛饶到第7代大圆满传人穆喀波木波与第1代吐蕃赞普为同一时期人。又以苯教大圆满传承史中的历代名册为例，从敦巴辛饶到公元7世纪的纳谐勒波共计经历了25代人。[②] 该家谱以及苯教大圆满传承史是不是伪书呢？从口述史传承的角度来看是具有可信度的。在藏族没有出现成熟文字的时期，口述史是藏族宗教文化历史传承的重要方式，最典型的就是"吐蕃赞普名册"，成熟时期藏文的出现是在吐蕃第三十三代赞普松赞干布于公元7世纪即位后，之前赞普的名称多是通过口述方式流传下来的，而口述史流传的方式是早期藏族与彝族文化互动中产生的，并且流传至今，在现今的藏传佛教中也经常能看见藏传佛教僧人能够背诵藏传佛教历代高僧上师的法名。所以通过藏族古代历史文献的相关记载[③]以及早期藏族与彝族所继承的口述史流传方式，可以认定口述传承中的氏族家谱背诵是具有一定真实性的，能够体现出早期藏族文化特色。

其次，关于敦巴辛饶的在世时间，南喀诺布先生认为：吐蕃第一代国王聂赤赞普曾

---

① 慧善法日.宗教流派镜史[M].刘立千,译;王沂暖,校订.兰州:西北民族学院研究室,1980:203.
② 南喀诺布选集(藏文)[M].北京:中国藏学出版社,1994:522-523;大圆满象雄耳传心法·诀窍部[M].北京:民族出版社,2010:17.
③ 占巴南喀.雍仲苯教史·丈巴林札[M].北京:民族出版社,2010:129.

第四章
安多藏区"佛道一体"信仰现象的诠释与延展

向敦巴辛饶的第七代法脉传入穆喀波木波时求过法。① 东噶洛桑赤列先生结合萨迦派古文献的记载则认为：吐蕃王朝的第1代国王聂赤赞普生于公元前313年。② 依照夏普南喀坚赞《论藏文的起源》一文中的推断，公元前313年上推240年，苯教创始人敦巴辛饶出现于公元前553年以前。出土的古代苯教文献也可以佐证这一时间的可靠性，如当许噶塘蚌巴奇塔出土的古代苯教文献③。该塔出土的古代苯教文献与敦煌出土的古藏文文献经比对鉴定后应该为同一时期。在当许噶塘蚌巴奇塔出土的古代苯教文献中，记载了吐蕃赞普祖先亚拉达宙神迹，择取其中一段文字内容翻译大致如下：

在天界的第十三层驻扎有恶魔之王协莱蔡，在地界的第九层下面驻扎有凶兆之王贡巴格白，恶魔之王协莱蔡听说在地界的第九层下面唯有凶兆之王贡巴格白最大、最厉害。于是，恶魔之王协莱蔡委派禽臣戴胜鸟邀请凶兆之王贡巴格白见面。凶兆之王贡巴格白的禽臣谭伞辰伞接到邀请后向其主子做了汇报，凶兆之王贡巴格白接受了恶魔之王协莱蔡的邀请。赴约那天，凶兆之王贡巴格白身着羽衣、骑着赤腿铁蹄铜骡，恶魔之王协莱蔡身着魔衣、骑着三足铁鹿。当恶魔之王协莱蔡到达约会地点魔坡姚莫时，发现凶兆之王贡巴格白的上嘴撕裂着苍天、下嘴撕裂着大地，左眼扫黑了阳山、右眼扫黑了阴山。凶兆之王贡巴格白的架势使得恶魔之王协莱蔡吓晕了过去。当恶魔之王协莱蔡苏醒过来后，承诺一切听从凶兆之王贡巴格白的指挥。于是，凶兆之王贡巴格白提议联合起来向天界的亚拉达宙发兵示威，迫使亚拉达宙向他们纳税。亚拉达宙获悉后，一边积极布兵防御，一边请占卜师占卜打卦以图良策。打卦的占卜师一个叫天本母冬安冬隆，一个叫地本母妞妞姜。两位占卜师利用四十二个玻璃球打卦测算后说，要想局面好转，需要请四个法师，送走四个叫僵的替代品。于是，亚拉达宙按占卜师的意思分别邀请了辛饶米奥、迪本占纳其江、沓本哲焦、僵本盎恋等四个法师。这四个法师先后为亚拉达宙做了消灾法事，综合全部结果，辛饶米奥的法事效果优于其他三位法师……④

虽然这段文字是神话故事，但其中隐藏了一些关于敦巴辛饶的信息，例如藏地在当时盛行法事活动，并且敦巴辛饶与吐蕃赞普祖先亚拉达宙为同时期人物。

结合汉藏出土文献中关于敦巴辛饶的记载，与道教老子出现的时间进行对比，老子

---

① 南喀诺布选集(藏文)[M].北京:中国藏学出版社,1994:522-523.
② 东噶·洛桑赤列.东噶藏学大辞典(藏文)[M].北京:中国藏学出版社,2002:216.
③ 噶塘佛塔位于西藏南部山南市措美县境内一个叫当许的地方。据当时媒体报道:此佛塔造型独特,在西藏其他地区基本找不到这种类型的佛塔。噶塘佛塔在"文革"时遭到破坏,但除塔身上半部分被彻底毁坏之外,其余部分基本保留下来。2006年5月,在清理塔内积土时出土了用古藏文书写的大量藏纸和泥佛像残片,其中一些文字记录了有关苯教祖师辛饶米奥、地名和医术的内容,而且,无论是文字的字体,还是用词、句型、表达形式都毫无疑问地证明系吐蕃时期文献,初步考证后认为该文献是继20世纪初发现敦煌藏文古文献以来的又一次重大发现,对于国内外藏学研究具有重要的意义。
④ 巴桑旺堆,罗布次仁.当许噶塘蚌巴奇塔本古苯教文书汇编[M].拉萨:西藏藏文古籍出版社,2007:35-17.

生存年份为公元前571—公元前470年，晚于敦巴辛饶，两者的生活年代明显不符，如《辞海》记载：相传春秋时思想家，道家的创始人。一说老子即老聃，姓李名耳字伯阳，楚国苦县（今河南鹿邑东）厉乡曲仁里人，做过周朝守藏室之史（管理藏书的史官），孔子曾向他问礼，后退隐，著《老子》。一说老子即太史儋，或老莱子。① 冯友兰先生认为："很可能，老子出生在孔子之前，而《老子》这部书是后人依托之作。这也正是我的看法。"② 并且在现已出土的古代苯教文献中并没有发现敦巴辛饶与老子有相似的事件发生。此外，"辛"据现今学者研究，其字义包含两个方面。一方面，辛是藏族原始姓氏中的一个大姓氏；另一方面，藏族古代的辛主要指男性苯教师，有时指有知识的人。汉语中的"觋"就是藏古"本"与"辛"在汉文化中的反映。③ 因此单从汉语"神仙"的发音与藏语"辛"的发音相似这一点，认为苯教创始人敦巴辛饶与道教创始人老子是一人的观点失之偏颇，那么为什么会有这样的观点出现，其中主要涉及苯教正史中出现的一位汉族译师——李聃。

2. 苯教史中汉族译师李聃的出现

敦巴辛饶在藏族历史中确有其人，但他并不是道教创始人老子，会出现这种认知的原因是因为出现了同名人物李聃，苯教认为这位在苯教历史中出现的汉族译师可能是老子。

这位在苯教史中出现的汉族翻译师，藏语名字读音与汉语"李聃名耳"发音相近，而道教创始人老子，姓李名耳，从称谓上看具有了两者为同一人的可能性。

从这位汉族译师的事迹上看，其与老子晚年"西去"的活动相似，苯教史中有关于这位译师的明确记载，"这位汉族译师曾拜敦巴辛饶的继承人东索木曲丹朱为师，主要负责苯教经典的汉译工作，他与当时来自印度、波斯、象雄、松巴、昌等地的五大著名译师齐名，在苯教史上具有很高的学术地位"④。根据这段文字中该译师拜敦巴辛饶继承人为师的事迹，两者在生活年代上对应起来。《西藏苯教源流》中也出现他把苯教带回汉地传播的描述："辛饶米奥圆寂以后，'瞻部洲六庄严'学法（bsgrags-pa-skor-gsum）于东索木曲丹朱，学成后（从魏莫隆任）各自回传道布法，正如前面所说汉族大学者李聆名伯（Legs-tang-rmang-bo）通过翻译向汉地传播了苯教大圆满（bsgrags-pa-skor-gsum）。"⑤ 可见这位汉族译师确实存在过。但无论该人是否为道教创始人老子，这一文化现象背后的缘由值得探究。

---

① 辞海[M]. 上海：上海辞书出版社，1980：1235.
② 冯友兰. 中国哲学简史[M]. 赵复三，译. 北京：新世界出版社，2004：83.
③ 同美. 西藏本土宗教"本"的语言学解读[J]. 西南民族大学学报（人文社会科学版），2008(6).
④ 夏察·扎西坚赞. 西藏苯教源流（藏文）[M]. 北京：民族出版社，1985：150-151，156.
⑤ 夏察·扎西坚赞. 西藏苯教源流（藏文）[M]. 北京：民族出版社，1985：178-181.

3. 清代苯教与道教关联的缘由

将苯教创始人敦巴辛饶与道教创始人老子形成联系，最主要的原因是清代藏传佛教的发展需要，其中涉及上文所说的《宗教流派镜史》的作者土观·罗桑却季尼玛。他在其著作中说老君与苯教主辛饶为一人。① 但这并不是为了推广汉藏两族文化交流，其真正的目的在于利用当时嘉绒地区大、小金川土司与中央统治的矛盾，借助清朝统治府的官方力量压制苯教在嘉绒地区的发展，从而达到藏传佛教格鲁派在嘉绒地区传播的目的。

土观·罗桑却季尼玛在乾隆时期任掌印喇嘛，在任期间曾协助乾隆对嘉绒地区大小金川的军事活动②，此时他将苯教与道教形成联系，结合当时清政府对道教的态度，就会理解他为何将苯教创始人与道教创始人合二为一。

在乾隆时期，道教发展受到压制，卿希泰教授认为：如果说顺、康、雍时期清廷对道教首领的礼遇还算勉强过得去的话，那么，自乾隆时起，清王朝对道教首领的地位一再贬降，对道教活动的限制不断加强，逐使道教处境日益困难，组织发展渐趋停止而衰落。③ 此时，苯教由于藏传佛教的兴盛逐渐被驱逐至西藏边远地区，嘉绒地区则成为当时苯教最后的根据地，而嘉绒地区又是当时乾隆政府采取军事活动的主要地区，乾隆曾先后两次发动对嘉绒地区大小金川的军事活动。据相关文件记载，其军事活动提出的引子为当地土司之间的地域边界纷争，并不是与中央政府发生直接的矛盾，现在金酋等不过自行蜗斗，并无获罪清廷之事。④ 但当时的清朝国师等人为了彻底压制苯教，将藏传佛教发展到这一地域，于是鼓动乾隆政府对大、小金川出兵，采取武力消除了当地苯教的支持势力。据《清高宗十全武功研究》所载："于巢平大金川时，所有抗拒番民兵丁，必当尽杀无赦，即十六岁以上男番均当丢弃河中淹毙，是官兵前后所诛番兵番民实不下二万人。"⑤ 在《章嘉国师若必多杰传》中有藏传佛教高僧章嘉国师在这次军事活动中显圣的记载：

龙年（1772年）夏天，章嘉国师在五台山闭关静坐，刻苦修行金刚瑜伽密法，毫不懈息，与诸佛一起以三密戏乐的方式度过时光。到了秋天，章嘉国师朝见大皇帝于猎苑，皇帝向他征询一些有关政教事务之重大事宜，章嘉国师至热河普陀宗乘庙，向许多僧徒宣讲菩萨提道次第捷径之道，为期十五天，规模颇大，最后还作了广大发心供养。东部嘉绒有个不小的部落，当地居民称其首长为绕丹嘉波，该部之人多彪悍尚武，地方到处是峡谷峻岭，河流环绕，道路艰险难行。该地流行格鲁派以外的各种教派，而且主

---

① 慧善法日.宗教流派镜史[M].刘立千,译;王沂暖,校订.兰州：西北民族学院研究室,1980:203.
② 王尧,陈庆英.西藏历史文化辞典[M].拉萨：西藏人民出版社,1998:253,339.
③ 卿希泰.中国道教史:第4卷[M].2版.成都：四川人民出版社,1996:9.
④ 中国第一历史档案馆藏军机处汉文档簿《金川档》,乾隆三十六年(1771),寄信上谕,第1本,第5页.
⑤ 庄吉发.清高宗十全武功研究[M].北京：中华书局,1987:172.

要崇奉苯教。因附近一些地方官吏敲诈欺压，故彼等倡乱反叛。朝廷屡次用兵镇压，但因地形险恶，数年不能平伏，皇帝遂命章嘉国师做法事诅咒。……此后数年中，章嘉国师多次奉皇上圣旨抛掷食子，几乎未得闲暇。……章嘉国师梦见翁牛特的松吉（aong-nyod-dpon-mo-gzangs-skyid）王妃带领侍从及许多兵士来见他，请求他摸顶赐福。章嘉国师问道："王妃欲往何方？"答："去同察柯叛寇交战。"章嘉国师心想，一个王妃从军赴阵，从未听说过，想是皇上派她去的。事隔不久，嘉绒部落被击溃，所有坚固的寨堡都被攻陷，部落头人皆被清军俘虏，整个地方只剩一片空旷。对于战地上出现的那些奇迹，大皇帝曾在大臣集会时说："戡平叛贼，并不只是依靠我们的力量，亦赖虔诚事佛及众护法佑助之力。"……大皇帝用武力消灭了嘉绒的不驯之徒，使所有地方部落都纳归治下。以前，这片地方虽有其他教派的寺庙六十二座，但格鲁派没有多大的势力，独有苯教盛行。此时大皇帝下令宣布："从今以后，不得信奉苯教。"并摧毁了处于当地中心的苯教寺院雍仲拉登寺，在留存下来的殿堂中聚集僧徒，建立了格鲁派的大寺院"噶丹林"（dgv-ldan-gling）。当时需要派一个好喇嘛去那里担任讲经导师，章嘉国师按照皇上的指示，指派班智达堪布桑吉俄色（sangs-rgyas-vod-zer）前去，并谆谆告诫他如何饶益那里的佛法和众生。[①]

虽然土观·罗桑却季尼玛对苯教文化不是非常了解，他自己也说"苯教如何弘扬及其教义，未得有关对彼详尽记载之书。至于藏地前中后三时之传播，系支贡尊者所说，其见解行持与诸乘义理乃据总摄苯教八万四千法之秘咒关隘日光庄严论而述者。此书为大食、汉地、天竺等地众多成道大德会于猛喀（mang-mkhar）秘密苯窟（gsang-bvi-bon-phug）中所著也"[②]。但这并不能阻碍其借助清政府官方势力对嘉绒地区苯教进行压制，这也是他为了获得官方支持将道教与苯教形成关联的根源之一。但另一方面作为苯教来说，他承认与道教共为一个创始人是其本身发展的需要，在吐蕃王朝时期就已经出现这种现象，为了抵制印度佛教势力在藏地的传播，巩固藏族的地位，他吸收了佛教文化，将释迦牟尼纳入苯教神灵体系，作为敦巴辛饶的化身，从而争取信众，如夏察·扎西坚赞在《西藏苯教源流》中云："到了口法渡世时期，由继任者穆乔负责传播苯教之法，由印度释迦氏牟尼负责对持邪见者灌输正法。"[③]

以上是从藏传佛教与苯教之争的角度来说明为何会出现苯教与道教的关联。但就从苯教与道教两者文化的相似角度来说，早期两者的思想文化有共通之处。例如"建木"传说，有学者认为汉族道教传说中的通天阶梯"建木"来自西藏苯教传说中的"木给"，

[①] 赞拉·阿旺措成,夏瓦·同美.嘉绒藏族的历史与文化[M].成都:四川民族出版社,2008:91-94.
[②] 赞拉·阿旺措成,夏瓦·同美.嘉绒藏族的历史与文化[M].成都:四川民族出版社,2008:191.
[③] 夏察·扎西坚赞.西藏苯教源流(藏文)[M].北京:民族出版社,1985:304.

在藏语里"木给"就是天梯，是连接天地的通梯[①]；又如"五行之说"出现在苯教与道教之中，只不过苯教中的五行有两种说法，一种是"风、火、水、土、天空"，另一种是"木、火、土、金、水"，后一种就完全是汉族道教的阴阳五行说，并在后一种阴阳五行说的基础上建立了"阴阳历算"，认为这种计算方法来源于汉族，王尧先生对此认为藏族接受中原汉族阴阳五行的历史可以上溯到周初[②]。此外还有道教的阴阳八卦之术也出现在苯教文献中，卿希泰先生对此的观点是："一个是藏古史上的'仲''德乌''本'治政治世说，另一个就是汉古史上'黄老'与'刑名''阴阳数术''神仙方技'相结合发挥社会作用的历史。过去，不少藏学家误以为藏古史上所谓的'仲'只是'故事'，'德乌'只是'谜语'，'本'只是'民间巫术'。然而，通过汉族历史我们可以知道'仲'相当于'刑名'，'德'相当于'阴阳数术'，'本'相当于'神仙方术'。自战国以后，尽管刑、阴阳数术、神仙方技均有所发展，但是，最初刑名为帝王统治之术，阴阳数术用于解释国家的治乱兴衰、推论未来的吉凶祸福，神仙方技涉及治国养身。"[③] 早期道教与早期苯教文化的相似性还体现在对"创世之说"的诠释。苯教创世观认为世界的创世为本空→存在→起霜→出露直至生卵，道家则是"道生一，一生二，二生三，三生万物"，如果将苯教的"本空"理解为道家的"道"，那么"存在""起霜""出露生卵"则对应道家的"一""二""生万物"，就会发现两者有惊人的相似。

由此，明末清初藏传佛教中的道教神灵信仰，其思想文化根源早在藏族苯教时期就已经出现共通现象。

二、清初藏传佛教"佛儒并存"思想的出现

安多地区藏传佛教中出现的汉族文人所崇拜的文昌神信仰，也反映了清初时期藏传佛教与汉族儒家文化的互动。

清初，统治阶层出于缓解民族矛盾的政治需要，推崇汉族儒家文化，这一文化特征影响了当时的藏传佛教，随着推行这一政策的代表人物土观·罗桑却季尼玛对汉族儒家文化的系统阐述，除了"佛道一体"，又出现了"佛儒共存"文化现象，标志着藏传佛教对儒家文化的首次全面接触与吸纳，将藏传佛教与儒家文化的结合向前推进，这一时期是藏传佛教与儒教文化交流史上的重要时期，这也是文昌神信仰在安多藏区能够得以深入传播的思想基础之一。

虽然儒家思想文化早在唐、宋、元、明时期就以政治、经济、文化等不同方式传入

---

① 同美.藏汉文化视野中的绝地天通思想[J].民族学刊,2012,3(2).
② 王尧.汉藏民族古代哲学思想的交流[J].安多研究,1996(4).
③ 卿希泰.中国道教史:第1卷[M].2版.成都:四川人民出版社,1996:81-100.

藏地，并逐渐为藏民族所吸收、改造和认同，成为藏文化体系中的重要元素和组成部分[①]，但在清初以前，藏族对儒家文化的认知属于被动接收，且没有出现系统论述儒家文化的文献。直到清初，藏传佛教高僧才开始系统对儒家文化进行阐述，其代表为藏传佛教格鲁派活佛土观·罗桑却季尼玛的《土观宗派源流》中"讲述一切宗派源流和教义善说晶镜史"一节中的《如星的宗派儒家学说的源流》。在这一章节中详细论述了儒家文化特征、佛教与儒教关系等问题，该文成为藏传佛教与儒家文化共通性探讨的标志性文献，如他对"儒"字的理解："'儒'字是文字之名，意谓文字之道，阿努阿阇黎说：'字为学处本，为诸明之因，为名句文基，故说缀字法。'与此说之理相同。"[②] 他将儒的含义与藏文之创始人阿努阿阇黎即吞弥·桑布扎的观点对举，认为"儒"所代表的汉族文化观点与藏传佛教对文字的观点相似。

《土观宗派源流》中的"汉地儒家道家和佛教的教派源流"一章还提出："这个伟大疆域的宗派学风如何起源的？汉族正史中有如是语：此地在学术上出了各种零散小派，然大多近于偏颇，真正能明确揭示真理成为大宗的，则只有儒、道、释三教。初儒教如星，次道教如月，最后佛则如日。"[③] 其认为汉地的重要教派无非是儒、释、道，三教兴起后对汉地文化的影响及其地位各有不同，"初儒教如星，次道教如月，最后佛则如日"。这和隋代李士谦"佛，日也；道，月也，儒，五星也"的观点相同。李士谦的这一观点在中原汉地并不被完全接纳，但成为土观观点的来源与依据。在这一章节中，土观通过对汉地诸子百家、朱子理论、道教多神信仰特征、法事仪轨、神仙之术等的论述，说明他相对于以往的藏传佛教学者来说，对汉地进入了一个全新的认知层面，也反映了在清初时期，藏传佛教对汉族儒、释、道文化的全面理解。土观·罗桑却季尼玛《土观宗派源流》一书中具有明显导向性的是将汉地文化与藏地文化进行对举，形成关联，例如上文所说的苯教与道教关联，他就有意识地塑造"道士教即苯教"[④] "老君与苯教的教主敦巴辛饶为一人"[⑤] "苯教的'辛'字可能就是汉语对圣贤称为神仙的'仙'字，藏人读音错讹遂呼为'辛'"[⑥] 的认知。

下文对土观"佛儒并存"的观点进行详细论述。

作为藏传佛教格鲁派的土观，虽然对藏族苯教势力不遗余力地进行打击，但对于汉

---

① 可参看魏冬.儒家文化在吐蕃的传播及其影响[M]//中和学刊.西安:陕西师范大学出版社,2008;任建新.儒学与藏族文化[J].文史杂志,1990(5);刘俊哲.论儒学与藏传佛教在藏汉两地之间的互动传播与相互影响[J].民族学刊,2014(2);等文.
② 土观·罗桑却季尼玛.土观宗派源流[M].刘立千,译注.拉萨:西藏人民出版社,1984:194.
③ 土观·罗桑却季尼玛.土观宗派源流[M].刘立千,译注.拉萨:西藏人民出版社,1984:193.
④ 土观·罗桑却季尼玛.土观宗派源流[M].刘立千,译注.拉萨:西藏人民出版社,1984:202.
⑤ 土观·罗桑却季尼玛.土观宗派源流[M].刘立千,译注.拉萨:西藏人民出版社,1984:203.
⑥ 土观·罗桑却季尼玛.土观宗派源流[M].刘立千,译注.拉萨:西藏人民出版社,1984:203.

族的儒家文化却是采取接纳的态度，对两者的关系进行整合。例如早期儒家文化中并没有涉及佛教文化所宣扬的轮回因果思想，土观对此辩解为"余意以为伏羲氏及孔夫子诸圣人，因为考虑到当时还不是接受轮回涅槃学说的法器，故在五经和四书内，主要惟说对当前有益的处世为人的道理"①。他认为儒家文化经典四书五经由于受到当时社会环境的影响，才没有出现轮回因果之说，但其也没有出现与佛教思想对立的言论。再如土观还认为孔子、朱熹等对佛教文化存在推崇，"孔子似景仰如来者，当时因佛教尚未传入汉土，故孔子所著的书中，没有一语谈到佛法的优劣。惟朱夫子可能是精通佛理的，他所著的书中，对佛法备极赞扬，未加毁谤"②。他还宣扬孔子对释迦牟尼的推崇，他借用颜回问孔子何者为圣人、圣人在何方的故事，解释孔子回答所说的圣人在西方，说的圣人就是指释迦牟尼③，说："这是以释尊为唯一的大圣了。"④ 同时土观还认为"佛儒并存"的宗教理论是成立的，"易经的奥义可以说与无上密宗相吻合"⑤。土观还用藏传佛教文化对儒家经典《大学》的开篇进行诠释，文中"大学之道"包含了为人处事之道以及"明德"，而要做到明德就需要首先成就自己，自身先达到"善地"境界，才能引导众生进行"善道"，成就"度化"他人。

藏传佛教格鲁派活佛土观·罗桑却季尼玛客观论述了儒家文化对藏地文化的影响并对错误看待儒家的言论进行修正，例如以往对孔子的错误认知，土观纠正说："藏人言公子神灵王，认为是灵异之王。又有些汉传历数禳解法中，制造了《公子现证修法》的仪轨。又有一类书中称工巧公子，认为他是一位善于工巧的能人，这些全是暗中摸索之语。"⑥ 并且他结合《易经》阐述了这一儒家经典与佛教理论的相似之处，例如"太初都无所有"来自"未有天地以前，名为混沌"，再如朱熹的鬼神之说对藏族"六魂"之说的影响，以上种种都说明了清初藏传佛教"佛儒共存"的文化现象。清初土观·罗桑却季尼玛通过对汉地儒家文化的系统阐述，将儒家文化首次在藏传佛教文化中完整呈现，将儒家文化代表人物孔子对释迦牟尼的推崇以及朱熹对佛教的接纳态度作为佛儒贯通的理论依据，对藏地已有的对于儒家文化的错误认知进行修正，反映了清初藏传佛教对儒家文化的深入认知，正是这种藏传佛教与儒学的深入交流与认知，以及清初藏传佛教高僧大德们对汉族儒家文化的推崇，使得"文风"在安多藏区等地域大兴，汉族文人所崇拜的文昌神被藏族接纳也就变得理所当然。

---

① 土观·罗桑却季尼玛.土观宗派源流[M].刘立千,译注.拉萨：西藏人民出版社,1984:198.
② 土观·罗桑却季尼玛.土观宗派源流[M].刘立千,译注.拉萨：西藏人民出版社,1984:201.
③ 土观所引用的这条，当出于《列子·仲尼》。但其记载则有小误，即将原文中之"商太宰"作为颜回。后世佛家多引此条以证孔子推崇释迦牟尼。然土观引此，在藏传佛教内属首例。
④ 土观·罗桑却季尼玛.土观宗派源流[M].刘立千,译注.拉萨：西藏人民出版社,1984:198.
⑤ 土观·罗桑却季尼玛.土观宗派源流[M].刘立千,译注.拉萨：西藏人民出版社,1984:206.
⑥ 土观·罗桑却季尼玛.土观宗派源流[M].刘立千,译注.拉萨：西藏人民出版社,1984:195.

结　论

信仰文化自觉→民族自信→
民族团结的递进与统一

从安多藏区汉族道教神灵形象的"一身双像"现象背后所包含的信仰文化内涵可知，明末清初这一时期，安多地区鲜明地展示出藏族、土族等民族所崇拜的汉族道教神祇在多民族聚集地区具有多元文化的特点。表现为：其一，"神格"降低现象。藏传佛教中的道教神灵在安多地区多以地域或者村寨、家族保护神的身份出现，例如二郎神，其原有神格、神职都受到当地民族信仰文化以及地域文化因素的限制，他们以藏传佛教护法神的身份被纳入藏传佛教神灵体系当中，成为佛的配属神灵，虽然在安多藏区文昌神、二郎神有时在寺院庙宇中也会以主神形式出现，但依然改变不了他们在藏传佛教中处于从属地位的现状，其原因主要是文昌神、二郎神、关帝等道教神灵是在藏传佛教高僧们的接引下进入藏传佛教信仰，在这个过程中所产生的神职定义、各类经文与善书等都与藏传佛教高僧行为有关，带有浓厚的藏传佛教信仰文化色彩。其二，由于带有了藏传佛教文化色彩，再结合地域性信仰文化，安多地区的道教神灵出现了独特的"一身双向"现象。相比他们在汉地道观与庙宇中的造像以及附属神配置，安多地区的道教神灵形象除了保留道教的固有形象，还出现了典型的"藏化"，从宗教信仰文化角度上看，即出现了"佛道一体"以及"佛儒并存"。以安多藏区二郎神造像为例，在藏族、土族聚集地域，二郎神庙中的主尊二郎神造像或身披藏式服饰或面相塑造偏向藏族，在配属神灵上会出现藏传佛教的佛与众神灵，如头部最上方会出现大日如来的造像；如果是在藏传佛教寺院侧殿被供奉，一般是以"山神"的化身出现，此时则是以藏传佛教神灵的形象出现，二郎神、关帝等无道教神灵的造像外形。在安多地区多民族聚集地域特别是受到藏文化辐射的地区，道教神灵无论是神职、神格、造型、祭祀活动都已经弱化原有的道教文化，体现出当地特有的"多元一体"族群文化。

通过现有的众多研究成果可以肯定，安多地区以藏族、土族、蒙古族为主的当地族群中所出现的汉族道教神灵崇拜现象，是明清之际，中原内地汉族在这一地域通过军屯等形式将汉族宗教文化传播至此，并且在与周边民族互动中，由于汉族对当地民族农业生产方式进行变革，出现了信仰文化认同。这种信仰文化融合演化的特例，其背后折射出的是多民族信仰文化整合所带来的"民族认同"。一方面移民民族在面对本土化的地域文化特征时将自己本民族信仰文化融于其中；另一方面当地民族族群在接受外来民族先进生产方式后，民族文化内涵也发生变化，将外来民族宗教文化与本民族宗教文化融合，扩大了来自不同民族的信众群体。两者共同作用下，出现了安多地区藏传佛教道教神灵信仰现象，现结合前文所述，对这一现象出现的具体缘由进行系统总结。

首先，原始信仰文化的共通性。无论是早期道教还是西南民族族群的前身羌、氐族群，原始信仰文化都是他们共有的信仰文化基础，两者在信仰文化上有相似之处，并且道教作为一个开放接纳其他宗教的宗教，在进入多民族聚集地区传播后，对当地的宗教文化能够广为接受，没有出现宗教文化的对立，反而丰富了当地民族宗教信仰文化，这也是安多地区藏族、土族、蒙古族能够将道教神灵融入本民族神灵体系的根源之一。

其次，安多地区信仰"重功能"的本质。道教与佛教相比，最显著的教义特征就是前者强调"入世"，后世强调"出世"，因此从功能上看，道教更加符合安多地区民众们的需求。中国古代很多地区的信众由于受到自身经济生产方式的影响，对于宗教信仰体现出"重功能"的需求，例如二郎神作为水神被信仰以起到保佑农业生产丰收的作用等。对于经济文化相对落后的地区民众来说，对于宗教的信仰更多的是从功利性的角度去信仰神灵。在明末清初时期，"三教合一"已经成为汉地信众的基本认知，儒释道三教信仰并行不悖，因此，当汉族移民在安多地区扎根之后，一方面道教信仰、儒家文化传播到安多地区，另一方面佛教文化对汉族的影响使得移民对当地藏传佛教文化并没有抵触，反而积极向其靠拢，所以汉族移民与当地民族虽然在生活习俗上会有所差异但在宗教信仰上并没有产生冲突。由于对佛教文化的共同信仰，汉族、藏族、土族等民族产生了族群认同感，进而在心理认同层面推动了汉族移民在当地的藏化与土族化。在不同民族的宗教文化活动中，当地民族对汉族道教神灵文化其实并没有认知深刻，在藏文化圈中，固然汉族道教神灵融入藏传佛教神灵体系，但由于缺乏道教专业人士的引导，道教本身的固有文化并没有在安多地区传播，当地信众更多的是看中道教神灵的神职是否能够满足自身的现实需求，所以在安多地区的道教神灵经过筛选以后只出现了二郎神、文昌神与关帝，并且出现了神格、神职、形象方面的本地化。

最后，藏传佛教、道教"多神信仰"的造神传统。从宗教神灵系统组成来看，藏传佛教与道教对于其他宗教都采取兼容并包的方式。藏传佛教是印度佛教传入藏区后，与藏地本土宗教文化融合后形成的，并在逐渐壮大过程中，将西藏苯教以及民间信仰中的神灵吸纳到本土神灵体系中，成为藏传佛教的护法神，最终藏传佛教成为中国佛教三大分支之一，即南传、北传、藏传。至于道教的神灵体系组成就更为繁杂，虽然也有严格的神灵等级体系，但严格来说依然是"多神教"。"万物有灵"的思想始终贯穿其中，众多的民间信仰神灵在道教体系中保持着相对的独立灵活性，因此道教吸纳其他信仰文化中的神灵具有较高的便利性与灵活性，在中国古代道教的发展过程中，佛教神灵、地方性民间信仰神灵都被选择性地吸纳其中。在明末时期道教传播至安多地区，所接触的主流宗教文化藏传佛教恰好也是开放包容的宗教，藏传佛教"多神"信仰文化使得其信众对他族宗教神灵持有积极接纳的态度，且如上文所说，他们更多的是注重这些神灵在日常生活中的功能，对神灵背后的宗教文化并不关注，只要在现实生活中能够满足自己的某种需求即可，具有典型的功利性和不稳定性。

藏传佛教道教神灵在安多地区的传播与被信奉围绕的文化核心就是"和而不同"。"和"在中国传统哲学思想文化中是最高境界，在道教、儒家文化中都有体现，强调"多元一体"，既保留了多元化又将其整合为一体，是一种辩证处理矛盾的方法，这一思想用以处理复杂的民族关系是最合适的。以"和而不同"来协调不同宗教文化的差异，塑造集中点，达到双方和谐的可持续发展，单纯的集中统一反而并不能带来长治久安，这就是安多地区藏传佛教道教信仰文化给我们带来的启示。

本书的研究建立在前人学者对安多地区多元信仰文化研究的基础上，利用现有研究成果与历史文献，结合对安多地区民族志的调查资料，重点对安多藏区藏传佛教道教神灵信仰现象进行完整化与个案化研究，从多个方面对出现这一特殊文化现象的缘由进行分析与延展，其中对这一地域藏族文昌信仰、土族二郎神信仰中所出现的"一身双像"艺术特征、信仰空间、信仰演化过程、仪式行为仪轨、民间信仰活动等方面进行阐述，最终目的是借助安多这一多民族杂居地区的多元信仰文化现象，说明在特定历史阶段的当地族际互动中，"多元一体"信仰文化互动对汉藏、汉土、土藏民族认同和族群边界变化的影响。本书也针对现代化进程中民间信仰文化的时代变化进行讨论，认为随着时代主流文化思想的冲击，安多地区民众的信仰文化的"世俗性需求"功能加强，一方面普通民众祭拜群体增加，但另一方面真正的信众数量却在减少，围绕村寨所进行的传统信仰文化仪式，例如纳顿节、青苗会、六月会，其宗教含义成分逐渐衰退，掺杂了世俗文化的表演色彩。那么在这种情况下，多民族混居地区的传统信仰文化如何进行活态传承，如何能够对内约规族群内部行为次序、对外维持民族关系和谐，是值得深入研究的课题。

在中国古代，宗教文化贯穿于社会发展的每一个阶段，对民族认同、社会主流文化、文学、艺术、政权统治都产生过重要的影响，并且相对于国外的宗教而言，更具有开放包容性。"和而不同"与"多元一体"是处理复杂的多民族信仰文化互动的根本，在历史上也出现过局部的信仰文化冲突，但主流依然是和谐共存，进而影响到中华民族各族群之间的和谐共处，这也是宗教信仰文化在现今依然存在的缘由之一。面对中国多种宗教文化的复杂性,一方面需要大量的个案研究,探讨不同的宗教信仰文化,这一点前人学者已经做了众多的研究,另一方面不同历史时期中华民族多民族信仰文化交织影响的作用成为当下研究的热点,特别是现今随着中外文化交流的加强以及偏远地区民族现代化进程的推进,这些民族信仰文化出现了新的变化,并不能简单地认为随着现代化进程的加速,宗教信仰文化会消失,它们反而出现了一些新的文化特征,在这一背景下不同国家、不同民族、不同宗教之间的包容与尊重就显得尤为重要。对于像中国这类多民族组成的共同体国家来说,处理好多元信仰文化的和谐共存更为重要,它直接关系着整个国家的安定统一,因此,族群信仰文化的自觉以及共生互补是最佳方式。

第一节
中华民族共同体的信仰文化自觉构建

伴随着多民族之间的交往互动,中华民族内部各民族族群产生了信仰文化互动甚至融合,本书研究的明末清初安多地区藏传佛教中的道教神灵信仰出现就是一例,这类"多元一体"的新信仰文化体现了民族融合所带来的信仰文化观念的时代性发展,也反向推动了不同民族之间的信仰文化自觉性构建。

随着全球逐渐一体化,国外信仰文化也不同程度地进入中国,对部分国人的思想产生影响,特别是"反华"势力伪装利用宗教文化对中国传统文化进行消解,从而想达到思想文化上影响、控制中华民族的目的。在这一时代背景下,作为中国传统文化的重要组成部分——信仰文化如何立足本土文化,对外来宗教文化进行"润物细无声"的抵御是目前面临的问题。一方面在面对外来信仰文化时,本土宗教信仰文化展示出自身的包容性,以"和"对待外来宗教文化,在中华民族传统信仰文化占主导的同时,展现大国文化风貌,对持友好态度的外来宗教文化给予认同,展示了中国民族信仰文化的多样性;另一方面当带有恶意的外来宗教信仰文化试图主导本土信仰文化时,中华民族传统信仰文化发挥主体性进行抵制。

关于文化自觉,费孝通先生认为,文化自觉是指生活在一定社会中的人对其文化有"自知之明",明白它的来历、形成过程、所具的特色和它的发展的趋向……自知之明是为了加强文化转型的自主能力,取得适应新环境、新时代文化选择的自主地位。文化自觉是一个艰巨的过程,首先要认识自己的文化,了解所接触到的不同文化的内涵,才有条件在这个正在形成中的多元文化的世界里确立自己的位置,经过自主的适应,和其他文化一起,取长补短,共同建立一个有共同认可的基本秩序和一套与各种文化能和平共处、各抒所长，联手发展的共处守则。① 费孝通先生所提出的"自知之明"，对当下研究多元一体地域性宗教信仰文化、民族认同等方面有重要的借鉴作用，他强调在多元文化世界中要坚守自身民族文化的独立性，必须先对本民族的宗教文化有深刻的认知，并且对这种信仰文化持有传承的态度。

在多民族聚集地区的族际互动中，面对不同民族的信仰文化，主动接受与被动影响同时存在，其中信仰文化自觉多依赖普通民众的主动性选择，例如土族的二郎神现象，就是在接受汉族先进生产方式后"主动"接受掌管农业丰收职能的汉族道教神灵的一例，在这一过程中，并没有出现自上而下的被动接受，民众根据自身的需求主动接纳他族宗教文化，是一种温和的民族信仰文化的融合，没有出现历史上"灭佛""佛苯之争"那样激进的宗教斗争。融合后产生的新信仰文化一方面通过多元一体达到民族认同的目的，另一方面促进了对自身民族传统信仰文化的更深层认知与族群边界变化，如此，产生了新的信仰文化自觉。安多地区藏族、土族的道教神灵信仰现象就说明了这一文化现象，即立足于新的需求，在原有的传统信仰基础上对他族宗教信仰文化进行吸收，并结合地域性文化、社会性文化转型对再生成的信仰文化进行整合，因此对于安多等多民族杂居社会来说，多元信仰文化所构成的地域性民族信仰自觉，是研究此类社会族群传统信仰文化特征的最佳对象。将这一点放大至中华民族整体信仰文化与西方国家信仰文化如何相处层面，所带来的启示是在充分深入了解中华民族传统信仰文化的同时，对于外来文化也要有着充分的了解，找到本民族与他族信仰文化的根本性差异点，依靠文化自觉找到坚持本民族文化自信的立足点，抱着兼容开放的态度，在不改变本民族信仰文化核心精神的基础上最大程度地成为多种信仰文化的集合体，实现中华民族与周边国家民族和谐共存。

回顾本书研究的藏传佛教文昌神信仰以及土族的二郎神信仰现象，历史上的安多地区信仰文化主要是当地族群的民间信仰文化、苯教文化、藏传佛教文化等，他们在维持本民族信仰文化的基础上对明末清初进入的汉族道教文化进行整合吸纳，由于土族、藏族、汉族等民族在当地村落混居的程度不一，因此在多种民族宗教文化信仰整合过程中的主体信仰文化有所区别，通过文化自觉所展示出的信仰文化表征也有所差异，例如同为安多地区土族，在不同的地域，二郎神信仰的造型以及神格就产生差异，这一点在上文有详细论述。汉族道教文化与安多地区民间信仰在信仰文化形成的过程中有众多相似之处，例如道教文化中渗透了相当多成分的民间信仰文化，因此在安多地区道教文化与当地民族的信仰文化在接触互动中并没有产生隔阂。由于当地民族族群的主动性接纳，这些宗教文化在意识形态上没有出现冲突对立，汉族道教文化、藏族藏传佛教与苯教文

---

① 费孝通.费孝通文集：第十四卷[M].北京：群言出版社，1999：197.

化成为对当地民间信仰文化的重要补充,体现为神灵形象、教义、仪式的本地化。同时,对于安多地区族群的民间信仰来说,面对具有成熟信仰文化的宗教,需要改变自身所处的层次,具有可以对话的合法性身份,因此也需要吸收各民族正统地位的宗教文化。对于明末清初安多地区传播的道教来说,其被接受的缘由之一就是道教信仰文化作为"制度化宗教"和中华传统文化,正好对民间信仰起到了保护的作用①。

综上,信仰文化自觉在安多地区多元信仰体系构成中发挥着重要的作用,作为多民族信仰文化所形成的复合型文化,在自我调适的过程中,将不同民族信仰中的文化元素进行整合以满足在历史发展过程中不断变化的自我需求。糅合后的新信仰文化包含了不同民族族群的共有性文化因子,但又依然保持了本民族的信仰文化核心内容,在维系本族群认同的同时,在族际互动中最大范围地实现族群边界重构,改变单一血缘关系所组成族群的传统,结合新信仰文化所凝聚的新群体,共同成为中华民族文化的组成部分。

第二节 多元信仰文化的共生互补

明末清初安多地区藏传佛教中的道教神灵信仰文化特征所显示出的是多元信仰文化如何互补共生,这种"互补共性""多元一体"是处理当时复杂的民族关系的举措之一,对现今依然有借鉴意义。

中华民族文化最重要的特征就是多元一体,在中华民族源远流长的文化发展历程中,虽然也曾经局部发生过信仰文化冲突,但总体来看多元文化共存依然是主旋律,不同民族的信仰文化在多个历史时期产生交流互动。在安多信仰文化发展过程中,多民族所带来的多元文化信仰发生碰撞,不同民族之间宗教文化对抗固然是存在的,但正是信仰文化的融合,使得多民族混居之地的多种宗教信仰才能彼此和谐的长期共存,这一信仰文化的融合作为影响族群心理层面的重要因素,对族群认同、民族认同产生重要作用,在一定历史时期缓解了不同民族之间的矛盾。而我国是一个多民族共同体,各民族的信仰文化互补共生,才形成了现有的多元一体信仰文化生态,从精神层面上满足了不同民族群众的需求。

所谓"共生互补",从社会共生的视角来看,它强调的是共生单元间的优势互补,互相借鉴,以收扬长避短之效。共生单元只有在尊重其他参与方的基础上,才能扩大共

---

① 王默.青海土族民间信仰分层研究[J].西北师大学报(社会科学版),2016,53(2).

享领域。① 安多地区藏传佛教中的道教神灵信仰现象，就是最具有典型性的不同民族之间信仰文化的共生互补。一个民族的信仰文化，首先要能在不同时空里满足信众们的多方面信仰需求，能够按照需求进行"选择"是信仰文化共生互补的基础，通过共生互补使得一个民族的信仰文化内容得到扩充，信众群体也在扩大，但内部成员至今依然保持和谐共处，共生互补的关系是一个动态发展的过程，其存在取决于内部各个系统之间的和谐共处②。对于一个多民族组成的共同体国家而言，社会安定、经济繁荣的前提就是民族关系要建立在共生互惠的基础上，因此，对于中华民族来说，不同民族信仰文化的整合互补是多民族共存的准绳，从中国古代民族关系处理的经验来看，这是最能维护各族群对中华民族文化认同的途径之一。在差异中寻找共同点，在包容与整合中营造和谐的民族关系，这依然是当下处理不同民族多元信仰文化如何共存共生问题所采取的举措，在承认宗教信仰多元化的基础上，对他种宗教文化给予尊重，平等对话，以实现宗教平等，这不仅仅是中国在处理宗教文化时的方针，也是世界各国在处理本国多元宗教信仰文化时应有的态度，如此才能实现共同繁荣。在具体操作层面，基于共享程度所产生的不同民族之间的信仰文化互动决定了"共生互补"是否可以落到实处，下文简要回顾前文安多地区信仰文化特征以说明这一观点。

首先，安多地区信仰文化共享现象多出现在不同族群边界地域。所谓族群边界，它的存在基础就是在族际交往中所形成的族群认同。族群边界是一个动态概念，随着不同族群文化的整合以及族群认同标准的变化，在不同历史时期扩大或者缩小。在多民族聚集地区，宗教信仰文化作为古代中国社会的重要组成部分，对不同历史时期族群边界认同产生重要影响。安多地区的多民族杂居形成了鲜明的族群边界，进而形成了民族走廊。需要注意的是，"族群边界"并不是指代不同族群文化之间的完全分割，而是特指在这一地带会发生不同族群文化的接触与衍生。

安多地区信仰文化最大的特点就是在"族群边界"中的多元文化共享。在民族走廊地带，族群文化一方面要维持本民族文化特色，另一方面要通过共享的形式与占主导的文化要素融合。中国历史上的安多地区具有典型的多元信仰文化特征，不同的民族、族群、信仰文化在不同的日常生活场景中整合、互嵌，在这样一种情形下，在多元信仰文化基础上所架构的"多元一体"形成，所以，所谓的族群边界成为跨界互动后新衍生出的信仰文化场域，在这一场域中不同民族文化共享成为核心，从安多地区文昌神、二郎神信仰的仪式和造像中就会发现这种"借用""共享"文化现象。对于宗教文化氛围浓厚的藏族来说，藏传佛教文化是其民族的主导文化，所以即使是在多元信仰文化聚集的

---

① 许宪隆,沈再新.构建共生互补型多民族和谐社会的思考[J].学习月刊,2008(20).
② 郭志合.纳西族与藏族民族信仰和谐共生关系研究:以南溪村和汝柯村田野调查为例[D].拉萨:西藏民族学院,2012:126.

安多地区依然保持稳定性的主导，因此，在安多地区藏族、土族、汉族等民族的互动中，信仰文化的涵化并没有出现"喧宾夺主"，本民族原有的主体信仰文化特征保持稳定，没有被他族文化同化，只是在表现形式的局部出现他族信仰文化的特征。

一个包容性的社会系统中，几个族群的正面联结取决于群体文化的共享性，并涉及群体的一些独特文化特征，这种共享互补可以产生相互依赖或共存。① 安多地区民族走廊的不同族群间信仰文化的共享是构建当地"多元一体"生态的实施途径，在此基础上形成了民族认同以及族群认同，局部差异性的信仰文化所形成的族群边界，成为不同民族和谐共处的新生长点。不同族群信仰文化的相互接触并不完全是以同化为最终目的，共存共生才是作为民族走廊构成分子的各民族文化遵循的原则。在多民族聚集地域有一条恒定不变的原则，越是不同族群密切接触的地区，提炼、固守本民族文化特征的时代性需求越迫切，本书个案研究的安多地区藏传佛教"文昌神"与土族的"二郎神"信仰文化的出现正是说明这一原则的例证。基于特定历史时期的某种需求，不同民族信仰文化符号的借鉴与吸纳，成为明末清初安多地区多民族缓解民族矛盾的有效方式。

其次，"共生互补"是安多地区多民族交往中的宗教信仰文化互动准绳。中华民族共同体构成中多民族交往起着重要支撑作用，从宗教信仰文化、经济、政治等多方面进行互动，可以说民族交往作为人类特有的生存方式和行动方式，是民族社会发展的动力、源泉和结果。② 这一过程中，不同的历史阶段互动的形式有多种，主动与被动、冲突与融合并存，但最终的结果是民族关系通过不同形式的民族交往，对中华民族内部成员之间的相互沟通、和谐发展起到促进作用。作为中国古代民族文化的重要的部分，宗教信仰文化对不同族群之间的互动影响是研究当时民族关系的重要参照。宗教与民族的关系是一个引人注目的问题，宗教信仰不仅与人们的价值观念、生活习俗、道德观念、传统文化和精神面貌有着密切的关系，还涉及现实政治和民生的稳定与和谐。在人类社会发展进程中，宗教对民族关系有着直接的、重要的影响。③ 在不同历史时期，有着不同民族记忆的族群由于所杂居地域文化的差异，形成的宗教信仰文化依据交往的程度呈现不同特征，这反映了民族交往中对他族宗教的"共生互补"。

不同民族的信仰文化差异程度影响文化互动的举措，它决定着文化认同的程度以及表现出来的形式。在中华民族漫长的发展历程中，各民族在不同历史时期曾产生过宗教文化的互动现象，从他国处理民族与宗教信仰关系的历史经验上看，产生积极互动影响的宗教信仰关系能够维系多民族和谐发展，相互对立的宗教信仰文化则会导致国家的分裂，出现种族冲突。所以，对于宗教信仰氛围浓厚的国家或者民族来说，民族整体意识

---

① 王默.青海土族民间信仰分层研究[J].西北师大学报(社会科学版),2016,53(2).
② 李静.民族交往心理的跨文化研究[M].北京:中国社会科学出版社,2010:60.
③ 马戎.民族社会学:社会学的族群关系研究[M].北京:北京大学出版社,2004:147.

构成与对他族宗教文化认同息息相关，民族认同的基础首先是文化层面的认同。纵观中华民族发展历程上某一时期局部地域的民族矛盾激化现象，宗教信仰文化在其中扮演了重要角色。民族矛盾会出现通常是由于缺乏深层次的不同民族宗教信仰文化的互动，以至于对他族宗教信仰文化、风俗习惯认知不足，或者是出于政治目的进行压制，因此民族隔阂产生，所以宗教信仰文化无论在何时，对于任何国家来说都是关乎民族交融、国家安定的重要因素。

安多地区多元文化的宗教信仰活动已经成为当地不同民族族群日常生活中的重要祭祀与庆典活动，体现了宗教文化对族群融合的服务作用，在不同民族宗教信仰文化互动过程中，中华民族整体凝聚力增强，各民族群众全方位的交流更加密切，以民族团结为宗旨的宗教信仰活动的开展是当下中国宗教工作的着眼点之一。随着中华民族共同体的构成，相对于历史上的任何一个阶段来说，多民族多元宗教文化共存共生成为中华民族各组成民族互动的心理基础以及行为准绳，不同宗教信仰群体、信教与非信教群体之间的日常交往成为社会常态活动，且随着多民族混居现象的增进，遍及全国各地区。在了解彼此宗教信仰文化差异的基础上，化解多民族混居中所出现的矛盾，建立兼容并包的社会文化形态，维持和谐共存的日常交往关系，求同存异、和谐发展成为众多学者研究的热点问题，如何系统总结中国古代历史上良性发展的不同民族之间多元宗教信仰文化的现象与经验，对当下民族交往模式有借鉴作用。

总之，多元的宗教信仰文化作为良性运行的民族交往基础，从深层次的文化共享层面营造了中华民族信仰文化"多元一体""和谐共生"的共同认知，这也是本书的核心论点：和谐并存的多元宗教信仰文化作为最基础的社会文化，对中华民族共同体构建发挥着重要的推动作用。

第三节
现代社会宗教信仰文化"世俗化"的路径

安多地区现代化进程的逐步推进，对当地民族宗教文化产生了重要的冲击，例如上文所说的功能性凸显以及参与群体扩大但信众减少的相悖现象。这一现象的背后实质是现代科学思想与宗教信仰文化的对立，在很长一段历史中，人们认为宗教和科学关系的是相对立的，宗教信仰文化代表着古代落后的社会文化，而科学则是先进文化，尤其是认为在一些偏远地区，宗教信仰阻碍了现代化的进程。诚然，科学技术扩充了人们对于未知世界的认知，但宗教信仰文化作为一个民族文化思想的基础，对于一个民族在心理层面的作用是潜移默化的，它与科学技术是一个国家在不同层面并存的"双翼"。科学

结 论
信仰文化自觉→民族自信→民族团结的递进与统一

技术更多的是服务于现实社会中的物质需求，信仰文化则是精神世界的约规者，反映为在思想领域对未知世界的认知，并成为整体人类社会不同国家、族群"求同存异"举措的重要参照。所以以往认为科学代表先进，宗教信仰代表迷信、愚昧的观点是错误的，有学者指出"科学的尽头就是宗教"，虽然观点失之偏颇，但说明现今对科学与宗教的认知已经进入了一个新的阶段，两者并不是对立矛盾、你死我活的，只是在对世界本质上是从不同方面进行认知。

安多地区虽然也在现代化进程中出现了新的宗教信仰现象，但就如西藏一样，宗教信仰氛围依然浓厚，虽然其中重要的原因之一是"藏文化圈"的辐射作用，但也说明了宗教信仰文化通过仪式等行为依然能够为当地的民族群众提供精神上的慰藉，所以它依然会长期存在。以此类推，中国信教氛围浓厚的地区，在面对科学与宗教关系这一点上，都是持并存观点，认为两者并不完全对立，它们相互依存，共同解决对世界本质的认知问题。科学主要是解决物质世界的实际问题，但当科学发展到瓶颈时期，宗教信仰文化凭借对精神世界探究的功能，为科学提供想象的空间，例如面对科学无法解释的现象，宗教发挥了精神寄托的作用，满足人们在科学力所不能达到的时候，精神层面的某种需求或者是社会需求。那么，现代社会中的宗教文化如何延续呢？

目前中国现有的宗教信仰文化都是经过"大浪淘沙"后留存下来的。中国历史上出现的众多宗教文化因为种种原因未能实现广泛传播从而消亡，即使是佛教这样拥有高度哲学理论化的宗教也曾经面临消亡，但这并不能说宗教文化在中国的最终结局是走向消亡。当今世界，除了那些政教合一体制的宗教民族国家之外，大部分的信众都生活在被世俗所浸染过的社会，而宗教的"智慧之源"来自世俗社会，时时刻刻受世俗社会的影响。[①]宗教文化得以保存的最佳途径就是"世俗化"，即突出"功能性"，这一点在上文所举安多藏区文昌神信仰以及二郎神信仰案例中介绍的新祭拜群体特征就能给予证明。依据杜永彬先生观点，"宗教世俗化"有三个显著特征：第一，宗教神圣化作用的衰退；第二，宗教提供意义体系作用的衰退，科学取代了宗教；第三，宗教对人的约束力的减弱。[②] 但在世俗化的社会中，人们重视宗教的社会意义胜于其宗教意义，只会造成更成熟的信徒。[③] 从这一意义上说，将宗教信仰从神圣性转变为世俗性，是当代宗教信仰文化继续传承的有效途径，其中，高度的包容性，而非"同化"，是核心精神。无论是中国宗教发展史还是世界宗教发展史，从当下依然存在的宗教信仰文化发展与演化经验来看，只有高度包容的宗教文化才能与所传播地域文化进行整合，在自我调节的基础上，对原宗教文化实行"在地化"，以适应当地民众的精神需求。而那些固守原宗教教义的

---

① 李臣玲,贾伟.多维民族文化边界地带民族社会文化变迁研究[M].北京:民族出版社,2010:207.
② 杜永彬.藏传佛教世俗化倾向的反思[J].战略与管理,1999(4).
③ 李臣玲,贾伟.多维民族文化边界地带民族社会文化变迁研究[M].北京:民族出版社,2010:208.

宗教派别在与异域文化的互动中，未能缓解民族宗教文化差异导致的冲突，逐渐被同化或者驱逐。由此可见，当一种新的宗教信仰文化在与他域文化结合的时候，一方面要避免被彻底"同化"，丧失原宗教教义文化的主体性，另一方面，需要最大限度地进行不同宗教文化对话融合，在民族文化认同的基础上实现原宗教文化的传播与发展。

宗教信仰文化"世俗化"的另一具体举措就是对原教义艰涩性的改进，使得其通俗易传播。相对于宗教信仰来说，一种成熟的宗教信仰文化本身就具有高度完善的宗教教义，所体现的是体系严谨的哲学思想，但这种体系严谨的哲学思想以及教义对普通民众来说过于艰涩，难以传播，这时候高度哲学化的宗教理论需要进行"世俗化"演化，以利于在普通民众之间进行传播。典型的案例诸如佛教故事、道教神话传说等，将单一的宗教理论通过广大民众喜闻乐见的故事、戏曲等艺术表现形式进行传播，运用民间信仰的传播媒介，在不改变宗教教义的同时，将哲学层面的理念"通俗化"，消除了普通民众接触宗教文化的壁垒。并且，逐渐将这种"通俗化"后的宗教信仰文化融入民族传统文化当中，成为对一个民族传统文化认知的重要载体，也是后世学者研究当时地域文化、当地族群文化"地方性知识"的对象。

在现今社会文化中，民族的宗教信仰文化往往与所在地域的乡土社会信仰文化成为一个共生体。因为，乡土文化产生的基础就是当地族群的民族文化聚集体，体现了鲜明的地域文化以及族群文化。上文所提到的"地方性知识"一词就是当地族群在长期生活中所形成的社会性民族文化杂糅体，且它带有时代性、民族性、地域性，是一个"动态"变化的承载物。对地方性知识动态变化影响最大的因素就是当下的现代化进程，安多地区由于现代化进程加速，传统地方性知识对当地城镇乡村的社会影响力在发生变化，以科学文化与宗教信仰文化为代表的传统地方性知识壁垒消除，两者成为当地乡土社会文化的共同组成部分，乡土社会文化中的传统文化（包含宗教文化）与现代化进程所带来的文化有机融合在一起。以安多地区的"二郎神"祭祀活动为例，传统宗教信仰文化中的"青苗会""六月会"作为农业祭祀文化被保留，另一方面现代文化中的"功利性"特征也融入当地信仰文化当中，出现了对二郎神上香祷告获得财运、官运，保佑平安等现象，其中很多祈愿内容并不属于二郎神的神职，这说明现代化进程所带来的新信仰文化内容对传统地方性宗教信仰文化内涵的补充。正是这种新信仰文化的出现，使得传统信仰文化在新时期能够继续得以传承延续。至此，宗教信仰文化成为一个地区民族文化的外显特征，构建了民族认同，进而推动国家认同。与此同时，作用力是相互的，一方面国家认同、民族认同中信仰文化所形成的地方性知识是基础，是维系国家认同与民族认同的思想基奠，另一方面在地方性知识在族群内部的传播中，国家以及民族认同的观念也对内部组成成员起着心理影响的作用。再回顾现今安多地区的多元宗教文化，其现存形态正是现代乡土社会文化中传统信仰文化、地域文化、民族文化带有现代化文化色彩的演化产物，这也是我国多民族聚集地带现代乡土社会文化的主要特征。

　　一个民族的宗教信仰文化留存至今，依然保持着强有力的生命力，说明其本身强大的包容性与与时俱进性，即使是在科学技术发达的今天，宗教依然以多种文化形式存在于社会文化的日常，并成为约规民族成员思想、行为的准则之一。虽然宗教文化在不同历史时期因政治需求、社会需求的差异，在具体的文化内涵以及表现形式上有所区别，但无一例外都对人类文明、国家意志、民族构成产生过深远影响。其实在现代化高度发展的社会，多民族的传统宗教信仰文化如何参与到现今人们的文化生活当中，其传统信仰文化价值如何体现，信教氛围浓厚地区的乡土社会文化如何良性演化，都是多元信仰文化研究应关注的实际问题。

第四节
信仰对话、族际互动、民族关系的统一

　　在全球化的今天，各个国家、民族互动加强，对彼此的文化能够有深入的认知，但在带来积极影响的同时，也应该看到局部地区不同民族之间的宗教文化在接触中产生了对立与冲突，这一现象在国外信仰文化氛围浓厚地域的战争中经常可以见到。人们在享有高度发达的现代化技术的同时，面对不同国家的文化冲击，会面临本民族文化如何自处的困惑。世界政局以文化影响为主要手段对全球化格局重构产生影响，武力形式逐渐转变为"冷战"形式，在这样的情形下，追求文化认同成为结成统一阵营的构成元素之一，在对不同群体文化认同的基础上，具有相同文化认同的国家、民族形成联盟，并与对立方展开经济、意识形态等多层面的对抗，如何"求同存异"，缓解这种矛盾，对他者的文化认知尤其是对信教种族宗教信仰文化的认知显得尤为重要，在族际互动中做到不同民族信仰文化平等对话是构建和谐发展的多民族共存关系的路径之一。

　　撇开政治因素不谈，单就从宗教信仰文化这一点来说，在信教地域出现的种族冲突多来自对同一地域他族文化的不认同。由于谋求自身利益等原因，他们固守自身文化，缺乏兼容开放的多元文化吸纳，因此族际交往互动贫乏，对他者宗教文化因为带有敌对心理而认知片面。这种基于宗教信仰文化差异而形成的民族矛盾，对国家利益、民族发展都造成了危害，也是导致世界局部地区动荡的重要因素之一。缓解这些冲突的举措中，建立多元信仰文化认知是首要的，对于多民族国家、地区而言，"多元一体"语境中将主导信仰文化与他者多元信仰文化置于一个平等对话的平台，寻找不同宗教信仰文化中的核心"共通点"，可以在一定程度上缓解对立。信仰文化的多元性展示出人们对宗教精神需求的不同，在不同历史时期影响不同民族的社会文化以及精神世界构建，如

此才形成了丰富多样的不同国家、不同民族文化，对这些信仰文化进行有意识的分类，在民族文化认同的基础上加强对话，通过建立互益模式，维系地方稳定。

本书以安多地区明末清初时期的多元信仰共存现象为研究对象，以藏传佛教中的道教神灵文昌神、二郎神为个案，通过对其在安多地区造型、神职、神格的"一身双像"演化以及出现的历史记忆等缘由阐述，说明这一历史时期安多地区藏族、土族、汉族宗教信仰文化和谐共存中的经验，即在不改变主导宗教信仰文化——藏传佛教文化的基础上，将当地民间信仰、土族信仰文化、汉族道教文化整合在一起，形成了一个多元平衡的多族群信仰文化平衡格局。在特定历史时期，这种相互包容与吸收的多元信仰文化起着协调当地族群关系、共生共存的作用，同时，这一文化现象也说明无论任何一个历史时期，宗教信仰文化作为人类文化的深层次艺术形态，是一个国家、民族、族群是否安定的关键影响因素之一，特别是在当今国际形势复杂的背景下，民族认同、族群认同成为面对国内外不同宗教文化和谐共存的有效路径。这也是在思考当下如何结合宗教信仰文化实现地区、国家长治久安时，面对敌对势力宗教信仰文化渗透，可借鉴的案例。安多地区的多民族族群关系在漫长的历史发展长河中，团结安定、和谐共处是主旋律。历史上的种种缘由，造成了安多地区多元并存的宗教信仰格局，汉族的道教与儒教文化、藏族的藏传佛教与苯教文化、当地土族的民间信仰文化、蒙古族的萨满教文化、回族的穆斯林文化等交织在一起，为了避免民族冲突，各族群主动或者是被动长期接触互动，加强对话，虽然其中也出现过冲突与对立时期，但通过对宗教信仰文化的整合，对他族宗教信仰文化的认知与尊重达成了共识。在不同民族群众的日常族际交往中，不同宗教信仰文化地位平等，没有出现互相压制现象，即使是在安多藏区占据主导宗教信仰文化地位的藏传佛教也对他族宗教文化，通过藏传佛教的高僧们的努力，在不同历史时期加强了民族认同的融合，因此，多元一体的信仰文化观念的建立在民族关系稳定发展中是重要的一环。

目前我国各民族宗教信仰文化呈现多元共存的基本态势，在包容共生的环境中，各民族交往保持和谐安定，且互动紧密度超过以往任何一个历史时期，中华民族共同体构建的众多要素中，民族关系是否融洽是关键因素之一，对于多民族杂居的西部等地区，让当地民众通过共享社会发展成果达到民族凝聚、国家认同，是国家宗教工作的重点。同时要警惕敌对势力利用宗教文化在这些地区进行非法渗透、蛊惑人心。因此，在我国多民族聚集地域，营造多种宗教信仰文化共存共生的发展环境尤为重要，以多元一体的宗教信仰文化抵制非法宗教行为，维护国家安定统一，加强我国不同民族之间宗教文化交往，深入推动族际互动，建立良性发展的多民族关系与社会发展环境，首要的就是积极引导不同民族信仰文化的包容性与自我协调性，为中华民族共同体构建打下坚实的基础，同时在信众与非信众群体中也要进行宣传引导，形成和谐共处的整体社会环境。只有建立和谐共生的宗教信仰文化形态,通过互补共荣的方式整合为一个民族文化共同体,才能真正实现不同民族宗教信仰文化的"多元一体"。以此类推,在国与国的交往中,在坚持弘扬本民族优秀文化传统这个核心不动摇的基础上,最大范围地海纳百川,尊重他国的民族优秀文化,加深彼此认知,这才是在全球一体化进程中树立本国文化形象特殊性的路径。

参考文献

一、地方文献资料

[1] 国务院法制办公室. 中华人民共和国宪法[M]. 北京:中国法制出版社,2011.

[2] 互助土族自治县民族宗教事务局. 土族民间故事(续)[M]. 内部刊印发行,2013.

[3] 互助土族自治县志编纂委员会. 互助土族自治县志[M]. 西宁:青海人民出版社,1993.

[4]《民和回族土族自治县概况》编写组,《民和回族土族自治县概况》修订本编写组. 民和回族土族自治县概况[M]. 北京:民族出版社,2009.

[5] 民和回族土族自治县志编纂委员会. 民和县志[M]. 西安:陕西人民出版社,1993.

[6] 中国西北文献丛书:第96册[M]. 兰州:兰州古籍书店,1990.

[7] 青海省编辑组《中国少数民族社会历史调查资料丛刊》修订编辑委员会. 青海土族社会历史调查[M]. 修订本. 北京:民族出版社,2009.

[8] 青海省地方志编纂委员会. 青海省志·宗教志[M]. 西安:西安出版社,2000.

[9] 青海省统计局,国家统计局青海调查总队. 青海统计年鉴2010[M]. 北京:中国统计出版社,2010.

[10]《青海土族民间文化集》编委会. 青海土族民间文化集[M]. 西宁:青海人民出版社,2009.

[11] 杨应琚. 西宁府新志[M]. 西宁:青海人民出版社,1988.

[12] 张星. 道教在青海的传播与发展[M]. 西宁:青海省道教协会,2004.

二、历史古籍

[1] 班固. 汉书[M]. 颜师古,释注. 北京:中华书局,2000.

［2］陈子龙,等.明经世文编[M].北京:中华书局,1962.

［3］范晔.后汉书[M].李贤,等注.北京:中华书局,2000.

［4］郭璞.山海经[M].扬州:广陵书社,2003.

［5］李焘.续资治通鉴长编[M].北京:中华书局,1992.

［6］李远.青唐录[M].北京:中华书局,1986.

［7］刘昫,等.旧唐书[M].北京:中华书局,1975.

［8］顾迁.淮南子[M].北京:中华书局,2009.

［9］欧阳修,宋祁,等.新唐书[M].北京:中华书局,1975.

［10］沈括.梦溪笔谈[M].上海:上海书店出版社,2003.

［11］司马迁.史记[M].北京:中华书局,1982.

［12］司马彪.续汉书[M].刘昭,注.北京:商务印书馆,1936.

［13］脱脱,等.宋史[M].北京:中华书局,1985.

［14］王溥.唐会要[M].北京:中华书局,1955.

［15］薛居正,等.旧五代史[M].北京:中华书局,1976.

［16］张廷玉,等.明史[M].北京:中华书局,1974.

三、中文译著

［1］涂尔干.宗教生活的基本形式[M].渠东,汲喆,译.上海:上海人民出版社,1999.

［2］布朗.原始社会的结构与功能[M].潘蛟,王贤海,刘文远,译.北京:中央民族大学出版社,1999.

［3］霍布斯鲍姆.民族与民族主义[M].李金梅,译.上海:上海人民出版社,2006.

［4］吉登斯.现代性与自我认同[M].赵旭东,方文,译.北京:生活·读书·新知三联书店,1998.

［5］尼特.宗教对话模式[M].王志成,译.北京:中国人民大学出版社,2004.

［6］包尔丹.宗教的七种理论[M].陶飞亚,刘义,钮圣妮,译.上海:上海古籍出版社,2005.

［7］安德森.想象的共同体:民族主义的起源与散布[M].吴叡人,译.上海:上海人民出版社,2005.

［8］布劳.社会生活中的交换与权力[M].李国武,译.北京:商务印书馆,2012.

［9］伯格,戴维,霍卡斯.宗教美国,世俗欧洲?主题与变奏[M].曹义昆,译.北京:商务印书馆,2015.

［10］杜赞奇.文化、权力与国家:1900—1942年的华北农村[M].2版.王福明,译.南京:江苏人民出版社,2003.

[11] 洛桑赤列.论西藏政教合一制度[M].陈庆英,译.北京:民族出版社,1985.

[12] 杜尔干.宗教生活的初级形式[M].林宗锦,彭守义,译.北京:中央民族大学出版社,1999.

[13] 巴斯.族群与边界:文化差异下的社会组织[M].李丽琴,译.北京:商务印书馆,2014.

[14] 葛兰言.中国人的宗教信仰[M].程门,译.贵阳:贵州人民出版社,2010.

[15] 葛兰言.古代中国的节庆与歌谣[M].赵丙祥,张宏明,译.桂林:广西师范大学出版社,2005.

[16] 胡司德.古代中国的动物与灵异[M].蓝旭,译.南京:江苏人民出版社,2016.

[17] 霍夫曼.西藏的宗教[M].李有义,译.北京:中国社会科学院民族研究所,1965.

[18] 韩森.变迁之神:南宋时期的民间信仰[M].包伟民,译.上海:中西书局,2016.

[19] 黄仁宇.万历十五年[M].2版.北京:生活·读书·新知三联书店,2006.

[20] 吉尔兹.地方性知识:阐释人类学论文集[M].王海龙,张家瑄,译.北京:中央编译出版社,2000.

[21] 孔飞力.叫魂:1768年中国妖术大恐慌[M].陈兼,刘昶,译.北京:生活·读书·新知三联书店,2012.

[22] 沃杰科维茨.西藏的神灵和鬼怪[M].谢继胜,译.拉萨:西藏人民出版社,2000.

[23] 哈丁.群体冲突的逻辑[M].刘春荣,汤艳文,译.上海:上海人民出版社,2013.

[24] 柯林斯.互动仪式链[M].林聚任,王鹏,宋丽君,译.北京:商务印书馆,2012.

[25] 约翰斯通.社会中的宗教:一种宗教社会学[M].尹今黎,张蕾,译.成都:四川人民出版社,1991.

[26] 潘尼卡.对话经:诸宗教的相遇[M].王志成,译.成都:四川人民出版社,2008.

[27] 潘尼卡.宗教内对话[M].王志成,思竹,译.北京:宗教文化出版社,2001.

[28] 莫里斯.宗教人类学[M].周国黎,译.北京:今日中国出版社,1992.

[29] 米特福德,威尔克辛森.符号与象征[M].周继岚,译.北京:生活·读书·新知三联书店,2009.

[30] 欧大年.中国民间宗教教派研究[M].刘心勇,等译;周育民,刘昶,校.上海:上海古籍出版社,1993.

[31] 韦伯.经济与社会:第一卷[M].阎克文,译.上海:上海人民出版社,2010.

[32] 缪勒.宗教学导论[M].陈观胜,李培茱,译.上海:上海人民出版社,2010.

[33] 缪勒.宗教的起源与发展[M].金泽,译;陈观胜,校.上海:上海人民出版社,2010.

[34] 中共中央马克思恩格斯列宁斯大林著作编译局.马克思恩格斯选集:第四卷[M].北京:人民出版社,1997.

[35] 马可波罗. 马可波罗行纪[M]. 冯承钧,译. 上海:上海书店出版社,2001.

[36] 马林诺夫斯基. 巫术科学宗教与神话[M]. 李安宅,译. 上海:上海社会科学院出版社,2016.

[37] 道格拉斯. 洁净与危险[M]. 黄剑波,卢忱,柳博赟,译. 北京:民族出版社,2008.

[38] 孔飞力. 中国现代国家的起源[M]. 陈兼,陈之宏,译. 北京:生活·读书·新知三联书店,2013.

[39] 戈夫曼. 日常生活中的自我呈现[M]. 冯钢,译. 北京:北京大学出版社,2008.

[40] 帕林德. 非洲传统宗教[M]. 张治强,译. 北京:商务印书馆,1999.

[41] 米德. 心灵、自我与社会[M]. 赵月瑟,译. 上海:上海译文出版社,2005.

[42] 特纳. 社会学理论的结构(上)[M]. 邱泽奇,等译. 北京:华夏出版社,2001.

[43] 特纳. 社会学理论的结构(下)[M]. 邱泽奇,等译. 北京:华夏出版社,2001.

[44] 南喀诺布. 苯教与西藏神话的起源:"仲"、"德乌"和"苯"[M]. 向红茄,才让太,译. 北京:中国藏学出版社,2014.

[45] 土观·罗桑却季尼玛. 土观宗派源流[M]. 刘立千,译注. 拉萨:西藏人民出版社,1999.

[46] 石泰安. 西藏的文明[M]. 耿昇,译. 北京:中国藏学出版社,2005.

[47] 亨廷顿. 文明的冲突与世界秩序的重建[M]. 周琪,等译. 北京:新华出版社,1998.

[48] 史华兹. 古代中国的思想世界[M]. 程钢,译. 南京:江苏人民出版社,2004.

[49] 图齐,海西希. 西藏和蒙古的宗教[M]. 耿昇,译. 天津:天津古籍出版社,1989.

[50] 图齐. 西藏宗教之旅[M]. 耿昇,译. 2版. 北京:中国藏学出版社,2005.

[51] 汤因比. 一个历史学家的宗教观[M]. 晏可佳,张龙华,译. 上海:上海人民出版社,2014.

[52] 赫拉利. 人类简史:从动物到上帝[M]. 林俊宏,译. 北京:中信出版社,2014.

[53] 贝克. 自己的上帝宗教的和平能力与潜在暴力[M]. 李荣荣,译. 上海:上海译文出版社,2015.

[54] 詹姆士. 宗教经验之种种:人性之研究[M]. 唐钺,译. 北京:商务印书馆,2002.

[55] 韦思谛. 中国大众宗教[M]. 陈仲丹,译. 南京:江苏人民出版社,2006.

[56] 武雅士. 中国社会中的宗教与仪式[M]. 彭泽安,邵铁峰,译. 南京:江苏人民出版社,2014.

[57] 王斯福. 帝国的隐喻:中国民间宗教[M]. 赵旭东,译. 南京:江苏人民出版社,2008.

[58] 特纳. 仪式过程:结构与反结构[M]. 黄剑波,柳博赟,译. 北京:中国人民大学出版社,2006.

[59] 希尔斯. 论传统[M]. 傅铿,吕乐,译. 2版. 上海:上海人民出版社,2014.

[60] 杨庆堃.中国社会中的宗教:宗教的现代社会功能与其历史因素之研究[M].范丽珠,等译.上海:上海人民出版社,2007.

四、中文著作

[1] 阿旺贡噶索南.萨迦世系史[M].西藏:西藏人民出版社,2002.

[2] 才让.藏传佛教信仰与民俗[M].北京:民族出版社,1999.

[3] 才让太,顿珠拉杰.苯教史纲要[M].北京:中国藏学出版社,2012.

[4] 车文博.当代西方心理学新词典[M].长春:吉林人民出版社,2001.

[5] 陈庆英.元朝帝师八思巴[M].北京:中国藏学出版社,1992.

[6] 崔永红,张得祖,杜常顺.青海通史[M].西宁:青海人民出版社,1999.

[7] 丹珠昂奔.藏族神灵论[M].北京:中国社会科学出版社,1990.

[8] 丁宏.回族、东乡族、撒拉族、保安族民族关系研究[M].北京:中央民族大学出版社,2006.

[9] 丁仁杰.当代汉人民众宗教研究:论述、认同与社会再生产[M].台北:联经出版事业股份有限公司,2009.

[10] 顿珠拉杰.西藏本教简史[M].拉萨:西藏人民出版社,2007.

[11] 鄂崇荣.土族民间信仰解读:地方性信仰与仪式的宗教人类学研究[M].兰州:甘肃民族出版社,2009.

[12] 费孝通.费孝通文集:第十四卷[M].北京:群言出版社,1999.

[13] 费孝通.乡土中国 生育制度[M].北京:北京大学出版社,2007.

[14] 风笑天.社会学研究方法[M].2版.北京:中国人民大学出版社,2005.

[15] 甘肃省民族研究所.伊斯兰教在中国[M].银川:宁夏人民出版社,1982.

[16] 高永久,等.民族社会学概论[M].天津:南开大学出版社,2010.

[17] 华智亚.龙牌会:一个冀中南村落中的民间宗教[M].上海:上海人民出版社,2013.

[18] 黄进兴.优入圣域:权力、信仰与正当性[M].修订版.北京:中华书局,2010.

[19] 金泽,邱永辉,等.中国宗教报告(2010)[M].北京:社会科学文献出版社,2010.

[20] 喇秉德,马文慧,马小琴.青海回族史[M].北京:民族出版社,2009.

[21] 喇秉德,马文慧.青海伊斯兰教[M].北京:宗教文化出版社,2009.

[22] 李安宅.藏族宗教史之实地研究[M].上海:上海人民出版社,2005.

[23] 李静.民族交往心理的跨文化研究[M].北京:中国社会科学出版社,2010.

[24] 李静.民族心理学教程[M].北京:民族出版社,2006.

[25] 李明,王健.尚书译注[M].上海:上海古籍出版社,2004.

[26] 李亦园.宇宙观、信仰与民间文化[M].台北:稻香出版社,2007.

[27] 林继富.灵性高原:西藏民间信仰源流[M].武汉:华中师范大学出版社,2004.
[28] 林美容.祭祀圈与地方社会[M].台北:博扬文化事业有限公司,2008.
[29] 路遥.中国民间信仰研究述评[M].上海:上海人民出版社,2012.
[30] 吕大吉,何耀华.中国原始宗教资料丛编[M].北京:中国社会科学出版社,1993.
[31] 吕大吉.宗教学理论卷:当代中国总教文研究精选丛书[M].北京:民族出版社,2008.
[32] 马光星,赵清阳,徐秀福.人神狂欢:黄河上游民间傩[M].西宁:青海人民出版社,2003.
[33] 马光星.土族文学史[M].西宁:青海人民出版社,1999.
[34] 马进虎.两河之聚:文明激荡的河湟回民社会交往[M].兰州:甘肃民族出版社,2006.
[35] 马戎.西方民族社会学的理论与方法[M].天津:天津出版社,1997.
[36] 马戎.民族社会学:社会学的族群关系研究[M].北京:北京大学出版社,2004.
[37] 马西沙.民间宗教志[M].上海:上海人民出版社,1998.
[38] 梅军,吴秋林.贵州多元宗教研究[M].成都:电子科技大学出版社,2011.
[39] 宁夏哲学社会科学研究所.清代中国伊斯兰教论集[M].银川:宁夏人民出版社,1981.
[40] 裴丽丽.土族文化传承与变迁:以辛家庄和贺尔郡为例的研究[M].北京:民族出版社,2010.
[41] 蒲文成.青海佛教史[M].西宁:青海人民出版社,2001.
[42] 乔生华.土族民间故事精选[M].西宁:青海人民出版社,2015.
[43] 邱永辉.印度宗教多元文化[M].北京:社会科学文献出版社,2009.
[44] 史为乐.中国历史地名大辞典[M].北京:中国社会科学出版社,2005.
[45] 史宗主.20世纪西方宗教人类学文选[M].金泽,等译.上海:上海三联书店,1995.
[46] 苏发祥.西部民族走廊研究:文明、宗教与族群关系[M].北京:学苑出版社,2012.
[47] 孙林.西藏中部农区民间宗教的信仰类型与祭祀仪式[M].北京:中国藏学出版社,2010.
[48] 王志成.和平的渴望:当代宗教对话理论[M].北京:宗教文化出版社,2003.
[49] 王志成.当代宗教多元论[M].北京:宗教文化出版社,2013.
[50] 王建新,刘昭瑞.地域社会与信仰习俗:立足田野的人类学研究[M].广州:中山大学出版社,2007.
[51] 王明珂.华夏边缘:历史记忆与族群认同[M].台北:允晨文化实业公司,1997.
[52] 王铭铭,王斯福.乡土社会的秩序、公正与权威[M].北京:中国政法大学出版

社,1997.

[53] 王治心.中国宗教思想史大纲[M].校订版.北京:商务印书馆,2015.

[54] 文忠祥.神圣的文化建构:土族民间信仰源流[M].北京:人民出版社,2012.

[55] 文忠祥.神圣建构与世俗秩序:土族民间信仰与社会生活互动研究[M].北京:中国社会科学出版社,2012.

[56] 乌丙安.萨满信仰研究[M].长春:长春出版社,2014.

[57] 乌丙安.中国民间信仰[M].长春:长春出版社,2014.

[58] 伍昆明.早期传教士进藏活动史[M].北京:中国藏学出版社,1992.

[59] 平措次仁.西藏苯教寺的历史与现状[M].北京:民族出版社,2002.

[60] 谢热.村落·信仰·仪式:河湟流域藏族民间信仰文化研究[M].北京:社会科学文献出版社,2010.

[61] 许宪隆.都市族群与族群关系[M].北京:知识产权出版社,2011.

[62] 杨建新.古西行记选注[M].银川:宁夏人民出版社,1987.

[63] 杨建新.中国西北少数民族史[M].北京:民族出版社,2003.

[64] 杨懋春.一个中国村庄:山东台头[M].南京:江苏人民出版社,2001.

[65] 尹伟先.明代藏族史研究[M].北京:民族出版社,2000.

[66] 袁方.社会研究方法教程[M].北京:北京大学出版社,2004.

[67] 岳永逸.行好:乡土的逻辑与庙会[M].杭州:浙江大学出版社,2015.

[68] 张生寅,胡芳,杨军,等.中国土族[M].银川:宁夏人民出版社,2012.

[69] 张祝平.中国民间信仰的当代变迁与社会适应研究[M].北京:中国社会科学出版社,2014.

[70] 赵生琛,谢端琚,赵信.青海古代文化[M].西宁:青海人民出版社,1985.

[71] 赵世瑜.狂欢与日常:明清以来的庙会与民间社会[M].北京:生活·读书·新知三联书店,2002.

[72] 郑杭生.社会学概论新修[M].北京:中国人民大学出版社,1994.

[73] 郑振满,陈春声.民间信仰与社会空间[M].福州:福建人民出版社,2003.

[74] 周大鸣.多元与共融:族群研究的理论与实践[M].北京:商务印书馆,2011.

[75] 周晓虹.传统与变迁:江浙农民的社会心理及其近代以来的嬗变[M].北京:生活·读书·新知三联书店,1998.

[76] 庄孔韶.银翅:中国的地方社会与文化变迁[M].北京:生活·读书·新知三联书店,2000.

[77] 庄孔韶.人类学通论[M].太原:山西教育出版社,2007.

[78] 卓新平.当代中国宗教学研究:1949—2009[M].北京:中国社会科学出版社,2011.

五、报刊论文

[1] 阿旺嘉措.甘南藏区苯教寺院的历史与现状[J].中国藏学,2011(2):220-225.

[2] 阿忠荣.浅议土族信仰文化的多元性特征:以互助县纳家村庙会为例[J].青海民族大学学报(社会科学版),2011,37(3):34-38.

[3] 白晓霞.从"丰产"信仰看土族文化[J].青海民族大学学报(社会科学版),1999(3):55-57.

[4] 才让太.古老象雄文明[J].西藏研究,1985(2):96-104.

[5] 才让太.论半个世纪的苯教研究[J].青海民族学院学报,2009,35(4):92-97.

[6] 才让太.佐海寺与青海湖周边的苯教[J].中国藏学,2010(4):44-50.

[7] 蔡秀清.土族民间宗教"勃"及其民俗功能分析[J].西北民族大学学报(哲学社会科学版),2007(3):94-97.

[8] 曹南来.中国宗教实践中的主体性与地方性[J].北京大学学报(哲学社会科学版),2010,47(6):20-27.

[9] 陈光国.伊斯兰教在青海的传播和发展[J].中国穆斯林,1986(1):11-13.

[10] 陈荣.社火渊源新探[J].中国土族,2005(3):40-43.

[11] 崔文河,王军,岳邦瑞,等.多民族聚居地区传统民居更新模式研究:以青海河湟地区庄廓民居为例[J].建筑学报,2012(11):83-87.

[12] 戴燕.天主教在河湟地域空间传播历史探究[J].青海民族研究,2011,22(2):152-156.

[13] 邓宏烈.羌族:以"白石"崇拜为表征的多神信仰[N].中国民族报,2008(6).

[14] 丁柏峰.明代对河湟地区的经营及其效果[J].青海社会科学,2006(6):95-98.

[15] 鄂崇荣.对汉藏边界汉族民间信仰中神祇和仪式的田野调查:以乐都县中坝藏族乡为例[J].青海民族研究,2006(4):37-40.

[16] 巴斯.族群与边界(序言)[J].高崇,译;周大鸣,校;李远龙,复校.广西民族学院学报(哲学社会科学版),1999,21(1):16-27.

[17] 房建昌.基督教在青海传播小史[J].青海师范大学学报(哲学社会科学版),1989(3):107-112.

[18] 房建昌.近代西方基督教传教士在中国西北少数民族中的传教活动及有关文献概述:兼论近代西方基督教新教传教士在中国穆斯林中的传教活动及有关文献[J].西北民族研究,1994(1):106-116.

[19] 冯华瑛,张志春.浅谈青海社火的社会功能[J].吉林广播电视大学学报,2013(1):54-55.

[20] 格桑曲杰.从《敦煌本吐蕃历史文书》中对"古尔"的记述看其早期功用、形态特征与衍变[J].西藏艺术研究,2009(4):7-17.

[21] 关丙胜,赵郡丹.文化的演进博弈:河湟西纳地区阳坡人的社火历程[J].青海民族研究,2013,24(1):40-48.

[22] 关丙胜.河湟西纳地区一个多民族乡村的夏季民间信仰[J].黑龙江史志,2008(1):13-14.

[23] 郭雍利.石门坎地区多元信仰文化互动研究[J].贵州民族大学学报(哲学社会科学版),2012(5):46-51.

[24] 何其敏.在多种身份中看待宗教认同[J].中国宗教,2012(8):30-32.

[25] 何其敏.宗教认同的边界建构与互动[J].西北民族大学学报(哲学社会科学版),2013(2):13-17.

[26] 贺喜众.青海民和土族"纳顿"节的田野调查[J].民俗研究,2005(3):157-168.

[27] 贾伟,李臣玲.安多藏区的二郎神信仰[J].民族研究,2005(6):43-50.

[28] 姜又春.人类学语境下村落社会文化整合研究[J].求索,2009(2):99-101.

[29] 金勇强."河湟"地理概念变迁考[J].北方民族大学学报(哲学社会科学版),2014(6):45-50.

[30] 孔祥录,喇秉德.伊斯兰教在青海的传播和发展[J].青海社会科学,1986(3):104-110.

[31] 李臣玲,贾伟.二郎神信仰在安多藏区传播历史的考察[J].青海民族研究,2007,18(3):126-129.

[32] 李红.浅谈西宁社火及其发展演变[J].青海民族学院学报(社会科学版),2008(1):104-106.

[33] 李红春.论宗教对族群边界论的功能解释:对纳家营汉族"马天君"神话的宗教人类学解释[J].云南社会科学,2012(4):9-13.

[34] 李静,戴宁宁.回汉民族杂居地区民族族际交往心理与文化互动[J].兰州学刊,2010(10):195-198.

[35] 李梦萍,段友文.山西省平顺县九天圣母庙民俗文化考[J].沧桑,2008(4):64-65,71.

[36] 李兴华.西安伊斯兰教研究(上)[J].回族研究,2009,19(4):39-55.

[37] 李兴华.循化伊斯兰教研究[J].回族研究,2009(1):103-120.

[38] 梁润萍."共生互补"理念研究综述[J].贵州民族大学学报(哲学社会科学版),2015(3):49-54.

[39] 廖杨.族群与社会文化互动论[J].贵州民族研究,2004(1):36-38.

[40] 林继富.藏族白石崇拜探微[J].西藏研究,1990(1):138-146.

[41] 刘大伟.青海省互助县唐日台村龙王信仰调查报告[J].青海民族研究,2006(3):52-56.

[42] 刘继华,张科.基督教与伊斯兰教在青海的早期相遇:兼论基督教在青海的早期传播[J].青海民族研究,2012,23(3):91-95.

[43] 刘继华.19世纪后期青海基督教传播史考述:兼论基督教传教士与藏族在青海的早期相遇[J].北方民族大学学报(哲学社会科学版),2012(5):120-125.

[44] 刘凯.青海民和三川地区土族"纳顿"新识[J].青海社会科学,2000(2):96-100.

[45] 刘平,冯彦杰.近年美国有关中国民间宗教的研究[J].世界宗教文化,2010(5):31-39,94.

[46] 刘若望.天主教在青海的传播与发展[J].中国天主教,2011(6):59-60.

[47] 伦珠旺姆,昂巴.拉卜楞地区山神崇拜之历史渊源及文化现象分析[J].西藏艺术研究,1996(4):66-70.

[48] 罗桑开珠.略论苯教历史发展的特点[J].西北民族学院学报(哲学社会科学版),2002(4):89-93.

[49] 吕建福.论宗教与民族认同[J].陕西师范大学学报(哲学社会科学版),2006(5):46-51.

[50] 马翰龚,马生录,韩建业,等.青海伊斯兰教教派与门宦现状[J].青海民族研究,1997(2):40-45,58.

[51] 马婧杰,马明忠.青海河湟地区藏传佛教与道教互动[J].青海民族研究,2013,24(3):89-92.

[52] 马婧杰.浅谈道教文化对青海河湟地区民族文化影响:以道教正一派在河湟地区传播影响为例[J].青海民族研究,2011,22(4):169-172.

[53] 马婧杰.试析青海东部河湟地区民俗与道教:以民和、乐都两县民俗与道教为例[J].青海民族研究,2007(1):159-164.

[54] 马丽明.浅析青海汉族的神灵崇拜[J].青海民族研究,2004(1):31-34.

[55] 马明忠.近代青海地区基督教传播的特点及社会影响[J].青海民族研究,2010,21(2):154-158.

[56] 马明忠.早期进入青海的天主教传教士考述[J].青海社会科学,2009(6):153-156.

[57] 马清虎.汉族村落藏式社火:出僧官及其功能研究[J].农业考古,2015(1):301-305.

[58] 马延孝.平安县张家寨村马社火初探[J].青海民族学院学报(社会科学版),2007(1):82-85.

[59] 马岩芳.西宁城乡社火的表现形态及其文化功能研究[J].青海师范大学学报(哲学社会科学版),2011(3):58-63.

[60] 马正亮.中国信仰伊斯兰教的十个民族人口发展分析[J].人口与经济,2007(1):58-63.

[61] 孟万鹏.羌、藏民族白石崇拜探微[J].阿坝师范高等专科学校学报,2013(3):11-15.

[62] 聂凤峻,刘俊杰.因势利导,发挥现代庙会的积极作用[J].民俗研究,1994(1):44-47,73.

[63] 聂玛才让.青海共和县尕寺村佛教苯教和谐共存现状调查[J].青海师范大学学报(哲学社会科学版),2011,33(6):82-85.

[64] 蒲生华.口承民俗视阈中的河湟道教信仰[J].青海民族大学学报(社会科学版),2015,41(3):77-83.

[65] 蒲文成.汉、藏民间文化交流述要[J].青海民族学院学报(社会科学版),2007(2):30-38.

[66] 蒲文成.河湟地区藏传佛教的历史变迁[J].青海社会科学,2000(6):95-100.

[67] 祁进玉.文化多样性与宗教认同:民和三川地区土族宗教的多样共存性考察[J].宗教学研究,2008(1):133-139.

[68] 荣振华.1700年前后中国北方传教区:传教地理研究[A].耶稣会历史档案,24册,1955.

[69] 邵泽江.藏传佛教中的财神[J].艺术市场,2007(6):72-73.

[70] 石甜.流动的边界:以四川省甘孜藏族自治州格蒙寺为视角中心[J].藏学学刊,2009(1):235-247,299.

[71] 苏延寿.杂语与狂欢:河湟社火表演与"花儿"演唱活动的几点思考[J].西北民族研究,2003(4):137-145.

[72] 孙九霞.试论族群与族群认同[J].中山大学学报(社会科学版),1998(2):23-30.

[73] 谭竺雯.文化信仰与文化自觉刍议[J].人民论坛(中旬刊),2012(10):182-183.

[74] 汤开建,刘清华.明清之际甘青地区天主教传教活动钩沉[J].兰州大学学报(社会科学版),2007(5):54-66.

[75] 田旺杰.近代青海的天主教与马步芳家族[J].青海社会科学,2005(1):124-127,134.

[76] 田烨."一带一路"战略对我国民族关系的影响:基于马克思主义民族交往理论的分析[J].青海社会科学,2015(6):20-25.

[77] 童恩正.中国古代的巫[J].中国社会科学,1995(5):180-197.

[78] 王建新.宗教文化融合研究三题 以人类学的视角[J].中国宗教,2010(3):22-26.

[79] 王景泽.清朝的黄教政策与蒙古社会[J].东北师大学报(哲学社会科学版),2002(1):34-40.

[80] 王丽娜.明清时期儒学在青海河湟地区传播的比较[J].柴达木开发研究,2014(4):53-56.

[81] 王铭铭.小地方与大社会:中国社会的社区观察[J].社会学研究,1997(1):88-98.

[82] 王默,李臣玲.民间信仰价值的文化人类学解读[J].湖北民族学院学报(哲学社会科学版),2015,33(5):50-53,63.

[83] 王默.青海土族民间信仰分层研究[J].西北师大学报(社会科学版),2016,53(2):79-85.

[84] 王默.土族民间信仰的民族心理学解析[J].青海师范大学学报(哲学社会科学版),2011,33(4):57-62.

[85] 王琪瑛.西方族群认同理论及其经验研究[J].新疆社会科学,2014(1):55-62,159.

[86] 王启龙.1950—2000年的中国藏传佛教研究[J].法音,2003(8):14-23.

[87] 王志成.保罗·尼特论宗教对话模式[J].浙江学刊,2003(4):56-63.

[88] 魏荣华.中国民间财神信仰的多样化和复杂性[J].文教论坛,2007(13):53-54.

[89] 文忠祥.藏传佛教在民和土族地区的传播与文化整合[J].青海民族研究(社会科学版),2002,13(2):1016-108.

[90] 武沐,王希隆.试论明清时期河湟文化的特质与功能[J].兰州大学学报(社会科学版),2001(6):45-52.

[91] 徐大慰.巴特的族群理论述评[J].贵州民族研究,2007(6):66-72.

[92] 徐祖祥,张涛.宗教选择与信仰自觉:滇南苗族宗教生态急剧变迁的理性反思[J].云南民族大学学报(哲学社会科学版),2012,29(1):53-57.

[93] 许宪隆,沈再新.构建共生互补型多民族和谐社会的思考[J].学习月刊,2008(20):12-13.

[94] 许宪隆,袁年兴.中华民族的多元一体与各民族的共生互补:兼论"第二代民族政策"[J].中南民族大学学报(人文社会科学版),2012,32(5):13-19.

[95] 杨丹丹.近年来国内社火研究综述[J].地方文化研究,2014(6):105-112.

[96] 杨文炯,樊莹.多元宗教文化的涵化与和合共生:以河湟地区的道教文化为视点[J].兰州大学学报(社会科学版),2013,41(6):44-52.

[97] 杨文炯.互动、调适与重构:都市生境下的回族传统与现代化[J].兰州大学学报(社会科学版),2003(6):54-61.

[98] 翟存明,郑云峰."人神"共舞 祈愿来年 佑宁寺正月观经[J].文明,2012(2):108-119,6.

[99] 翟存明.简述藏传佛教在土族地区的发展历史[J].西藏研究,2001(2):62-67.

[100] 翟存明.土族的藏传佛教信仰[J].西藏研究,2003(1):70-77.

[101] 瞻甫.伊斯兰教传入青海[J].青海民族研究(社会科学版),1994(4):74-76.

[102] 张海云.塔尔寺六族宗教信仰的历史与现状考察[J].青海师范大学学报(哲学社会

科学版),2011,33(6):73-77.

[103] 张军胜. 道教在青海土族地区传播演变历史的考察报告[J]. 黑龙江史志,2014(9):9,11.

[104] 张科,马明忠. 论传教士对近代青海的认知[J]. 西北民族研究,2010(2):149-159.

[105] 张贤雷. 泰山儒释道文化的互动与变迁:以泰山神信仰为例[J]. 山东科技大学学报(社会科学版),2009,11(2):80-86.

[106] 张燕辉,孙静. 论儒家文化在青海少数民族地区的传承[J]. 青海师范大学学报(哲学社会科学版),2010,32(6):34-36.

[107] 张燕辉. 儒家文化在青海少数民族地区的传播及其影响[J]. 青海民族研究,2010,21(3):125-127.

[108] 张振国. 从入教动机看明末至清中前期中国平民信徒的信仰心理[J]. 东岳论丛,2010,31(9):68-72.

[109] 赵新平. 庙会与乡村经济发展:以晋北大白水村为例[J]. 晋阳学刊,2009(3):22-25.

[110] 钟静静. 神圣与世俗之间:三川地区土族"纳顿"当代变迁的民族学考察[J]. 青海社会科学,2014(1):174-178.

[111] 周海亮. "地方性知识"与少数民族宗教信仰文化的"地方性"研究[C] // 回顾与创新:多元文化视野下的中国少数民族哲学——中国少数民族哲学及社会思想史学会成立30年纪念暨2011年年会论文集. 腾冲,2011:118-132.

[112] 朱普选. 明清河湟地区城镇的形成与发展[J]. 西北民族研究,2005(3):59-68.

[113] 朱普选. 宋代藏传佛教及其在青海的传播[J]. 青海民族学院学报,2008(4):19-22.

[114] 漾正冈布,何乃柱. 地方性知识与藏区和谐社会的构建:以民间或非政府组织为视角[J]. 藏学学刊,2008(1):6-12,193-194.

六、学位论文

[1] 段波. 文化互动中的白族本主信仰流变[D]. 北京:中央民族大学,2009.

[2] 郭志合. 纳西族与藏族民族信仰和谐共生关系研究:以南溪村和汝柯村田野调查为例[D]. 拉萨:西藏民族学院,2012.

[3] 霍志钊. 从"单一"到"多元混融":澳门土生葡人宗教信仰变迁趋势研究[D]. 广州:中山大学,2008.

[4] 贾伟. 明清时期河湟地区民族人口研究[D]. 兰州:兰州大学,2012.

[5] 介永强. 西北佛教历史文化地理研究[D]. 西安:陕西师范大学,2004.

[6] 康积萍. 关中农村庙会的功能研究:以陕西武功为例[D]. 杨凌:西北农林科技大

学,2013.
[7] 李琳斐. 现代陕西关中庙会经济初探[D]. 西安:西北大学,2012.
[8] 林敏霞. 文明的演进:一座所城的文化与仪式[D]. 北京:中央民族大学,2009.
[9] 刘海艳. 近代以来基督教在青海地区的传播[D]. 兰州:西北民族大学,2008.
[10] 刘晓鹏. 独克宗"乐斯"中的多元宗教文化及其社会功能研究[D]. 昆明:云南大学,2013.
[11] 马灿. 河湟文化演变以及文化景观的地理组合特征[D]. 西宁:青海师范大学,2009.
[12] 马建福. 族际互动中的民族关系研究:以青海省循化县撒拉族自治县为个案[D]. 北京:中央民族大学,2007.
[13] 马婧杰. 试析道教对青海地方文化的影响:以乐都、民和两县为例[D]. 北京:中央民族大学,2007.
[14] 马宁. 藏汉结合部多元宗教共存与对话研究:以舟曲地方为例[D]. 广州:中山大学,2010.
[15] 马晓军. 甘南多元宗教研究[D]. 兰州:兰州大学,2006.
[16] 马岩芳. 西宁城乡社火的文化比较研究:以西宁市城中区及湟中县葛家寨村为个案[D]. 西宁:青海师范大学,2009.
[17] 仁增拉青旺姆. 安多藏区二郎神信仰:庙宇、祭祀及特征[D]. 兰州:西北民族大学,2014.
[18] 王荷英. 民间信仰的变迁:以白云庵为个案[D]. 武汉:华中师范大学,2006.
[19] 王晓珍. 从河湟地区传统建筑彩画看藏汉文化交融[D]. 西安:西安美术学院,2013.
[20] 王瑜卿. 民族交往的多维审视[D]. 北京:中央民族大学,2012.
[21] 文忠祥. 土族民间信仰研究[D]. 兰州:兰州大学,2006.
[22] 徐长菊. 以藏传佛教为主体的土族民间多元宗教信仰:以青海省互助县丹麻乡松德村和东沟乡念先村为例[D]. 兰州:西北民族大学,2005.
[23] 杨文法. 热贡赛姆耗宗教信仰类型与功能研究[D]. 兰州:兰州大学,2011.
[24] 张琳. 现代性的信仰困境与信仰塑造[D]. 上海:复旦大学,2012.
[25] 钟静静. 土族传统民间组织青苗会研究[D]. 兰州:兰州大学,2014.
[26] 朱普选. 青海藏传佛教历史文化地理研究:以寺院为中心[D]. 西安:陕西师范大学,2006.